आज़ाद अंक

विप्लव

सम्पादक

यशपाल

वाणी प्रकाशन

वाणी प्रकाशन

4695, 21-ए, दरियागंज, नयी दिल्ली 110 002

शाखा

अशोक राजपथ, पटना 800 004

फ़ोनः +91 11 23273167 फ़ैक्सः +91 11 23275710

www.vaniprakashan.in
vaniprakashan@gmail.com
sales@vaniprakashan.in

VIPLAV (AAZAD ANK)
Edited by Yashpal

ISBN : 978-93-87648-87-6
History

प्रथम संस्करण 1997
आवृत्ति 2018

मूल्य : ₹ 250

सिटी प्रेस, दिल्ली-110 095 में मुद्रित

वाणी प्रकाशन का लोगो मक़बूल फ़िदा हुसेन की कूची से

सम्पादक–यशपाल

Registered No. - A-3292

विप्लव

आज़ाद अंक

वार्षिक मूल्य ४।।)   यह अंक ।।)   साधारण अंक ।=)

विप्लव के 'आज़ाद अंक' का महत्व

हिंदी के शीर्ष कथाकार और १९२०-३० दशक के सशस्त्र क्रांतिकारी आंदोलन के प्रमुख व्यक्तित्व यशपाल जी द्वारा संपादित 'विप्लव' पत्रिका का हिंदी की दृष्टि-संपन्न और प्रतिबद्ध विचारों वाली पत्रकारिता में महत्वपूर्ण स्थान है। भारतीय कम्युनिस्ट आंदोलन के पुराण पुरुष स्व. सत्यभक्त द्वारा संचालित-संपादित 'साम्यवादी' और प्रेमचंद की 'हंस' आदि पत्रिकाओं की परम्परा को आगे बढ़ाते हुए 'विप्लव' ने जहां विश्व समाजवादी आंदोलन और भारत के राष्ट्रीय मुक्ति आंदोलन के बीच एक संवादिकता तलाश करने का उपक्रम किया, प्रगतिशील साहित्य-धारा को समृद्ध किया, वहीं खुले कांग्रेसी आंदोलन के बरअक्स समाजवादी विचारों से प्रेरित सशस्त्र क्रांतिकारी आंदोलन के महत्व को रेखांकित करते हुए इतिहास के घपलों की ओर भी उंगली उठाई। इस दृष्टि से यशपाल और 'विप्लव' की पत्रकारिता को हरदम याद किया जाता रहेगा। अपने ९-१० वर्षों के जीवनकाल में इस पत्रिका ने जो यादगार आयोजन किये, उनमें 'आज़ाद अंक' का उल्लेखनीय स्थान है।

हिंदी भाषा और साहित्य में जिसे आधुनिक विचारों का उदयकाल अथवा नव जागरण काल कहा जाता है, उसके निर्माण का अधिकांश श्रेय उस काल की 'कवि वचन सुधा', 'हरिश्चंद्र मैगज़ीन', 'ब्राह्मण' और 'हिंदी प्रदीप' की पत्रकारिता को जाता है। किंतु उस दौर की अपनी सीमाएं थीं। एक निश्चित दूरी से आगे देख पाने की न तो हम सामर्थ्य विकसित कर पाए थे, न आसपास वैसा वातावरण और परिवेश ही था। प्रतापनारायण मिश्र जैसा प्रखर और निर्द्वन्द्व व्यक्तित्व गोवध जैसे उछालू नारों के मकड़जाल में उलझकर आर्यसमाजी भाषा बोलने लग जाता था। ये उस काल की सीमाएं थीं।

वर्तमान सदी के दूसरे दशक तक आते-आते वातावरण में प्रभूत गुणात्मक अंतर आया। राष्ट्रीय आंदोलन में तिलक युग का उदय और अंतर्राष्ट्रीय परिदृश्य में १९१७ की अक्तूबर क्रांति के फलस्वरूप रूस में जारशाही का अंत और समाजवादी राज्य की स्थापना वे प्रमुख कारक थे, जिन्होंने हिंदी भाषी समाज को आंदोलित ही नहीं किया, बल्कि एक नयी भाषा और नयी बात बोलने के लिए भी प्रेरित किया। कानपुर के गणेश शंकर विद्यार्थी और उनका अखबार 'प्रताप' ('प्रभा' पत्रिका भी) इस नये युग-रथ के सारथी बने। खुले राष्ट्रीय आंदोलन के समांतर सशस्त्र क्रांतिकारी आंदोलन की शक्ति को पहचानने-उसे सहानुभूतिपूर्ण नजरिये से देखने और रूस की तरफ से आई बोल्शेविक लहर का स्वागत करने—उसे जिज्ञासा भाव से देखने की जो परम्परा गणेश शंकर विद्यार्थी और 'प्रताप' अखबार से शुरू हुई, वह बेमिसाल है। यह कहना तो शायद बहुत सही न हो, कि यशपाल और उनके 'विप्लव' ने विद्यार्थी जी और 'प्रताप' की परम्परा को आगे बढ़ाया, लेकिन यह एक निर्विवाद सच है कि हिंसा-अहिंसा की शर्त रखकर गांधी ने जिस तरह १९३१ के मृत्युदंडों को प्रभावित करने में उदासीनता दिखाई थी और १९३८ की प्रांतीय सरकारों का ताज अपने सिर पर रखकर कांग्रेस और उसका नेतृत्व जिस तरह आत्ममुग्धता से ग्रस्त हुआ था, उस माहौल में भगत सिंह और आज़ाद आदि क्रांतिकारियों के विरुद्ध अनर्गल कांग्रेसी प्रचार का करारा और सारभूत जवाब देने का कर्तव्य-भार 'विप्लव' के ही कंधों ने संभाला था। यशपाल उसी दौरान लाहौर षड्यंत्र केस की सज़ा काट कर जेल से बाहर आए थे और उसी दौरान पंडित जवाहरलाल नेहरू की आत्मकथा प्रकाशित हुई थी, जिसमें चंद्रशेखर आज़ाद को 'फासिस्ट रुझानवाला' व्यक्ति कहा गया है। उसके प्रतिवाद का ही नहीं, सशक्त और तार्किक प्रत्युत्तर का दायित्व 'विप्लव' ने वहन किया और प्रतिफल के रूप में सामने

आया यह 'आज़ाद अंक'।

इस ऐतिहासिक महत्व के विशेषांक में आज़ाद के व्यक्तित्व, उनकी विचारधारा, संगठन-क्षमता से संबंधित कई मूल्यवान लेख हैं, जिनके लेखकों में मन्मथनाथ गुप्त, रामकृष्ण खत्री, काशीराम, सुखदेव राज, डॉ. प्रकाश पाल और स्वयं यशपाल जैसे तपे-तपाये क्रांतिकारियों और आज़ाद के साथियों के नाम शामिल हैं। इन लेखों में चंद्रशेखर आज़ाद के व्यक्तित्व और विचारलोक पर तो प्रकाश पड़ता ही है, उनके नेतृत्व वाले क्रांतिकारी संगठन की राजनीतिक विचारधारा को ठीक-ठीक परिप्रेक्ष्य में समझने में मदद भी मिलती है। पंडित नेहरू के आज़ाद संबंधी विवादास्पद वक्तव्य के संदर्भ में यशपाल कहते हैं, "आज आज़ाद का नाम लेकर बहुत-से विवाद चल रहे हैं। जब ऐसे व्यक्ति आज़ाद के संबंध में कलम चलाएंगे, जिन्हें आज़ाद के जीवन के उस भाग का परिचय नहीं, जिसने चंद्रशेखर आज़ाद को हमारे अभिमान की वस्तु बना दिया, तब ऐसा होगा ही। जिस रूप में आज 'कम्युनिस्ट' शब्द व्यवहार में लाया जाता है, ठीक उसी अर्थ में आज़ाद जरूर कम्युनिस्ट नहीं थे। आजाद क्या, हममें से कोई भी उन अर्थों में कम्युनिस्ट नहीं था और न हम लोग हो ही सकते थे। आज़ाद सन् ३१ के फरवरी मास की २७ तारीख को शहीद हुए थे और उसी के कुछ दिन बाद मुझे मुम्बई में कुछ हिंदुस्तानी और युरोपियन कम्युनिस्ट नेताओं से बातचीत करने का अवसर मिला था। सिद्धांत रूप में उनकी बात से सहमत होकर भी मैं उनके कार्यक्रम को अपनाने को तैयार नहीं हुआ और कम्युनिस्ट हमारे कार्यक्रम को गलत समझते थे। हम लोग अपने आप को सोशलिस्ट समझते थे, और देश में पूंजीवाद के आधिपत्य और साम्राज्यवाद में एक अटूट संबंध समझते थे। इसीलिए भगतसिंह वगैरह ने सन् १९२७-२८ में काकोरी षड्यंत्र के जमाने के क्रांतिकारी दल का नाम 'हिंदुस्तानी प्रजातंत्र सेना' से बदलकर 'हिंदुस्तानी समाजवादी प्रजातंत्र संघ' रखा था। आज़ाद इस दल के कमांडर इन-चीफ थे। माना कि आज़ाद अंग्रेजी नहीं जानते थे, परंतु आज़ाद मिट्टी के माधो नहीं थे। समाजवाद का अर्थ समझे बिना न तो वे इस दल का नाम बदलने में सहमत होते और न उसकी कमांडरी की ज़िम्मेदारी ही लेने को तैयार होते। आज़ाद के जीवन का क्षेत्र सिद्धांतों की बारीक आलोचना नहीं था। अगर ऐसा होता तो पंडित जवाहरलाल जी को उनके साथ बातचीत करने पर आज़ाद के फैसिस्ट होने का संदेह न होता।...बहस करना आज़ाद का काम नहीं था। वह थे केवल कर्मठ–प्रेक्टिकल आदमी। पं. नेहरू ठहरे बैरिस्टर–वे उन्हें बहस में घसीट ले गये। उन्होंने आज़ाद को मर्क्सिस्ट सिद्धांतों में पटु नहीं पाया, तो हैरानी की कोई बात नहीं। आज ऐसे आदमी मौजूद हैं जो पं. नेहरू को ही फ़ैसिस्ट समझते और कहते हैं।"

उम्मीद की जानी चाहिए कि 'विप्लव' के 'आज़ाद अंक' के पुस्तकाकार पुनः प्रकाशन से एक ओर जहां आधुनिक भारतीय राजनीति के शोधार्थियों को मदद मिलेगी, वहीं नये पाठकों का ज्ञानवर्धन भी होगा।

–सुरेश सलिल

अनुक्रम

आज़ाद अंक

विप्लव

तुम करो शांति-समता प्रसार,
विप्लव ! गा अपना अनल गान !

संख्या ४	भारत के राष्ट्रीय आन्दोलन का अग्रसर मोर्चा	फ़रवरी १६३६

"हम ब्रिटिश-भारत में गुलामी और जुल्म के खिलाफ़ जान देने को फिरते हैं, परन्तु रियासतों में जो जुल्म हो रहा है, ब्रिटिश-भारत का जुल्म इसके मुकाबले में पासंग-बराबर भी नहीं। कई दफे ख़याल आता है, ब्रिटिश-भारत को छोड़कर पहले इन रियासतों में ही काम किया जाए ! सोचो तो, जो पशु इस ज़माने में दस-दस, बीस-बीस स्त्रियों को अपने हरम में रखना अपना अधिकार समझता हो, वह प्रजा के प्रति क्या न्याय करेगा ?"

चन्द्रशेखर *'आज़ाद'*

सम्पादकीय टिप्पणियाँ

शेर और भालू

हमारे देश का एक तिहाई भाग, जो कहने को तो देसी राज्य है, परन्तु जहाँ का दमन कहावत के रूप में प्रसिद्ध है, आज हमारे देश को विदेशी गुलामी की जंजीरों में बाँध रखने के लिए खूँटों का काम दे रहा है। १६३५ के शासन-विधान का वह भाग, जो केवल ब्रिटिश-भारत के प्रान्तों में लागू होने के लिए बनाया गया था, जैसे-तैसे हमने स्वीकार कर लिया है और उसके तंग दायरे में जितना भी आगे बढ़ सकने की सम्भावना है, हम बढ़ने का प्रयत्न कर रहे हैं। परन्तु सुधार के उस अंग को, जिसके द्वारा हमारे देसी राज्यों का बोझल पत्थर हमारे गले में बाँधकर ब्रिटेन की साम्राज्यशाही हमें हमेशा के लिए गुलामी के दलदल में ग़र्क़ कर देना चाहती है, देखकर हम कतरा रहे हैं। इस भालू से हम बचना चाहते हैं, परन्तु सम्राट् के प्रतिनिधि 'कम्बल' बताकर हमें इसके पंजों में दे देना चाहते हैं।

इस भालू के खूँखार पंजों की वजह से ही यह संघ-शासन हमारे लिये भय का कारण हो रहा है। इसके कारनामे हमें जयपुर, राजकोट, ट्रावनकोर, मैसूर, हैदराबाद, कश्मीर और उड़ीसा की रियासतों में स्पष्ट दिखाई दे रहे हैं। आज इसी भालू की शक्ति और निरकुंशता को कायम रखने के लिए उड़ीसा के कांग्रेसी मन्त्रिमंडल को

ब्रिटिश-साम्राज्यवाद जोर दे रहा है।

हम इस भालू के अत्याचार की शिकायत शेर से करना चाहते हैं, और आशा करते हैं कि वह हमारी सहायता करेगा। शेर का इस भालू के प्रति क्या रुख़ है, यह भी देख लीजिए। १६ दिसम्बर ३८ को देसी राज्यों के सम्बन्ध में ब्रिटिश साम्राज्यशाही की नीति प्रकट करते हुए भारत मंत्री ने कहा था—

"यदि देसी राज्यों में राजा लोग कोई वैधानिक सुधार करना चाहें, तो सम्राट् की सरकार उसमें कोई अड़चन न डालेगी; परन्तु सम्राट् की सरकार वैधानिक सुधार करने के लिए देसी राज्यों पर कोई दबाव डालने के लिए तैयार नहीं।" यह बात हमारे साम्राज्यशाही के शासकों के मुँह से, जिन्होंने इंगलैंड में वैधानिक शासन-सुधार करने के लिए अपने बादशाह चॉर्ल्स पहले का सर उतार लिया था, किन्तु सुन्दर मालूम पड़ती है।

इसके आगे भारत-मंत्री फ़रमाते हैं—"सम्राट् की सरकार का यह कर्तव्य है कि देसी राज्यों की प्रजा में अगर विरोध या विद्रोह की आग भड़के, तो उसे दबाने में वह इन राज्यों की मदद करे। और यदि प्रजा को कोई वैधानिक शिकायत हो, तो उसे दूर करने के लिए देसी राज्यों की सरकारों को सलाह दे और उनकी सहायता करे।"

इसके अलावा बटलर-कमेटी की रिपोर्ट के ५०वें पैरे के अनुसार, ब्रिटेन के सम्राट् की देसी राज्यों के साथ यह प्रतिज्ञा है कि वह उनके अधिकारों, उनके साथ की गई रिआयतों और उनकी शान की रक्षा करेंगे। इन देसी राज्यों को मिटाकर यदि वहाँ किसी दूसरे प्रकार की सरकार कायम करने की माँग प्रजा करे, चाहे वह वैधानिक ही क्यों न हो, तो सम्राट् की सरकार इन देसी राज्यों की सरकार की ही मदद करेगी।

देसी राज्यों के प्रति देसी राज्यों की प्रजा के विरुद्ध ब्रिटिश-सरकार के वायदों को पूरा करने के लिए भारत सरकार के हाथ में सन् १६३४ का देसी राज्यों की रक्षा का क़ानून (Indian States Protection Act) है। इस क़ानून की भूमिका में यू.पी. के वर्तमान गवर्नर सर हेरी हेग फरमाते हैं—"चाहे देसी राज्यों में इस तरह का शर्मनाक और नाक़ाबिले-बरदाश्त बदइन्तज़ाम हो कि उसमें बाहर से दख़ल दिया जाना मुनासिब और ज़रूरी हो... लेकिन इन हालात में भी हम ब्रिटिश-भारत की ग़ैर-ज़िम्मेदार प्रजा को देसी राज्यों के मामले में दस्तन्दाज़ी नहीं करने दे सकते !"

इतना देख लेने के बाद यह समझ लेना कुछ मुश्किल नहीं कि लॉर्ड लिनलिथगो किस सद्भावना से व्याकुल होकर ब्रिटिश-भारत की प्रजा को देसी राज्यों के भालू के साथ संघ-शासन के पिंजरे में बन्द कर देना चाहते हैं ?

आज कश्मीर से लेकर भारत के दक्षिणी कोने की सीमा तक सभी देसी राज्यों में पीड़ित प्रजा छटपटा रही है। देसी रियासतों का जुल्म साम्राज्यशाही-शक्ति की मदद अपनी पीठ पर लेकर उन्हें कुचल डालना चाहता है। अगर हम अपनी आँखें बन्द नहीं किए बैठे हैं, तो हम देख सकते हैं कि स्वतन्त्रता की आशा से आगे बढ़ती हुई भारत की प्रजा को ब्रिटिश-साम्राज्य की सरकार किन शक्तियों की सहायता से गुलामी में बाँध रखना चाहती है। इस समय भारत की सम्पूर्ण प्रजा, चाहे वह ब्रिटिश-भारत के शासन में हो या देसी राज्यों के शासन में, एक ओर है और दूसरी ओर है, साम्राज्यशाही और साम्राज्यशाही की सहायक शक्तियाँ। भारत की स्वतन्त्रता की लड़ाई आज इन दोनों शक्तियों के बीच में है। हमारी राष्ट्रीय संस्था कांग्रेस के सामने आज सबसे अहम मोर्चा है, देसी राज्यों की प्रजा को उत्पीड़न की चक्की से निकालना। नहीं तो यह चक्की हमें भी पीस डालेगी और बहुत बुरी तरह से पीस डालेगी। हमारे राष्ट्रीय नेता यथाशक्ति इस ओर से आँख बन्द किए रहने की कोशिश करके भी आज इसे स्वीकार करने के लिए मजबूर हो गए हैं।

आज हम वैधानिक सभा कांस्टिच्युएंट असेम्बली की माँग पेश कर रहे हैं। इस अवस्था में यही सबसे उपयुक्त माँग है। परन्तु हमारी इस वैधानिक सभा में हमारी रियासतों की प्रजा का भी प्रतिनिधि होना चाहिए। ब्रिटिश-भारत और देसी-भारत का क्या सम्बन्ध होगा ? इसका निर्णय इन दोनों के शत्रु साम्राज्यवाद के हाथों न होकर स्वयं हमारे ही हाथों होना चाहिए।

यदि हमारी राजनैतिक परिस्थिति की वजह से हमारे लिये यह सम्भव नहीं, तो अपने लिये विधान का ढाँचा तैयार करते समय हमें देसी राज्यों के प्रश्न को भूल नहीं

जाना चाहिए। और जब तक वैधानिक सभा की माँग केवल माँग ही है, तब तक हमारे राष्ट्रीय आन्दोलन की शक्ति विशेष रूप से इसी प्रश्न पर लगनी चाहिए। हमारे राजनैतिक आन्दोलनों के पिछले कई वर्षों का अनुभव हमें बताता है कि जिस समय राजनैतिक मोर्चे पर भारत की प्रजा हल्ला बोलती है, उनके कैम्पों में साम्प्रदायिकता की आग लगाकर उन्हें पीछे हटने के लिए मजबूर कर दिया जाता है। आज जब हम देसी राज्यों के अत्याचार और शोषण के विरुद्ध संग्राम करने जा रहे हैं, तो हिन्दू-राज और इस्लामी हुकूमत का सवाल पैदा किया जा रहा है। रियासतों की हुकूमत, न इस्लामी हुकूमत है न हिन्दू-राज, वह है शैतानी हुकूमत ! यह झगड़ा एक तरफ सभी अत्याचारियों और शोषकों तथा दूसरी ओर दलितों और पीड़ितों में है। इस आन्दोलन का नेतृत्व हिन्दू-सभा और मुस्लिम-लीग जैसे साम्प्रदायिक संगठनों के हाथ में नहीं होना चाहिए और न इन आन्दोलनों में साम्प्रदायिक रंग के नारों का लगाना ही उचित है। ऐसा करना देसी राज्यों का हमारी दलित और पीड़ित प्रजा के साथ विश्वासघात करना होगा ?

भालू ने पंजा फैला दिया

देसी राज्यों की प्रजा ज़िन्दा रहने का हक़ चाहती है, उसके लिए वह छटपटा रही है और पुकार मचा रही है। हमारे राजे, महाराजे और नवाब जो प्रजा के पालक और पिता होने का दम भरते आए हैं, प्रजा की इस छटपटाहट और पुकार को अपने-अपने हक़ों की हक़तलफी समझते हैं। इन राजाओं, महाराजाओं और नवाबों ने प्रजा के शरीर में से खून की एक-एक बूँद को चूस लिया है। वह अब ग्रीष्म के सूखे जंगलों की तरह खुश्क हो चुकी है। इस हालत में जागृति और विद्रोह की जो आग इन रियासतों में भड़क उठी है, उसे अगर कोई चीज़ बुझा सकती है, तो केवल आत्मनिर्णय को अधिकारों और मनुष्य के जीवित रहने के लिए जरूरी स्वतन्त्रता की वर्षा। हमारी देसी रियासतों के इन्द्रदेव, ये महाराजा लोग, यह बारिश बरसाने के लिए राज़ी नहीं—जान रहते तक न बरसाएँगे। वे सब कुछ करने के लिए तैयार हैं, पर प्रजा को उनके हक़ न देंगे—जब तक जान बाक़ी है, न देंगे।

अपने इन अधिकारों की रक्षा के लिए राजा, महाराजा और नवाब क्या करने जा रहे हैं, यह भी सुन लीजिए। उनका कहना है कि "हमारे बुजुर्गों ने ताक़त, कुर्बानी और तलवार के ज़ोर से जीता है, हम अपनी ज़मीन और ताक़त एक इंच भी छोड़ने के लिए तैयार नहीं हैं। इस समय हमारी जिन्दगी और मौत का सवाल पेश है। हमें बहुत सावधानी से एक साथ मिलकर क़दम बढ़ाना है। किसी की सहायता की आशा न कर, हमें आपस की सहायता पर भी भरोसा कर, देशी राज्यों की प्रजा, प्रजामंडलों और रियासतों के दूसरे संगठनों के राजनैतिक कार्यक्रम को कुचल देना है। इस काम में हमें छोटी रियासतों की सहायता करने के लिए निजी राजनैतिक फंड इकट्ठे करने होंगे। हमें अपनी शख्सी हुकूमत और निरंकुशता को हर तरह कायम रखना है।" राजपूताने की एक मुख्य रियासत के एक महाराज ने सेन्ट्रल इंडिया की एक रियासत के राजा को यह पत्र भेजा है।

अभी हाल में देसी राज्यों के महाराजाओं और दीवानों ने मिलकर देसी राज्यों की प्रजा को कुचल डालने के लिए जो कार्यक्रम बम्बई में तैयार किया है, उसका विवरण यों है—

(१) देसी राज्यों में राजनैतिक आन्दोलनों को कुचल डालने के लिए खास हुक्म और खास कानून जारी किए जाएँ।

(२) प्रजा के प्रति देसी राज्यों की हुकूमत किसी तरह की जवाबदेही मंज़ूर करने के लिए तैयार नहीं, और न इस ढंग का कोई सुधार ही मंज़ूर किया जा सकता है।

(३) जो छोटी रियासतें अपनी प्रजा की माँगों को नहीं कुचल सकतीं, उनकी हर तरह से सहायता की जाए।

(४) प्रजा-मंडलों को कुचल दिया जाए और प्रजा-मंडलों के अधिकारियों को मजबूर किया जाए कि अधिकार न माँगकर केवल मामूली सुधारों की माँग पेश करें।

(५) जो लोग देसी राज्यों के आन्दोलनों में सहायता कर रहे हैं, उन्हें विदेशी क़रार देकर बाहर निकाल दिया जाए। इनमें से जो लोग ख़रीदे जा सकते हैं, उन्हें कुछ वक्त के लिए नौकरियाँ दे दी जाए। मध्यम श्रेणी के जो लोग इन आन्दोलनों में भाग ले रहे हैं, उन्हें कुछ अधिकार देकर चुप कर दिया जाए।

(६) यदि रियासतों में ऐसे राजनैतिक आन्दोलन दूसरी चालों से नहीं दबते, तो उनमें रुपया देकर अपने आदमी भेजकर फ़िरक़ावाराना झगड़ा खड़ा कर दिया जाए, और फिर कानूनन आन्दोलन को दबा दिया जाए।

यह कार्यक्रम देसी राज्यों की पिछली परिषद् के समय तैयार किया गया था। परन्तु अभी हाल में इसे सुधारकर सब तजवीज़ें तैयार की गई हैं। इस स्कीम के तैयार करने की जरूरत खास तौर पर इसलिए महसूस हुई, क्योंकि अधिक प्रान्तों में कांग्रेस-सरकार हो जाने से ब्रिटिश-भारत से रियासतों की प्रजा को दबा देने के लिए काफी सहायता नहीं मिल रही है। दक्षिण-भारत और राजपूताना की रियासतों ने इस काम के लिए एक फंड तैयार कर लिया है और राजपूताने के एक महाराज इस काम के लिए दौरा आरम्भ करनेवाले हैं।

२६ जनवरी को बारदोली से महात्माजी का जो वक्तव्य निकला है, उससे यह स्पष्ट ज़ाहिर है कि ब्रिटिश सरकार देसी राज्यों की प्रजा को कुचल डालने के लिए जिस तरह दस्तन्दाज़ी शुरू कर रही है, ब्रिटिश-भारत की प्रजा का बैठकर मुँह ताकते रहना सम्भव नहीं।

देसी राज्यों की प्रजा को कुचल डालने के लिए जो प्रोग्राम महाराजाओं और दीवानों ने तैयार किया है, उसे देखकर भी यदि हमारे साम्प्रदायिक नेता उसमें साम्प्रदायिकता घुसेड़ने से बाज़ न आए, तो समझना होगा कि वे जान-बूझकर न्याय और मनुष्यता के शत्रुओं की सहायता कर रहे हैं। देसी राज्यों के भालू ने अपना पंजा फैला दिया है, अब भी सावधान न होने का मतलब है, स्वयं मरने के लिए तैयार हो जाना।

मुबारक ताना !

युक्तप्रान्तीय असेम्बली में ५ जनवरी ३६ के दिन मिस्टर महमूद हुसेन ख़ाँ ने कांग्रेस-सरकार से एक टेढ़ा सवाल पूछ डाला। आपने पूछा—"असेम्बली की इमारत पर किसका नियन्त्रण है ?"

जवाब मिला—"नियन्त्रण चीफ़ सेक्रेटरी का है" परन्तु 'चीफ़ सेक्रेटरी प्रधानमंत्री के मताहत है।" दलील का यह फन्दा डालने के बाद, मिस्टर महमूद हुसने ख़ाँ ने सवाल किया—"तो फिर यह ब्रिटिश झंडा असेम्बली की इमारत पर किसके हुक्म से फहराता है ?"

इस तीखी चोट का जवाब प्रधानमंत्री ने पास सिवा इसके और क्या हो सकता था कि "यह रिवाज चला आ रहा है।"

देश का झंडा देश की आन का चिन्ह है और विदेशीय झंडा अपमान का। यह मानकर कि कांग्रेसी सरकारों को देश की आन का ख़याल नहीं या वे झंडे के महत्व को समझ नहीं सकते, हम कांग्रेस और कांग्रेस-मंत्रीमंडलों का व्यर्थ अपमान नहीं करना चाहते। कांग्रेस ने अपने झंडे के लिए जो कुछ किया, वह किसी से छिपा नहीं। यदि कांग्रेसी मन्त्रीमंडल आज भी कांग्रेस के झंडे को भारत में राज-चिन्ह के रूप में फहरा नहीं सकते, तो कांग्रेस उसकी उपेक्षा नहीं कर सकती। राष्ट्रीयता का अभिमान रखनेवाले हिन्दुस्तानियों की आँखों में हमारे देश में विदेशी झंडे का फहराना आँख में गड़े बिना नहीं रह सकता। परन्तु बेबसी को बेबसी समझकर ही याद रखना चाहिए, तभी एक दिन उसका उपाय हम कर सकेंगे। 'प्रथा' कहकर उसके आगे सर झुका देने से नहीं।

यह टेढ़ा सवाल पूछकर कांग्रेसी-सरकार को खोंचा लगाकर मुस्करा देनेवाले लोगों से हम कहना चाहते हैं कि यदि विदेशी झंडे के प्रान्त की कानूनी सभा की इमारत पर फहराने से आपकी क़ौम की या प्रान्त की बेइज्जती जान पड़ती है, तो हम आपकी क़ौमी ग़ैरत के आगे सर झुकाते हैं और बहुत विनय से यह सवाल पूछते हैं कि कांग्रेस यदि इस झंडे को उतारने की ज़िम्मेवारी अपने सर ले, उसके लिए जो कुछ भी करना जरूरी हो, उसे सहने को तैयार हो और इस झंडे को उतार फेंके, तो इस झंडे की जगह आप किस झंडे को देंगे ?

क्या इस झंडे की जगह आप कांग्रेस के झंडे को, जो पिछले बीस साल से क़ौमी-झंडा बनकर देश के राष्ट्रीय युद्ध में आगे-आगे चल रहा है, देश का झंडा मानकर देना मंज़ूर करेंगे ? यदि आपकी तरफ से इतनी तसल्ली मिल जाए, तो कुर्बानियाँ करने और मुसीबतें सहने का ज़िम्मा कांग्रेस ले सकती है। और अगर आपको कांग्रेस के झंडे के यूनियन जैक की जगह फहराए जाने पर उसके साथ ही लीग के झंडे को फहराने का मज़ाक पेश करना है,

तो रहने दीजिए इसी कलंक को। आपस में खून बहाकर उस झंडे की नींव को मजबूत करने से यह कहीं अच्छा है कि वह जैसा है, वैसा ही, उतना ही बना रहे और हम उस दिन की प्रतीक्षा करते रहें, जब आपको समझ आ जाएगी या फिर आपको समझ न आकर उस जनता को काफी समझ आ जाएगी, जिस पर आपका जादू गाहे-बगाहे चल जाता है। म्युनिसिपैलिटियों और डिस्ट्रिक्ट बोर्डों की इमारतों पर कांग्रेस के झंडे फहराए जाने पर लीगियों ने जो तूफान उठाया, वह किसी से छिपा नहीं। यह भी किसी से छिपा नहीं कि लीग की आँखों से कम-से-कम इस समय तक यूनियन जैक की अपेक्षा कांग्रेस का तिरंगा ही अधिक खटकता है। खैर, मुबारक है वह दिन कि आपने क़ौमी ग़ैरत का दम मरा, चाहे वह कांग्रेस पर ताना कसने के लिए ही।

कांग्रेस में प्रतिनिधित्व का खून

ब्रिटिश-सरकार हिन्दुस्तानियों की प्रतिनिधि होने का दावा करती है और कर रही है। भारत की राष्ट्रीय आन्दोलन शक्ति भर इसका विरोध करता रहा और कर रहा है। परन्तु तमाशा यह है कि स्वयं भारत के राष्ट्रीय आन्दोलन, कांग्रेस में भी इसी ढंग का एक अजीब प्रतिनिधित्व चल रहा है। कांग्रेस एक प्रजातंत्र संस्था होने का दावा करती है। इसलिए प्रान्तीय कांग्रेस कमेटियों में ज़िले-ज़िले के प्रतिनिधियों का होना आवश्यक है, जो उस जिले का या इलाके की जनता का प्रतिनिधित्व कांग्रेस में कर सके। परन्तु यह प्रतिनिधित्व एक अजीब ढंग से हो रहा है। साधारण समझ की बात है कि किसी भी इलाके का प्रतिनिधि उसी इलाके का व्यक्ति होना चाहिए, परन्तु कांग्रेस में ऐसे बहुत-से महत्वाकांक्षी यह महापुरुष या व्यक्ति हैं, जिनका अपने इलाके में कोई महत्व नहीं, परन्तु प्रतिनिधि बनने की लालसा को रोकना भी उनके लिए सम्भव नहीं। उन्हें प्रान्तीय कांग्रेस कमेटी में जरूर ही जाना है। अपने इलाके के प्रतिनिधि होकर नहीं जा सकते, तो किसी दूसरे इलाके पर ही, जहाँ लीडरों की बहुतायत नहीं, अपने प्रतिनिधित्व का बोझ लादने में उन्हें संकोच न होगा। प्रान्तीय कांग्रेस कमेटियों के इस बेतुके प्रतिनिधित्व में मिरज़ापुर में रहनेवाला व्यक्ति अलमोड़े का और गाजियाबाद में रहनेवाला व्यक्ति गोरखपुर का प्रतिनिधित्व कर सकता है। लखनऊ, इलाहाबाद, कानपुर जैसे बड़े-बड़े शहरों में रहनेवाले अनेक प्रभावशाली व्यक्तियों का प्रतिनिधित्व यू. पी. प्रान्तीय कांग्रेस कमेटियों में इसी प्रकार चलता है।

अब सवाल यह उठता है कि यदि यू.पी. प्रान्तीय कांग्रेस कमेटी को किसी महत्वपूर्ण समस्या पर विचार करना है। उदाहरण के लिए यही समझ लीजिए कि प्रान्त में किन्हीं कारणों से लगानबन्दी का प्रश्न उठ खड़ा होता है, उस समय यह लखनऊ और कानपुर के बाज़ारों मे दिन बितानेवाले देश के प्रतिनिधि किस हद तक रेलवे स्टेशनों से बीसों मील दूर रहनेवाले किसानों की अवस्था, सामर्थ्य और दृष्टिकोण को ठीक-ठीक रूप से प्रान्तीय कांग्रेस कमेटी के सामने, जिसे प्रान्तभर की वास्तविक अवस्था का ख़याल कर किसी कार्यक्रम को अपनाना है, पेश कर सकेंगे ? एक व्यक्ति चतुर राजनीतिज्ञ होने से ही उन लोगों की अवस्था और दृष्टिकोण का प्रतिनिधित्व करने के योग्य नहीं हो सकता, जिनके जीवन से उसका परिचय केवल छह घंटे या एक दिन का है। ऐसे भी बहुत-से प्रान्तीय कांग्रेस कमेटियों में जाने की क़सम खाए हुए बहादुर मौजूद हैं, जो सात-सात इलाकों से प्रान्तीय कांग्रेस की मेम्बरी के लिए खड़े होते हैं। हम ऐसे शेरदिल व्यक्तियों की हिम्मत के बलिहारी हैं, जो किसी स्थान के स्थानीय कार्यकर्ताओं की अपेक्षा अपने आपको उस इलाके के प्रतिनिधित्व के अधिक योग्य समझते हैं। हम इसे सिवा खुली धाँधलीबाज़ी के और कोई नाम नहीं दे सकते !

हम समझते हैं, कांग्रेस के विधान में नियम के अनुसार केवल स्थानीय कार्यकर्ताओं को ही किसी इलाके का प्रतिनिधित्व करने का अधिकार होना चाहिए। इसके लिए दस मील, बीस मील या पचास मील की सीमा होनी चाहिए। या जिले की ही हद हो। यों प्रान्त के एक कोने से खड़े होकर प्रान्त के दूसरे कोने के प्रतिनिधित्व का दम भरना, प्रतिनिधित्व के खून के अलावा और क्या कहा जा सकता है ?

विचार-स्वतन्त्रता ज़िन्दाबाद !

कांग्रेस जिस प्रजातंत्र आम जनता के जिस राज के लिए लड़ रहा है, उसका एक उदाहरण हमारे सामने इस

वर्ष के लिए कांग्रेस का प्रधान चुने जाने के सवाल पर आ गया। कांग्रेस ध्येय और उद्देश्य को प्रधानता देकर चल रही है या 'गुरुडम' और 'वैयक्तक शासन' ने उसमें जगह ली है, यह सवाल भी आज हमारे सामने आकर उपस्थित हो गया। कांग्रेस का प्रधान किसी कर्तव्य को निबाहने के लिए चुना जाता है या केवल फूलों के हार पहनाकर जुलूस निकालने और अभिनन्दन-पत्र पेश करने के लिए ही चुना जाता है ? यह सवाल भी आज हमारे सामने है।

बाहर और देश के भीतर की परिस्थितियों के बदलने के साथ देश की ज़रूरतों को ध्यान में रखकर, हम कांग्रेस की नीति निश्चित करते हैं और कांग्रेस वास्तव में देश या देश में बसनेवाली जनता की कठिनाइयों के विरुद्ध लड़ने के लिए संस्था है; या वह केवल रोमन कैथोलिक सम्प्रदाय की तरह एक सरकार है, जिसका राज्य किसी देश पर नहीं, पर वह केवल जनता के दिमाग़ और भावों पर राज कर अपना एक आडम्बर खड़ा करना चाहती है ?

यदि कांग्रेस वास्तव में कोई एक ठोस संस्था है, तो उसके नेताओं का चुनाव महज़ एक रस्म अदायगी न होना चाहिए। बारी-बारी से शहीदों की पूजा कर उनकी जय-जयकार करने के लिए ही कांग्रेस के प्रधान का पद नहीं होना चाहिए। और न सम्पूर्ण देश की राय जानने की परवाह किए बिना कांग्रेस की कार्यकारिणी के कुछ मेम्बरों को कांग्रेस का प्रधान कौन होगा, इस बात का निर्णय कर देना चाहिए। आगामी वर्ष के लिए कांग्रेस का प्रधान 'क्ष' होगा या 'त्र', यह सवाल हमारे लिए कोई मूल्य नहीं रखता। सवाल यह है कि आगामी वर्ष में कांग्रेस के सामने क्या कार्यक्रम और नीति रहेगी ? यह निश्चय कर लेने के बाद ही यह सवाल उठता है कि उस नीति का नेतृत्व करने के लिए कौन व्यक्ति सबसे अधिक उपयुक्त होगा। इसी बात को हम दूसरे शब्दों में यों कह सकते हैं कि प्रधान चुनकर कांग्रेस अपने आगामी वर्ष के कार्यक्रम के झुकाव का इशारा दे देती है।

आज इस बात से इनकार करने की गुंजाइश नहीं कि कांग्रेस में दो विचार-धाराएँ स्पष्ट झलक रही हैं। एक धारा है, जो केवल भारत में यूनियन जैक जो हटाकर तिरंगा झंडा फहराकर संतुष्ट हो जाना चाहती है। दूसरी विचारधारा है, जो इस देश की जनता की अवस्था में आमूल परिवर्तन चाहती है, जिसे दूसरे शब्दों में हम सामाजिक क्रान्ति कह सकते हैं। पुराने क़ायदे के अनुसार इन्हें दाहिनी और बाईं विचारधारा के नाम दिए जाते हैं। दाहिने पक्ष के लोग सदा ही परिवर्तन के खिलाफ रहे हैं और जहाँ परिवर्तन के बिना निर्वाह नहीं, वहाँ वे कम-से-कम परिवर्तन के पक्ष में रहते हैं। सुलह-समझौते की गुंजाइश नज़र आते ही वे उसकी ओर लपके बिना नहीं रह सकते। आज कांगेस में 'दाहिने' और 'बाएँ' पक्ष के भेद का सवाल उठ रहा है फेडरेशन और संघ-शासन पर।

इस समय कांग्रेस की बागडोर है 'दाहिने पक्ष' के हाथ में; परन्तु देश की परिस्थिति जनता के भावों को 'बाएँ पक्ष' की ओर कर रही है। 'दाहिने पक्ष' के लोग इन हालात को खूब समझते हैं और इसके लिए वे अपनी शक्ति भर उपाय भी कर रहे हैं। मौक़े-बेमौक़े सरदार पटेल की खिसियाहट इस बात को ज़ाहिर भी कर देती है। अभी पिछले दिनों अनुशासन के नाम पर बाएँ पक्ष के कांग्रेस-कार्यकर्ताओं को गर्दनिया दे-देकर बाहर निकाल दिया गया। यह सब किया गया, अहिंसा के नाम पर। हम इस बात से इनकार नहीं कर सकते कि जनता में 'नाम' का बहुत प्रभाव है। 'नाम' के प्रभाव में आकर जनता बाज़ वक्त अपने हितों को भी भूल जाती है। गाँधीजी के नाम का प्रभाव कुछ ऐसा ही है। कांग्रेस के 'दाहिने पक्ष' के हाथ में गाँधीजी के नाम का यह हथियार मौजूद है। जैसे अब तक इस हथियार का इस्तेमाल किया गया, उसी तरह अब कांग्रेस के प्रधान के चुनाव पर भी किया जा रहा था। परन्तु हमें यह नहीं भूल जाना चाहिए कि इस समय सवाल देश की स्वतन्त्रता का है। और उसका दारोमदार है, संघ-शासन को स्वीकार कर लेने या न कर लेने पर ! हमारे मठाधीश कहते हैं कि प्रधान के चुनाव से इस प्रश्न का कुछ सम्बन्ध नहीं। प्रधान कौन होगा, इससे हमारे कार्यक्रम और नीति पर कोई प्रभाव नहीं पड़ता। शोभा और सज्जनता के नाम पर वे सर्वसम्मति से ही प्रधान का चुनाव चाहते थे, परन्तु प्रधान चुना जाता वही, जिसे वे चाहते।

भलमनसाहत और सौजन्य का सारा पाठ पढ़ा देने

के बाद भी हमारे नेताओं ने संघ-शासन की समस्या को पीछे छोड़ देने की आश्चर्यजनक चालाकी दिखलाई है। इस महत्त्वपूर्ण प्रश्न की ऐसी उपेक्षा अच्छा लक्षण नहीं है।

जिस शान व शौक़त के साथ कार्यकारिणी के सदस्यों ने राष्ट्रपति के निर्वाचन के सिलसिले में अपना वक्तव्य निकाल दिया था, उससे तानाशाही की बू साफ़ आ रही है। इस वक्तव्य से साफ ज़ाहिर है कि देश के निर्णय की अपेक्षा कार्यकारिणी के सदस्यों का निर्णय ही अधिक महत्व रखता था। हम जानते हैं कि आजकल कांग्रेस की हालत है। मगर कांग्रेस प्रजातन्त्रवादी संस्था होने का जो दावा करता है, उससे यह मनोवृत्ति मेल नहीं खाती। इसे हम तानाशाही प्रजातन्त्र अलबत्ता मान सकते हैं। शायद इस धींगाधींगी को भी प्रजातन्त्र कहा जा सकता है ?

हिटलर और मुसोलिनी भी अपने आपको देश की जनता का प्रतिनिधि समझते हैं। उनकी दृष्टि में उनकी तानाशाही प्रजातन्त्र के उद्देश्यों को बहुत अच्छी तरह पूरा कर रही है। हमारे कांग्रेस के कुछ प्रतिनिधि भी उसी ज़ेहनियत के हैं और उनमें से एक है श्रीपट्टामि सीतारमैया। आपने प्रान्तीय कांग्रेस से प्रधान की हैसियत से अपनी कलम की एक घसीट से कांग्रेस के पैंतीस हजार मेम्बरों को वोट देने का अधिकार से वंचित कर दिया था और आपके इस फैसले को आल इंडिया कांग्रेस कमेटी ने अनुचित ठहराया था। उन्हें कांग्रेस का प्रधान चुने बिना तानाशाही प्रजातन्त्र के पूरे गुण कांग्रेस में कैसे आ सकते थे ? यही ग़नीमत है कि भारत ने 'गुरुडम' की दासता को छोड़ इस दफे अपनी विचार-स्वतन्त्रता का परिचय दे दिया।

आज़ाद की विचार-धारा

विप्लव का यह अंक कामरेड चन्द्रशेखर 'आज़ाद' की स्मृति में उनकी आठवीं बरसी के मौक़े पर 'आज़ाद-अंक' के नाम से निकल रहा है। का. आज़ाद के सम्बन्ध में यह लेख उनके उन सहयोगियों द्वारा लिखे गए हैं, जिन्होंने अपने क्रान्तिकारी जीवन के किसी भाग में उनके साथ कन्धे-से-कन्धे भिड़ाकर काम किया है। लेखों का विषय जीवन की घटनाएँ कम और राजनैतिक दृष्टिकोण अधिक रहा है। इतने मुँह से एक विषय में इतनी गवाहियाँ सुनकर आज़ाद के सम्बन्ध में उत्सुकता रखनेवाले पाठकों को अपने विचार क़ायम करने के लिए काफी मसाला मिल जाएगा।

आज़ाद के जीवन की घटनाओं के सम्बन्ध में कोई मतभेद नहीं, विवाद है उनके राजनैतिक सिद्धान्तों के बारे में। ऐसा होना भी उचित ही है, क्योंकि आज़ाद के विचारों का अर्थ है, हिन्दुस्तानी प्रजातन्त्र समाजवादी सेना के विचार। इस विवाद का आरम्भ हुआ है, पण्डित जवाहरलालजी की पुस्तक के पृष्ठ ३१६ से, जहाँ उन्होंने आज़ाद से अपनी मुलाकात का ज़िक्र किया है। पण्डित जी ने लिखा है कि उनके विचार में क्रान्तिकारी युवक अक्सर फैसिस्ट मनोवृत्ति के थे। का. मन्थन गुप्ता ने इस बात का प्रतिवाद किया और इस ज़ोर से किया कि उसमें कुछ अतिशयोक्ति हो गई, और इसके उत्तर में का. सुखदेवराज ने जो कुछ लिखा, वह भी उतने ही जोर से लिखा। विवाद चल गया। अगर तटस्थ होकर ज़रा बारीकी से देखा जाए, तो मालूम होगा कि पण्डित नेहरू, का. गुप्ता और का. सुखदेवराज जो कह रहे हैं, उसमें भेद अधिक नहीं। जिन अर्थों में 'फैसिस्ट' शब्द का व्यवहार आजकल हो रहा है, वह एक क्रान्तिकारी की दृष्टि में अवश्य निन्दात्मक है और इसे भारत के क्रान्तिकारी सहन नहीं कर सकते। का. गुप्ता ने मि. कोल की पुस्तक से फैसिज्म के जो नौ लक्षण लिखे हैं, उन्हें सामने रख पण्डित नेहरू भी क्रान्तिकारियों को फैसिस्ट नहीं कहेंगे। जिन दिनों के अनुभव से, अर्थात् सन् ३२ तक के अनुभव से, पण्डित नेहरू ने हम लोगों को फैसिस्ट बताया था, उन दिनों फैसिज़्म का अर्थ था, उग्रराष्ट्रीयता। हम लोग उग्र रूप से राष्ट्रवादी थे और आज भी हैं, क्योंकि हमारी राष्ट्रीय पराधीनता हमें सोशलिज़्म या कम्यूनिज़्म को इस देश में सफल नहीं बनाने देगी। परन्तु फैसिज़्म का जहाँ तक सम्बन्ध राष्ट्रीय रूप से पूँजीवाद को उग्र बना देने से है, हम न उस समय फैसिस्ट थे, न आज हैं।

जिन शब्दों में का. गुप्ता ने आज़ाद को कम्यूनिस्ट लिखा है, उससे काकोरी के ज़माने के आज़ाद के साथियों की अपेक्षा अधिक गर्व का. सुखदेवराज को ही हो सकता था, परन्तु उसमें अतिशयोक्ति हो जाती।

का. सुखदेवराज का यह कहना कि हि.स.प्र.से. के पुराने सदस्यों को इकट्ठा कर कोई एक प्रोग्राम नहीं बन सकता, ठीक नहीं। उनका यह कहना भी ठीक नहीं कि हि.स.प्र.स. को आज इकट्ठा करने से "उपनिषदों के श्लोकों से लेकर 'कामिंटन' के आखिरी रेज़ोल्यूशन तक सब प्रोग्राम सामने आ जाएँगे।" यही बात अगर वह इस समय छूटे हुए सभी क्रान्तिकारियों के बारे में कहते, तो शायद ठीक हो जाती।

आज के दिन तक जितने क्रान्तिकारी जेलों से छूट आए हैं, उन्हें हम उनके पुराने विचारों की दृष्टि से कई दलों में बाँट सकते हैं। १६०५ के क्रान्तिकारियों का आदर्श एक सीमा तक 'आनन्द मठ' का आदर्श था, जिसमें भारत के प्राचीन ऋषियों के आदर्श पर हिन्दू राज कायम करने की कल्पना काम करती थी। वे लोग गले में गीता लटकाकर राधा के लाल चरणों में जीवन उत्सर्ग कर देते थे, और योगाम्यास से शक्ति-संचय करते थे। १६१४-१५ के क्रान्तिकारी इससे ऊपर उठ चुके थे। धार्मिक या साम्प्रदायिक भावना इस समय तक मौजूद थी, परन्तु राजनैतिक भावना अधिक सजग थी। इसके बाद काकोरी-दल आता है। काकोरी-दल का राजनैतिक विकास पहले के सभी दलों से अधिक है। वे साम्प्रदायिकता की परवाह नहीं करते थे, परन्तु इसके विरुद्ध जिहाद भी नहीं करते थे। फाँसी की कोठरी में हम उन्हें सत्यार्थप्रकाश, गीता और कुरान से शान्ति लाभ करते पाते हैं। इसके बाद जो दल आता है, उसकी दार्शनिक धारणा बिल्कुल बदल जाती है। इस दल के लोग आध्यात्मिकता को एक नशा समझने लगते हैं, उपनिषद, वेद, कुरान पर इनकी आस्था नहीं। यह दल था हि.स.प्र.से.। १६२६ में इस दल के प्रमुख व्यक्ति आज़ाद को छोड़कर जेल चले जाते हैं या फाँसी पा जाते हैं। इस दल का सूत्र पकड़कर जो दल फिर से आजाद के चारों ओर संगठित होता है, उसकी विचार-धारा और आगे बढ़ती है। इस विचारधारा के आगे बढ़ने का कारण है चारों ओर की परिस्थितियाँ। जेलों की चारदीवारियों के भीतर बन्द क्रान्तिकारियों के विचारों का विकास भी जारी रहता है। १६३२ में जनता के जागृत हो जाने पर क्रान्तिकारी-आन्दोलन मिट-सा जाता है और आज १६३६ में हम सभी क्रान्तिकारियों को समाजवादी विचार-धारा का पाते हैं। इसमें कुछ एक को छोड़ा जा सकता है, और विचार-स्वतन्त्रता में ऐसा होना स्वाभाविक भी है।

आज़ाद की विचारधारा आज हम लोगों की विकसित विचार-धारा का उठता हुआ अंकुर था, या कहिए पुरानी चली आई विचारधारा में एक परिवर्तन-काल था।

लखनऊ के तीन गरम दिन !

२२ जनवरी के दिन प्रान्त भर में हैदराबाद-दिवस मनाया गया। २६ जनवरी को स्वतन्त्रता-दिवस की धूम रही और २७ को लखनऊ में मो. ज़फरअली साहब का स्वागत मुस्लिम-लीग ने किया। ये तीनों दिन लखनऊ ने रोंगटे खड़े कर चौकन्नी आँखों से गुज़ारे। इन तीनों दिन बहुत बड़े जुलूस निकले और निकले बर्छों, फर्सों और भालों को चमकाते हुए। हिन्दुओं का जुलूस निकला, तो भय से मुसलमानों ने दुकानें बन्द कर लीं और मुसलमानों का जुलूस निकला, तो हिन्दुओं ने। इन सशस्त्र जुलूसों के आगे दस-पाँच पुलिस के सिपाही हाथों में लाठियाँ लिए चल रहे थे और पीछे दस-पन्द्रह घुड़सवार और १०-१५ साइकिल सवार। हजारों के इन जुलूसों में कहीं-कहीं पुलिस के सिपाही की लाल पगड़ी पुलावों में बिरयानी के छिटके की तरह दिखाई पड़ जाती थी।

ग़नीमत रही, दंगा नहीं हुआ। अगर हो जाता; तो यह पुलिस क्या कर लेती ? साम्प्रदायिक उत्तेजना से पागल जनता के इस समुद्र के बिगड़ उठने पर यह पुलिस क्या कर सकती थी ? हमारे बहुत चतुर और सैंडहर्स्ट में तालीम पाए हुए पुलिस अफसरों की यह अक़्लमन्दी हमें हैरान कर देती है। लेकिन अच्छा ही हुआ कि सभी सशस्त्र थे। दंगा जो नहीं हुआ, इसके लिए पुलिस का प्रबन्ध नहीं, लोगों के मन पर एक-दूसरे की तैयारी का छाया हुआ आतंक था।

कहीं अच्छा होता, अगर पुलिस की लाल पगड़ी को भीड़ में यों न छिटकाकर, दस-दस घुड़सवार जुलूस में थोड़े-थोड़े अन्तर पर बाँट दिए जाते। इससे जुलूस की शोभा भी बढ़ जाती और दंगा होने पर भीड़ को काबू करना भी आसान रहता।

पंजाब का पॉलिटिक्स

(मुन्शी अहमददीन साहब अमृतसरी के दो भाषण, जो यू. पी. राजनैतिक शिक्षण शिविर, हड़हा (बाराबंकी) में ता. २६ दिसम्बर ३८, शाम को ७ बजे और ता. ३० दिसम्बर ३८, को सवेरे ८ बजे हुए थे। इस समय पंजाब की राजनैतिक स्थिति सारे देश को बेचैन किए है। मुन्शीजी के भाषण से इस स्थिति को समझने के विशेष सहायता मिलेगी।—सं.)

अगर सियासी तहरीक में पंजाब पिछड़ा रहे, तो मुमकिन है कि आने वाले इन्क़लाब में, जो सारे मुल्क में होगा, पंजाब हमारे खिलाफ़ जाए। इसलिए मैं आज आपके सामने पंजाब के कुछ सियासी हालात रखना चाहता हूँ।

सन् ५७ के गदर में पंजाब ने ही अंग्रेजी हुकूमत को हिन्दुस्तान में कायम रखा। आज तक पंजाब में ऐसे बहुत लोग मौजूद हैं, जो ब्रिटिश इम्पीरियलिज़्म के मददगार हैं। अंग्रेजों को पुलिस और फ़ौज की सबसे ज्यादा मदद पंजाब से मिला करती है। अंग्रेजी गवर्नमेन्ट हिन्दुस्तान में अपने पैर मजबूत करने के लिए पंजाब को अपना दाहिना हाथ समझती है।

फ्रंटियर से हिन्दुस्तान के बाहर जाने की दो राहें हैं। एक कश्मीर का दर्रा, दूसरा पेशावर का चमन से ईरान जाने का रास्ता। पंजाब में आबादी मुसलमानों की ज्यादा है। सन् ५७ के गदर में जिस पल्टन ने दिल्ली में आकर अंग्रेजों की मदद की, उसमें सिक्ख ज्यादा थे, मुसलमान बराय नाम। उस वक्त अंग्रेजों ने यह कहकर सिक्खों को भड़काया था कि मुगलों ने तुम्हारे गुरुओं के साथ बड़े मज़ालिम किए हैं, अब चलकर मुसलमानों से उन जुल्मों का बदला ले लो। चुनाँचे सिक्ख लड़े, अंग्रेज जीते और इसके सिलसिले में पंजाब में उन्हें बड़ी-बड़ी जागीरें मिलीं। इसी लायलटी की वजह से पंजाबी सिक्ख अंग्रेजी पल्टन में ज़्यादा रहते हैं।

एक अंग्रेज (मैकाले साहब) ने सिक्खों के धर्मग्रन्थों को इकट्ठा करके छपवाया और नाभा, पटियाला और कई राजाओं की मदद से ये लफ़्ज़ बढ़ाकर छपवा दिए गए कि टोपीवाले सिक्ख (यानी अंग्रेज) आकर सिक्खों की मदद करेंगे। इससे तमाम सिक्ख क़ौम को अंग्रेजों पर विश्वास हो गया और उन्होंने जी खोलकर अंग्रेजों की सहायता की। सिक्खों में सब सिक्ख इस बात के मानने वाले नहीं थे। यह तो राजा-महाराजाओं का एक गिरोह था, जो अंग्रेजों के साथ था। मगर आम सिक्खों पर भी इसका असर कम नहीं पड़ा। सर्वसाधारण सिक्खों पर इसका ज्यादा असर न पड़ने का एक सुबूत यह है कि 'मेनी' (जि. लुधियाना) में गुरु रामसिंह ने अंग्रेजों के खिलाफ पंजाब में क्रान्ति करने के लिए एक आन्दोलन चलाया। लेकिन इस आन्दोलन का मक़सद मज़हबी था। कूका-जत्थाबन्दी की गई और एक खास तारीख पर पंजाब में क्रान्ति करने का मन्सूबा किया गया। इस आन्दोलन के बारे में गवर्नमेन्ट को शक हो गया। आन्दोलन चलानेवालों में से एक आदमी फूटकर अंग्रेजों से जा मिला और सारा भेद बता दिया। तब आन्दोलन चलानेवालों ने

तारीख बदल दी लेकिन किसी को इसका पता न दिया और जनता पहली ही तारीख के लिए तैयार थी। नतीजा यह हुआ कि ठीक तारीख न बताने पर चन्द आदमियों ने बेतरतीब बलवा करके पंजाब-सरकार पर हमला कर दिया। गिरफ्तारियाँ हुईं, फाँसियाँ हुईं और वह तहरीक दब गई।

इसके बाद सन् १९०७ में दूसरा आन्दोलन लाला लाजपतराय ने चलाया। यह आन्दोलन किसानों को लेकर किया गया। लाहौर में बहुत बड़ा जलसा हुआ। सूफी अम्बाप्रसाद, सरदार भगतसिंह के चचा सरदार अजीतसिंह और लाला लाजपत राय इसके लीडर थे। लेकिन इस आन्दोलन की तह में काफी मज़बूती न थी, इससे यह भी फ़ेल हो गया। लाला लाजपतराय गिरफ्तार करके मॉडले भेजा गया, सूफ़ी अम्बाप्रसाद और सरदार अजीतसिंह हिन्दुस्तान से भाग गए। अम्बाप्रसाद ईरान में जाकर मरे और उनकी क़ब्र भी वहीं बनी।

इसके बाद जो सबसे बड़ा आन्दोलन पंजाब में हुआ, वह सन् १९१४-१५ का था। जो लोग पंजाब से दूसरे मुल्कों में नौकरी करने के लिए गए थे, उन्हें वहाँ अपनी गुलामी की वजह से बड़ी ज़िल्लत उठानी पड़ी। इससे उन लोगों ने अमेरिका में एक पार्टी कायम की और उसका नाम रखा 'ग़दर पार्टी'। इसके मेम्बरों ने जो कुछ धन कमाया था, वह सब इस पार्टी को दे दिया। पार्टी ने 'ग़दर' नाम का एक अख़बार निकाला। यह मुफ्त बाँटा जाता था। हिन्दुस्तान में आदमी भेजे गए और पर्चे छपाकर सारे हिन्दुस्तान में बाँटे गए। कर्तारपुर (पंजाब) में कर्तारसिंह और बंगाल में रासबिहारी घोष इसके नेता बने। पंजाब में जब साज़िश शुरू हुई, तो गिरफ्तारियाँ हुईं, मुक़दमे चले और बहुतों को बीस-बीस साल की क़ैदें हुईं, बहुतों को फाँसी। हुकूमत ने अपने कठोर पंजों से इस तहरीक को दबा दिया। इस तहरीक के चलाने वाले सिक्ख थे। इसमें हिन्दू और मुसलमान शामिल नहीं थे। इस तहरीक के अड्डे गुरुद्वारों में थे, लेकिन गुरुद्वारेवाले सरकारी आदमी थे। जब सरकार की तरफ से उन पर दबाव पड़ा, तो उन लोगों ने खुलेआम कह दिया कि इस आन्दोलन में शामिल होनेवाले 'सिक्ख' नहीं हैं ! एक बात याद रखने की है कि इस तहरीक में शामिल होनेवालों ने अपीलें नहीं कीं, सरकार ने उन पर जो इल्ज़ाम लगाया, उसे उन्होंने चुपचाप मन्जूर कर लिया और सज़ाएँ क़बूल कीं। इस तरह सन् १४ की कान्सपैरेंसी ख़त्म हुई। अगर यह काम वक़्त पर होता, तो इसका नतीजा कुछ और ही होता।

इसी ज़माने में यूरोप में बड़ी लड़ाई छिड़ गई, जिसके ख़त्म होते ही हिन्दुस्तान पर एक नई आफ़त आई। जंगे-अज़ीम में हिन्दुस्तानियों ने अंग्रेजों के लिए अपनी जानें दी थीं, उसके बदलें में सरकार ने 'रौलट एक्ट' का तोहफ़ा उन्हें दिया। लोग इससे बहुत बेचैन हुए। अभी तक गाँधीजी ने रँगरूटों की भर्ती में सरकार की इमदाद की थी, पर अब वह मैदान में आए। मुल्क गाँधीजी के साथ हो गया, पंजाब के क्रान्तिकारी भी शामिल हुए। डॉक्टर सत्यपाल पंजाब के लीडर थे। नतीजे में जलियाँवाला बाग़ का हादसा हुआ। इससे पंजाब कुचल-सा गया और ख़याल था कि अब पंजाब का उठाना मुश्किल है। मगर छठे महीने अमृतसर में कांग्रेस का इजलास हुआ। उसमें गाँधीजी आए और उन्होंने सरकार की देन, याने १९१४ के सुधारों को ठुकरा दिया। अमृतसर से अहिंसात्मक असहयोग-आंदोलन की बुनियाद पड़ी। आगे चलकर इस असहयोग-तहरीक ने जोर पकड़ा और मुसलमान भी इसमें शामिल हुए। पर मुसलमानों के शामिल होने की वजह दूसरी थी। तुर्की में तुर्कों की शिकस्त हुई थी और अंग्रेजों ने तुर्कों की मुखालफ़त की थी, इसलिए मुसलमान अंग्रेजों से नाराज थे, चुनाँचे ख़िलाफ़त के सवाल को लेकर वे असहयोग-आन्दोलन में शामिल हुए। यह तहरीक तमाम मुल्क में फैल गई। अब तक सिक्ख क़ौम अंग्रेजों की तरफ़दार थी, लेकिन उसमें भी अंग्रेजों के ख़िलाफ़ जज़्बात पैदा हो गए। कुछ सिखों में ख़याल पैदा हुआ कि गुरुद्वारों का इन्तज़ाम महन्तों के हाथ से हटाकर सिक्ख पब्लिक के हाथ में दिया जाए। इस काम के लिए एक 'गुरुद्वारा प्रबन्धक कमेटी' बनी और गुरुद्वारा-तहरीक शुरू कर दी गई। गुरुद्वारा-प्रबन्धक कमेटी 'ननकाना' (जिला शेख़ूपुरा) के गुरुद्वारे पर क़ब्ज़ा करना चाहती थी। ननकाना के महन्त की मदद पर सरकार थी। कमेटी का सेक्रेटरी मारा गया। इस पर गुस्सा होकर सिक्खों ने ननकाना-सत्याग्रह किया और अंग्रेजों के खिलाफ मोर्चा लिया। इस तहरीक में

ननकाना के महन्त ने १५० सिक्खों को पकड़कर ज़िन्दा आग में जला दिया। सत्याग्रहियों का जत्थेदार पंजाब का बड़ा सरदार था। वह जाकर मन्दिर में बैठ गया। उसे चार आदमी पकड़कर ले गए और आग में भून-भूनकर मारा, फिर उसका सिर काटकर ले गए। इस पर सिक्खों ने बड़ा मातम किया और इस शोक में पंजाब भर के सिक्खों ने काली पगड़ी बाँधी। यह है, काली पगड़ी का इतिहास। आख़िर में सिक्खों ने इस गुरुद्वारे पर क़ब्ज़ा कर ही लिया। ननकाना के महन्त पर मुक़दमा चला और उसे दस साल ही कै़द हुई, फिर सन् ३० में वह छोड़ दिया गया।

इसके बाद सन् २२ में महात्माजी ने सत्याग्रह की लड़ाई बंद कर दी। फिर सारे हिन्दुस्तान में हिंदू-मुसलमानों के झगड़े उठ खड़े हुए और पंजाब में इन झगड़ों ने काफ़ी जोश पकड़ा। हिंदू-मुसलमानों के बड़े-बड़े लीडर तक इन झगड़ों से बच न सके। इसी ज़माने में पंडित मोतीलाल नेहरू की स्वराज्य-पार्टी बनी, लाला लाजपतराय ने इंडिपेंडेंट पार्टी बनाई। उधर डॉक्टर किचलू ने तनज़ीम पार्टी बनाई। खूब एक दूसरे के ख़िलाफ़ लेक्चरबाज़ियाँ हुईं। पंजाब ५ साल तक हिंदू-मुसलिम लड़ाई का अखाड़ा बना रहा और कांग्रेस ग़ायब हो गई। सन् २४, २५, २६, २७ में खूब फ़सादात हुए। पंजाब जहन्नुम में मिल गया। लेकिन कुछ वफ़ादार सीनों में क़ौमियत की आग जल रही थी। सन् १९२१ में लाला लाजपतराय ने क़ौमी कॉलेज बनाया था, सरदार भगतसिंह वग़ैरह नौजवानों ने इस नेशनल कॉलेज में तालीम पाई थी। बाद में ख्यालात बदलने पर लालाजी ने यह कॉलेज बन्द कर दिया। पर इसी कॉलेज के लड़कों ने सन् २६ में 'नौजवान भारत सभा' बनाई। इसके सेक्रेटरी सरदार भगतसिंह थे। इन नौजवानों ने सन् २६, २७, २८ में साम्प्रदायिक हिंदू-मुसलमान लीडरों के ख़िलाफ़ भारी प्रोपगैंडा किया। इन नौजवानों का तेज सारे पंजाब पर छा गया, और सन् २८ तक 'नौजवान भारत सभा' में काफ़ी मज़बूती आ गई। आख़िर में यह 'भारत-सभा' बन गई।

इसके बाद साइमन कमीशन आया। साइमन कमीशन का बाइकॉट शुरू हुआ। सन् २८ में कमीशन पंजाब आया था। लाला लाजपतराय बाइकॉट में शामिल थे। पुलिस के एक आदमी ने लाठी चलाई, जो लालाजी के लगी। वह चोट खाकर आख़िर लालाजी मर गए, और पुलिस का अफ़सर भी क़त्ल कर दिया गया। इसके बाद असेम्बली में बम गिरा और गिरफ़्तारियाँ शुरू हुई। मेरठ में साज़िश का मुक़दमा शुरू हुआ। इसमें काफ़ी नौजवान गिरफ़्तार हुए। सरदार भगतसिंह को फाँसी हुई। पंजाब की जेलों में भूख-हड़तालें शुरू हुईं। लाहौर में यतीन्द्रनाथ दास ने जो भूख-हड़ताल की, उसका असर सारे हिंदुस्तान पर पड़ा। उसी साल ज़िला अमृतसर में एक बब्बर अकाली आन्दोलन शुरू हुआ, जिसका गढ़ जालंधर और होशियारपुर था। लाहौर के इजलास में भूपेन्द्रनाथ का एक सनसनीखेज़ बयान हुआ। इस बयान का पंजाब में यह असर हुआ कि होशियारपुर का सरग़ना, जो मुख़बिर तैयार किया करता था, मारा गया और झूठी शहादतें देने वाले क़त्ल किए जाने लगे। इस पर तमाम लोगों को फाँसियाँ दी गईं और गवर्नमेन्ट ने उस इलाक़े को पीस डाला। सन् २६ के आख़िर में लाहौर में कांग्रेस हुई, और इसमें मुकम्मिल आज़ादी का रिज़ोलूशन पास हुआ। इसके बाद महात्मा गांधी ने जब ग़ैर-क़ानूनी नमक बनाकर सिविल-नाफ़रमानी का मूवमेंट चलाया, तो सारे पंजाब ने उसमें हिस्सा लिया, और पंजाब में फिर क़ौमियत की लहर दौड़ती दिखाई दी।

मगर थोड़े अरसे बाद ही पंजाब ने एक और नया काम किया। मुसलमान लीडरों को कांग्रेस-इलेक्शन में नाकामयाबी हुई। कौंसिलों में उन्हें जगहें नहीं मिलीं। इसलिए मुसलमानों ने एक 'मजलिसे-अहरार' बना दी। इसने अलग अधिकार माँगने शुरू किये। इसकी बुनियाद सन् ३१ में डाली गई। सन् ३१ के अक्टूबर में कश्मीर का सिलसिला शुरू होता है। कश्मीर भी फ्रंटियर पर है। वहाँ से दो रास्ते पंजाब आते हैं—एक रावलपिंडी होकर, दूसरा स्यालकोट होकर। कश्मीर से पंजाब का तिजारती ताल्लुक़ है। कश्मीर की रिआया रियासत से दबी थी। रिआया के दिलों में असंतोष था। रियासत के ख़िलाफ़ तहरीक उठवाने की अँगरेज़ी सरकार को ख्वाहिश भी थी। कुछ अँगरेज़ों ने उसे भड़काया। सरकार गिलगित में अपनी छावनी बनाना चाहती थी और कश्मीर का राजा उसे देने को रज़ामन्द न था। बस, राजा और रिआया में झगड़ा

करवा दिया गया। कश्मीरी मुसलमानों में एक गिलज़ाई तबक़ा है। उसमें मिरज़ा गुलामअहमद का अवतार हुआ था। मिरज़ाई जमात का सेंटर गुरदासपुर के 'क़ादियान' में है। आजकल उसका लीडर मिरज़ा महमूद पहले मिरज़ाई का बेटा है। इसने कश्मीर के मुसलमानों को पहले एक मसजिद पर क़ब्ज़ा कर लेने के लिए भड़का दिया। इसके बाद क़ादियानी मुसलमानों ने कश्मीरी मुसलमानों के हक़ों की हिमायत शुरू की और सरकार की मदद से एक तहरीक जारी की कि कश्मीर के मुसलमानों को सरकारी मजलिस में जगहें दी जाएँ। कश्मीर के मुसलमानों को भड़काया गया कि हिंदू राजा मुसलमानों पर जुल्म करता है। अहरारों ने सारे पंजाब में तहलक़ा मचा दिया। पंजाब के सारे बड़े लोगों और पंजाब-सरकार के अँगरेज़ी अफ़सरों ने डेढ़ महीने तक इस तहरीक के लिए अहरारों को हथियार बनाया। यह तहरीक तब तक ज़ोर पकड़ती रही, जब तक अँगरेज़ों ने गिलगित ले नहीं लिया; गिलगित मिलते ही झगड़ा भी ख़त्म हो गया, क्योंकि सरकारी मदद बन्द हो गई थी। इस तहरीक से कश्मीर की रिआया जगी, उसे सरकार से कुछ हक़ मिले और सख्ती भी नरम हुई। लेकिन इससे कांग्रेस का काम बन्द हो गया और हिन्दू-मुसलिम फ़िरक़ापरस्ती काफ़ी मज़बूत हो गई।

अब मैं आपको यह बताना चाहता हूँ कि पंजाब की कांग्रेस में क्यों झगड़ा रहता है? इसका सबब यह है कि वहाँ कांग्रेस शहरी लोगों की जमात है, जिन्हें मंडीवाले बनियों और साहूकारों से वोट मिलते हैं, देहाती लोगों का दख़ल उसमें कम है। यह सर शादीलाल, टेकचन्द वग़ैरह बड़े लोगों की पार्टी है। दूसरी एक निचली पार्टी है, जिसमें सत्यपाल वग़ैरह है। इस पार्टी में मतभेद है। कुछ लोग सत्यपाल की पार्टी में हैं, कुछ अपने को लाला लाजपतराय की नेशनल पार्टी का समझते हैं, कुछ डॉ० किचलू की तनज़ीम पार्टी में हैं। पंजाब के किसान कांग्रेस में नहीं आए। न उनमें प्रोपगैंडा हुआ, न वे आए। पंजाब में मुसलमानों की मैजॉरिटी है। वहाँ मुसलमान ५५ फ़ीसदी, हिन्दू ३१ फ़ीसदी और सिक्ख १४-१५ फ़ीसदी हैं। लेकिन किसान ८० फ़ीसदी हैं।

सन् ३१ मे पंजाब के नौजवानों ने अपने सारे तरीके बदलकर कराची-कांग्रेस के मौक़े पर सोशलिज़्म को क़बूल कर लिया था और नौजवान भारत सभा 'सोशलिस्ट-पार्टी' हो गई थी। पर उसका नाम नहीं बदला था। कई साल तक इस पार्टी के लोगों की पालिसी यह रही थी कि कांग्रेस को बदनाम किया जाए कि वह बड़े आदमियों की जमात है। मगर इससे न कांग्रेस पनप सकी और न सोशलिस्ट सभा। सन् ३४ में सोशलिस्टों ने अपनी 'कांग्रेस सोशलिस्ट पार्टी' बनाई। जब कांग्रेस सोशलिस्ट-पार्टी बनी, तो पंजाब के कम्युनिस्टों ने सोशलिस्टों को ताना दिया कि ये लोग कांग्रेस से मिल गए हैं। इसलिए उन लोगों ने अपनी पार्टी के नाम से 'कांग्रेस' शब्द को हटा दिया, सिर्फ 'सोशलिस्ट-पार्टी' रह गई। इसके बाद सारी दुनिया के हालात बदले और सन् ३५ में बाक़ायदा 'कांग्रेस सोशलिस्ट-पार्टी' बनी और काम शुरू हो गया। पंजाब में जब किसानों में काम शुरू हुआ, तो किसान...भी कांग्रेस में दनादन आने लगे। लेकिन सिक्ख-किसान...ज़्यादा आए और हिंदू कम। जब अकाली-सभा टूटने लगी, तो उन लोगों ने हमें 'नास्तिक' मशहूर करना शुरू किया ! पर अब कांग्रेस सोशलिस्ट-पार्टी ज़ोरों से काम कर रही है, और पिछले दो सालों में इस पार्टी ने काफ़ी तरक्की की है। हालांकि दो-एक बातों में कई वजहों से इस पार्टी को दो-एक धक्के जरूर लगे, पर काम बराबर हो रहा है, और मुमकिन है, अगले मूवमेंट में पार्टी और ज़्यादा तरक़्की करे।

इस वक्त पंजाब में चार ताकतें हैं जो हर मामले में कांग्रेस के इर्द-गिर्द घूमती रहती हैं–

१. किसान सभा
२. कांग्रेस और कांग्रेस सोशलिस्ट-पार्टी,
३. अहरार पार्टी, तथा
४. अकाली-पार्टी।

ये लोग कांग्रेस के भीतर भी हैं और बाहर भी। इस वक्त पंजाब कांग्रेस कमेटी में जो झगड़ा है, वह एग्रीकलचरिस्ट या ज़मींदार-पार्टी से है। अहरार-पार्टी में दूसरे किसान हैं और अकाली में दूसरे। इस सबकी वजह से वहाँ कांग्रेस का काम नहीं बढ़ता; क्योंकि इन सबका संगठन कांग्रेस के भीतर नही बन सकता। इस वक़्त पंजाब के सियासी हालात बदल रहे हैं। किसान-सभा आगे बढ़ रही है और अहरारवालों को कांग्रेस से मिल

जाने के सिवा और कोई रास्ता नहीं है, और ज़्यादा मुमकिन है कि अकाली भी आएँ। सोशलिस्ट-पार्टी किसान-सभा की मदद कर रही है। इस बुनियाद पर हम दावे से कह सकते हैं कि आने वाली लड़ाई में पंजाब काफ़ी काम कर सकेगा। पर अभी वहाँ की सरकारी फ़ौज की भर्ती के मुतल्लिक़ कोई काम नहीं हुआ। गुरदासपुर, रावलपिंडी, झेलम, गुजरात, लायलपुर, मुल्तान इन इलाकों से अँगरेज़ों को फौजें मिलती हैं। इन इलाक़ों में जो लोग रहते हैं, उनके पास थोड़ी-थोड़ी ज़मीनें हैं। ये लोग सरकारी नौकरी करते हैं, जेलों के वार्डर होते हैं। इसके सिवा इनके पास और कोई ज़रिया पेट पालने का नहीं है। अगर हम इन ज़िलों में पहुँच गए, क्योंकि हमारा काम खुला है, तो इनमें काफ़ी काम हो जाएगा। लेकिन अँगरेज़ी-सरकार इन ज़िलों में किसान-सभाओं को पनपने देना नहीं चाहती। पंजाब की कांग्रेस सुस्त रही है, वह महाजनों की जमात है और इधर आने का नाम ही नहीं लेती। लेकिन अब कांग्रेस सोशलिस्ट-पार्टी धीरे-धीरे आगे बढ़ रही है। अगर हम इस पार्टी को ताक़तदार बना सकें, तो हम बहुत कुछ काम करेंगे। आज तो सर सिकंदर हयात बड़ी ऊँची आवाज़ से कहते हैं कि अगली जंग में पंजाब सरकार की मदद करेगा। मगर आगे क्या होगा, यह तो ज़माना बताएगा।

अब तक मैंने आपके सामने आज़ादी की तहरीक में पंजाबी हलचलों की तस्वीर खींचीं, अब आगे की तहरीक में पंजाब की दलबंदियों और फ़िरकादारियों के पालिटिक्स का हाल बताऊँगा। इससे पंजाब के पालिटिक्स को समझने में आपको काफ़ी मदद मिलेगी।

प्रातःकाल का भाषण

पंजाब में अक़लियत (अल्प-संख्यक सम्प्रदाय) वाले नहीं, बल्कि अकसरियत (बहु-संख्यक सम्प्रदाय) वाले ही ज्यादा चिल्लाया करते हैं। आख़िर इसकी वजह क्या है ?

सन् ५७ के बाद हिंदुस्तान पर अँगरेज़ी-सरकार की हुकूमत ५ या १० साल चैन से चलती रही। उस ज़माने की तालीम आमतौर से उर्दू-फारसी में होती थी। अँगरेज़ी का भी कुछ-कुछ हिस्सा था। कंपनी की हुकूमत के ज़माने में पढ़ाने वाले १०० फीसदी मुसलमान थे। सन् ६५ में वाइसराय ने एक हुक्मनामा निकाला कि इस महकमे में मुसलमान बहुत ज्यादा हैं, हिंदू भी इसमें लिए जाने चाहिए। इस हुक्म के बाद सन् ७० या ७५ तक यह हाल रहा कि इस महकमे से मुसलमान कम किए गए, हिंदूओं को मौक़ा दिया गया और उनकी तादाद ज़्यादा हो गई। जो हिंदू इसमें आए, वे अँगरेज़ी जानते थे, और सरकार को अँगरेज़ी की ज़रूरत थी, इसलिए सरकार ने उसने फ़ायदा उठाया। मुसलमान सोचने लगे, इतनी कसरत से हम क्यों इस महकमे से निकाल दिए गए ? सन् ७५ के बाद जो वाइसराय थे, उन्होंने एक और सर्कुलर निकाला कि मुसलमानों को फिर इस महकमे में लिया जाए। लेकिन ५ साल तक इनका कोई नतीजा न हुआ। दूसरे वाइसराय ने यही सर्कुलर फिर जारी किया, पर उसका भी कोई नतीजा न हुआ। तब मुसलमानों ने एक डेपुटेशन भेजकर इस बारे में दर्ख़्वास्त की। वाइसराय ने जवाब दिया, हिंदुओं ने महकमे पर क़ब्ज़ा कर रक्खा है, हम क्या कर सकते हैं ? यह सन् १८८०-८५ की बात है। इसी समय से मुसलमानों में फ़िरक़ादारी का ख़याल समा गया।

सन् ८५ में इंडियन नेशनल कांग्रेस की बुनियाद रक्खी गई। मुसलमानों के दिलों में पहले से ही शक था, इस लिए वे कांग्रेस में शामिल नहीं हुए। सर सैयद अहमद मुसलमानों में एक योग्य और सरकार-परस्त व्यक्ति था। उसने मुसलमानों को समझाया कि अँगरेज़ पहले से ही मुसलमानों से नाराज़ हैं, इसलिए तुम्हें कांग्रेस में शामिल न होना चाहिए। हमें अँगरेज़ों को खुश करके उनसे दोस्ती करना चाहिए। हमें अँगरेज़ी नहीं आती, इसलिए अँगरेज़ी को सीखना चाहिए। सर सैयद का जादू असर कर गया। मुसलमान काँग्रेस में शरीक नहीं हुए, इससे यह मतलब नहीं कि एक भी मुसलमान नहीं आया। उस वक़्त भी मुसलमानों में दो पार्टियाँ थीं, कुछ मुसलमान नेशनल ख़याल के थे, जो काँग्रेस में शामिल होने के तरफ़दार थे, मगर इनकी तादाद कम थी।

जब काँग्रेस की ताक़त बढ़ी, तो वाइसराय ने मुसलमानों को बुलाकर समझाया कि तुम भी अपने हुकूक़ माँगो। चुनाँचे सन् १९०६ में मुसलमानों ने मुसलिम लीग क़ायम की। मुसलिम लीग ने क़ायम होकर माँग पेश की कि मुसलमानों को मुलाज़मतें ज्यादा मिलें, सीटें मिलें, हक

मिले। हिन्दू ज़्यादा तादाद में हैं, इसलिए हमें उनसे डर है। लेकिन कांग्रेस तो तरक़्क़ी करती हुई आगे बढ़ गई, और मुसलमान अब तक वहीं के वहीं हैं, जहाँ वे १९०६ में थे। मैं बता चुका हूँ, मुसलमानों की तादाद पंजाब में ज़्यादा है, वहाँ ५५ फीसदी मुसलमान, ३१ फीसदी हिन्दू और १४ फीसदी सिक्ख हैं। लेकिन मज़ा यह है कि फिर भी मुसलमानों को डर है, और वह अलग हक़ चाहते हैं यह क्यों ?

पंजाब में मुसलमान ज़्यादा हैं और हिन्दू कम। वहाँ ज़मींदार हैं, काश्तकार हैं, और ज़्यादातर लोग छोटी-छोटी ज़मीनों के मालिक हैं। थोड़े-से बड़े ज़मींदार और ताल्लुकदार भी हैं, जो सरकार को रँगरूट वग़ैरह देते हैं पंजाब के सिक्ख फ़ौज में भर्ती होकर अमेरिका वग़ैरह गए, और वहाँ से नए ख़याल अपने साथ लाए। लेकिन मुसलमान वहीं के वहीं रहे। पंजाब में छोटे ज़मींदार, सिक्खों का जत्था और मुसलमान ज़मींदार एक साथ गाँवों में रहते हैं। दूसरा हिस्सा महाजनों का है, जो शहरों में रहता है और जिसका बेशुमार रुपया सूद पर किसानों और ज़मींदारों...में जो फैला हुआ है। तीसरा हिस्सा ओहदेदार ज़मींदार...या पेंशनयाफ्ता अफ़सरों का है, जो सब अँगरेज़ी-सरकार के भक्त हैं। सरकार ने हमेशा बड़े-बड़े ज़मींदारों को ही ऊँची नौकरियों में लिया। सरकार की पालिसी थी कि बड़े-बड़े ज़मींदार रहें, छोटे खत्म हो जाएँ। पंजाब-सरकार ने एक क़ानून 'ऐक्ट इन्तक़ाल आराज़ी' पास कराया। इसकी रू से ग़ैर-ज़मींदार ज़मीन नहीं ख़रीद सकते हैं, न ज़मीन को कुर्क व नीलाम करा सकते हैं। पंजाब में 'हल जोत्ते' (खेतिहर मज़दूर) काश्तकार नहीं समझे जाते। ऊँची जातों के लोग, जिनके पास ज़मीनें हैं और जो अक्सर फ़ौज में भर्ती होते हैं, उन्हें ही ज़मीन का मालिक समझा जाता है।

लायलपुर और सरगोधा, ये दो सरकार के बसाए ज़िले पंजाब की बड़ी आबादियाँ हैं। लायलपुर से जो मालगुज़ारी सरकार को मिलती है, वह सारे पंजाब का एक तिहाई है। यहाँ सरकार ने बड़े ज़मींदारों को सुझाया कि छोटे-छोटे ज़मींदारों की सब ज़मीनें उन्हीं के ही हाथ आ जाएँ। सरकार ने वहाँ को-आपरेटिव सोसाइटियाँ चलाईं। इनके चलानेवाले डार्लिंग साहब थे। आपने सन् १९२१ में लिखा है, 'इंतकाल आराज़ी' की स्कीम कामयाब नहीं हुई, लायलपुर के ज़मींदार नाक़ाबिल निकले। सरगोधा ज़िले को सरकार ने और ही मतलब से बसाया था। वहाँ फौज के लिए घोड़े तैयार होते हैं। वहाँ छः महीने के लिए जिस आदमी को एक घोड़ा दिया जाता है, उसे ख़र्च के लिए एक मुरब्बा ज़मीन दी जाती है। इस घोड़े की ख़ास तौर पर सेवा करनी पड़ती है और मज़बूत होने पर वह घोड़ा सरकार ले लेती है। ज़मीन छोटे-छोटे टुकड़ों में न बँटने पाए, इसलिए सरकार ने वहाँ एक और तरकीब चला रखी है। वहाँ विरासत में सिर्फ बड़ा बेटा ही ज़मीन का मालिक होता है, इससे छोटे बेटे लावारिस हो जाते हैं। लावारिस होकर वे अँगरेज़ी फौज में भर्ती होते हैं। इस कानून की बदौलत वहाँ काफी झगड़े और खून-खराबियाँ होती हैं। लेकिन ज़माने ने अच्छा काम किया। धीरे-धीरे इन लावारिसों की एक जमात बन गई ओर ये लोग अब काँग्रेस में आ रहे हैं।

पंजाब सूबे में दूसरा सवाल शहरी और देहाती का है। पंजाब का सूबा ज़मींदार, ग़ैर-ज़मींदार ओर फिर शहरी और देहाती, दो दलों में बँटा है। और फिर इस तमाम आबादी के हिन्दू, मुसलमान और सिक्ख, ये तीन फ़िरके हैं। वहाँ जब किसान और ग़ैर-किसान का मसला आता है, तो उसके साथ हिन्दू, मुसलमान और सिक्ख का सवाल भी उठ खड़ा होता है। जब काश्तकार और ज़मींदार का सवाल आता है, तो ज़मींदार उठ खड़े होते हैं, और सर सिकंदर हयात, सर छोटूराम, सर सुन्दरसिंह मजीठेवाले और राजा नरेन्द्रनाथ, वे सब एक जगह आसानी से जमा होकर मुख़ालफत करते हैं। इसमें सर सुन्दरसिंह मजीठेवाले की सिक्ख नेशनल पार्टी, सर सिकन्दर हयात की मुस्लिम लीग और राजा नरेन्द्रनाथ की हिन्दू-महासभा है। हिन्दू-मुसलिम झगड़ा बढ़ाने और कांग्रेस को नुक़सान पहुँचाने में ये तीनों दुकानें आगे बढ़ती हैं और सारे पंजाब को परेशान कर देती हैं। पब्लिक का अमन ख़तरे में पड़ जाता है, आपस का तनाव बढ़ जाता है। इन गुटों के साथी और सहायक कौन हैं ? सर सिकन्दर हयात के इशारे पर ज़फ़रअली और उनके दूसरे मुसलिम लीगी साथी असरदार क़दम उठाते हैं, सर सुन्दरसिंह मजीठेवाले के इशारे पर ज्ञानी शेरसिंह और उनके साथी अकाली, और

राजा नरेन्द्रदेव के इशारे पर भाई परमानन्द और उनके साथी दूसरे हिन्दू-महासभावाले। इन गुटों की वजह से पंजाब का पालिटिक्स हमेशा ख़लल में रहता है। मास्टर तारासिंह अकाली वग़ैरह कभी कांग्रेस के साथ रहते हैं, और कभी उसे छोड़ भी जाते हैं। यही हाल अहरार-पार्टी के चौधरी अफ़ज़ल हक़ वग़ैरह का है। अकाली-पार्टी की बुनियाद किसानों से पड़ी थी, लेकिन अहरार पार्टी की बुनियाद किसानों से नहीं है, पर देहातों में अहरारों की आवाज़ है। अकाली और अहरार उस वक़्त हिल जाते हैं, जब हिन्दू-मुसलिम का सवाल उठता है। लाला लाजपतराय ने जो 'सर्वेंट आफ दी पीपुल सोसाइटी' कायम की थी, वह दबकर रह गई है, कभी खुलकर मैदान में नहीं आती, न किसी तरफ़ हिस्सा लेती है।

सन् १६३५ में जब इत्तहाद पार्टीवालों को असेम्बली-इलेक्शन की लड़ाई लड़नी पड़ी, तो यह सवाल उठा कि अब क्या करें ? कौन ट्रिक की जाए ? सरकार के कहने पर मास्टर तारासिंह के ख़िलाफ पार्टीवाले अकालियों ने शहीदगंज का मकान गिरा दिया—वह मकान फ़ौज और पुलिस के पहरे में गिराया गया। यह मकान न मसजिद थी, न इमारत। वहाँ गधे घूमते और लोग पाख़ाना-पेशाब करते थे। महज़ एक झगड़ा पैदा किया गया। लाहौर में जब मैंने इस पर स्पीच दी, तो मुझे तीन साल की क़ैद मिली। अफ़सोस, यह झगड़ा ऐसा बढ़ा कि इसमें कांग्रेस और अहरार दोनों डूब गए। कांग्रेस के काम करनेवाले १७० आदमियों में से १५-१६ आदमी रह गए। मज़ा यह कि ऊपर से तो तीनों सम्प्रदायों के लीडरों ने मिलकर एक 'यूनियन-पार्टी' बना ली और भीतर से अपने-अपने मज़हब के लोगों को भड़काते रहे। यह है, पंजाब की तसवीर। इन सब वजूहात से पंजाब की कांग्रेस किसानों की तरफ़दार होकर आगे नहीं बढ़ सकती।

पंजाब की युनियनिस्ट पार्टी, हिंदू-सभा, लाला लाजपतराय की सर्वेंट ऑफ़ दी पीपुल सोसाइटी, अकाली और एग्रीकलचरिस्टों का इत्तहाद है। पंजाब में कांग्रेस की एक नीची और दूसरी ऊँची, दो क्लासें हैं। नीची पार्टी ऊँचीवाली से दबी हुई है, वह अपना काम आज़ादी से नहीं कर सकती। पर हमारी सोशलिस्ट-पार्टी जब आगे बढ़ती है, तो उससे सब दब जाते हैं, क्योंकि हमारी पिछली कुर्बानियों का लोगों पर असर है। लेकिन सोशलिस्ट-पार्टी से किसान-सभा का मुकाबला रहता है। लोग इस तलाश में रहते हैं कि किसी ऐसे मसले पर दोनों मिलकर भिड़ जाएँ, ताकि मिनिस्ट्री को काफ़ी चोट पहुँचे। पंजाब असेम्बली में इस वक्त कई बिल पेश हैं, जिनसे किसानों का कुछ-न-कुछ फ़ायदा है, लेकिन काँग्रेस का कहना है कि लगान में ५० फीसदी कमी की जाए और आबयाना सिर्फ लागत भर रहे। कांग्रेस और सोशलिस्ट-पार्टी, दोनों इस बात को मानती हैं। लेकिन युनियनिस्ट पार्टी यह कहकर किसानों को भड़काती है कि कांग्रेसवाले तुम्हारे फायदे के क़ानूनों की मुख़ालफ़त करते है। कांग्रेस और सोशलिस्ट-पार्टी के सामने कोई फ़िरक़ादार जमात नहीं ठहर सकती, पर इलेक्शन लड़ना काँग्रेस का काम है। सोशलिस्ट-पार्टी किसानों के फ़ायदे की बात लेकर आन्दोलन चलाना चाहती है और इसकी तैयारी के लिए किसान-सभा में ५० हजार वालंटियर भर्ती करने का ऐलान किया गया है। अगर कांग्रेस बढ़कर हमारा साथ दे, तो एक साल से ज़्यादा युनियनिस्ट पार्टी नहीं ठहर सकती।

पंजाब का एक और आन्दोलन है, रियासतों का आन्दोलन। नाभा, पटियाला, कपूरथला और कशमीर वग़ैरह पंजाब की कोई रियासत ऐसी नहीं है, जहाँ इस समय आन्दोलन न चल रहा हो। यह सवाल बहुत बड़ा है इसमें काफ़ी झगड़े भी हैं। ये वही रियासतें हैं, जिन्होंने सन् ५७ में अँगरेज़ों के साथ मिलकर मुल्क के साथ गद्दारी की है और अपने भाइयों का खून बहाया है। पंजाब की सरकार का नक़्शा इन रियासतों के सामने नाच रहा है। इस समय अगर सब ताकत एक जगह करके मूवमेंट चलाया जाए तो कामयाबी हो सकती है। अगर पंजाब में काम न हुआ, तो आइंदा इन्क़लाब की लड़ाई में पंजाब से विदेशी सरकार को वहीं मदद मिलेगी, जो सन् ५७ में मिली थी। अभी हाल में शहीदगंज में हज़ारों की भीड़ पर गोली चलाने का हुक्म हुआ, लेकिन फ़ौज ने गोली चलाने से इन्कार कर दिया। यहाँ तक कि यू.पी और सिंध की पुलिस ने भी इन्कार कर दिया। आखिर गोरा फ़ौज ने आकर गोली चलाई। सौ आदमी मरे, सरकार ने पन्द्रह बतलाए। पंजाब की पुलिस बेचैन है। अभी एक जगह एक

क्या खोया, क्या पाया ?

मुझको नरक नहीं मिल पाया !

(१)

नरक, भयंकर ज्वाला बाला !
बे दिल, सूखी आँखों वाला !!
मैं उसका प्रेमी परवाना, जग में दीवाना कहलाया !
मुझको नरक नहीं मिल पाया !

(२)

सुन्दर, सुमन-सुवासित नन्दन
करने को मेरा अभिनन्दन
आगे माया, आँख फेरकर पर मैंने उसको ठुकराया !
मुझको नरक नहीं मिल पाया !

(३)

आई अब जीवन की संध्या;
सोच रहा हूँ मैं विस्मृत-सा—
क्या-क्या किया, किया क्यों, मैंने जग में क्या खोया, क्या पाया ?
मुझको नरक नहीं मिल पाया !

—श्री सत्यभूषण 'योगी'

पुलिस कान्सटेबिल ने गवाही देने से इन्कार करके अपना इस्तीफा दाखिल कर दिया।

पंजाब के पालिटिक्स के बारे में दो फ़िक़रों में कहा जा सकता है कि वहाँ दो ख़ास फ़िरक़े हैं—काश्तकार और ग़ैर-काश्तकार। फिर ये दोनों फ़िरक़े तीन हिस्सों में बँटे हैं—हिन्दू, मुसलमान और सिक्ख। कांग्रेस को इन तीनों का मुक़ाबला करना पड़ता है। अहरार और अकाली कभी-कभी कांग्रेस के मददगार हो जाते हैं। लेकिन किसान-सभा और सोशलिस्ट पार्टी, ये दो पंजाब की ख़ास पार्टियाँ हैं, जो कांग्रेस की काफ़ी इमदाद कर सकती हैं।

आज़ाद क्या थे ?

बात कुछ पुरानी है—अधिक पुरानी नहीं। कुछ लोग आपस में बात कर रहे थे—''काकोरी के पास गाड़ी रोककर सरकारी ख़ज़ाना लूट लिया गया।'' उस समय इसे एक मामूली घटना-मात्र ही समझा गया था। उसका असली राज़ तो बाद में खुला। डकैती ? नहीं, वह भारतीय क्रांतिकारी आंदोलन का एक छोटा-बहुत छोटा—परिच्छेद था। इसके बाद की दुःखान्त कहानी यहाँ पर दुहराना नहीं चाहता। तलाशियों तथा गिरफ्तारियों के गर्म बाजार में आज़ाद को छोड़कर एक-एक कर सभी फ़रार पकड़े गए। आगे जो नाटक हुआ, उसे सभी जानते हैं ! अदालत, सजाएँ, जेल, फाँसी का तख्ता !!

और आज़ाद ? वह अपने नाम को सार्थक रखना चाहते थे। एक बार नहीं, कितनी ही बार उन्होंने दावे के साथ कहा था, ''कोई भी मेरे शरीर पर जीते-जी हाथ न लगा सकेगा।'' हुआ भी ठीक वैसा ही।

आज उनके व्यक्तिगत जीवन तथा उनके राजनैतिक विचारों के बारे में कितनी ही मुख्तलिफ़ बातें कही जा रही हैं। कोई उन्हें पक्का मार्क्सवादी सिद्ध करना चाहता है, तो कोइ उनमें भारतीय मुसोलिनी अथवा हिटलर का स्वरूप देखता है, अर्थात् उन्हें फ़ैसिस्ट का ख़िताब देता है। कहना न होगा कि आज़ाद इनमें से कुछ भी न थे। इसके यह मानी हर्गिज़ नहीं कि उनके अपने कोई भी राजनैतिक विचार न थे। अब सवाल यह है कि आज़ाद थे क्या ?

ऊपर के प्रश्न का उत्तर पाने के लिए हमें हिन्दुस्तान-साम्यवादी-प्रजातन्त्र-दल के उस समय के इतिहास पर नज़र डालनी चाहिए, जबकि आज़ाद उसके सेनानायक थे। जहाँ तक मुझे मालूम है, काकोरी के मामले में आरंभ तक इस दल में साम्यवादी विचारों का नाम तक न था। उस मामले में पकड़े जानेवालों में से अधिकांश क्रातिकारी कट्टर ईश्वरवादी थे। उनका उद्देश्य भारतवर्ष से अँगरेज़ों को हटाकर एक स्वतंत्र भारतीय प्रजातंत्र स्थापित करना था। इस समय के आज़ाद पर काकोरी के नेता पं. रामप्रसाद की पूरी-पूरी छाप थी। वह भी उन्हीं की भाँति ईश्वर-भक्त, साहसी तथा आदर्शवादी थे। व्यक्तिगत रहन-सहन में भी उन्होंने पूरी तौर पर 'बिस्मिल' का ही रास्ता अख्तियार किया था। यह बात सन् १९२६-२७ के पहले की है। इस समय उनके कोई ख़ास मँजे हुए विचार न थे। देश की आज़ादी के लिए हँसते-हँसते अपने प्राण दे जाना ही, उनका एकमात्र आदर्श था।

काकोरी के धक्के को सँभालते कई साल लग गए। बहुत-कुछ दौड़-धूप तथा प्रयत्न करने के बाद सन् २७ में फिर संगठित रूप से काम शुरू हुआ। इस समय काम के मुख्य दो ही केन्द्र थे। लाहौर तथा कानपुर। इसी समय से इस दल में साम्यवादी विचारों का आरंभ होता है। किन्तु यह साम्यवादी विचार मार्क्स अथवा लेनिन के सिद्धान्तों को भली प्रकार अख्तियार किए गए हों, सो बात न थी।

कानपुर के बोल्शेविक-केस को समाप्त हुए अभी दो ही तीन साल गुजरे थे। यहाँ के कार्यकर्ताओं पर उसका काफ़ी प्रभाव था और वे साम्यवाद के नाम से अच्छी तरह परिचित हो चुके थे। कुछ लोगों ने मज़दूरों में काम करना भी आरंभ कर दिया था। उधर लाहौर में नौजवान-भारत-सभा की स्थापना करके उसे आम जनता तक पहुँचाने का प्रयत्न आरम्भ किया गया। यह १९२७ की बात है। इस समय तक आजाद के विचारों में साम्यवाद का कोई स्थान न हो पाया था।

सच बात तो यह है कि सरदार भगतसिंह तथा

सुखदेव को छोड़कर हममें से किसी ने भी साम्यवाद के सिद्धान्तों पर न तो कुछ पढ़ा ही था और न उस पर मनन ही किया था। भगतसिंह तथा सुखदेव ने भी मार्क्सवाद को अच्छी तरह समझ लिया था, ऐसा नहीं कहा जा सकता। किन्तु जहाँ तक पढ़ने-लिखने का सवाल था, उन्होंने दूसरों की बनिस्बत काफ़ी जानकारी हासिल कर ली थी। समाज की दो श्रेणियों के निरन्तर युद्ध का नाम ही मानव-इतिहास है। हमें भी श्रेणी-रहित समाज की स्थापना करनी होगी। अँगरेज़ों के हाथों से भारत का उद्धार होने के बाद ही हमारी लड़ाई का अन्त नहीं होगा। आनेवाली लड़ाई में मज़दूरों का विशेष स्थान होगा, ईश्वर निरा ढकोसला है, आदि बातों पर हमारा बहुत-कुछ विश्वास हो चुका था, किन्तु फिर भी हम मार्क्सवादी न थे। क्योंकि जहाँ तक काम का सवाल था, हम मार्क्स तथा लेनिन का रास्ता न लेकर निहिलिस्ट ब्लैंकुइस्ट, अनारकिस्ट अथवा सोशल रिवोल्यूशनरीज़ के रास्तों पर ही अधिक चलते थे। हम मज़दूरों के नेतृत्व में उपायहीन क्रांति चाहते थे सही, किन्तु हम में से किसी ने भी मज़दूरों में जाकर उनको संगठित करने की बात पर कोई विशेष ध्यान नहीं दिया था। क्रांतिकारी गुप्त संस्थाओं द्वारा अपने काम के ज़रिये से प्रचार का सिद्धान्त ही हमें सबसे अधिक पसन्द आता था। अपनी क़ुर्बानियों द्वारा देशवासियों के दिलों में एक कसक बेचैनी पैदा कर जाना तथा फाँसी के तख़्ते पर खड़े होकर बुलन्द गले से उन्हें अपनी आवाज़ सुना जाना, यही हमारा मुख्य उद्देश्य था।

हाँ, मैं आजाद की बात कह रहा था। उन्हें ईश्वर वादी से निरीश्वर वादी तथा उनमें साम्यवाद के विचारों पर विश्वास पैदा करने का बहुत-कुछ श्रेय सरदार भगतसिंह को था। जिस समय की बात मैं कह रहा हूँ, (१९२८) उस समय उनका यह दृढ़ विश्वास हो चुका था, कि समाजवाद, वह चाहे कुछ भी क्यों न हो, प्रचलित समाज की बुराइयों की एकमात्र रामबाण औषधि है। ऐसी हालत में यह कहना कि उनके अपने कोई राजनैतिक विचार ही न थे, शायद उनके साथ अन्याय करना होगा। उस समय हमारी एक अपनी विचारधारा थी। सही थी अथवा गलत, यह दूसरा सवाल है, मेरी समझ में शायद उस समय की विचारधारा में ग़लतियाँ ही अधिक थीं। आज़ाद इन्हीं ऊपर कहे गए ग़लत उपायों द्वारा समाजवाद तक पहुँचने की आशा रखने वाले क्रान्तिकारी युवकों में से थे। साहस, सच्चाई तथा त्याग की उनके पास कमी न थी, और न थी आदर्श को छोड़कर अपने नाम की उनके पास कोई वस्तु।

आज़ाद फ़ैसिस्ट भी न थे। जो लोग उन्हें फ़ैसिस्ट कहते हैं, उन्होंने उनकी चन्द ऊपरी ख़ूबियों को ही देखा है। असली आज़ाद तथा उनके अन्दर हमेशा जगनेवाले आदर्श को या तो उन्होंने समझा ही नहीं, अथवा समझकर भी न समझने का प्रयत्न किया है। अहिंसा में अविश्वास, मध्य-श्रेणी का आतंक, सेना की प्रधानता आदि फ़ैसिज़्म की ऊपरी बातें हैं। आज़ाद भी अहिंसा में अविश्वास रखते थे, मध्य-श्रेणी में उनका जन्म हुआ था और वह बचपन से ही फ़ौजी तबियत के थे। किन्तु क्या उसी से उन्हें फ़ैसिज़्म का ख़िताब दिया जा सकता है ? मेरी समझ में ऐसा करना आज़ाद तथा फैसिज़्म, दोनों के प्रति नासमझी का सबूत देना होगा। फ़ैसिज़्म का उद्देश्य है क्रान्ति के बढ़ते हुए पहिये को पीछे की ओर खींचना, साम्राज्यवाद की शक्ति को मज़बूत करना तथा जन समुदाय को धोखा देकर सरमायादारी को मरने से बचाना। आज़ाद अथवा उनकी संस्था के लिए इनमें से एक बात भी नहीं कही जा सकती। वह तो साम्राज्यवाद के एक कट्टर शत्रु थे, फ़ैसिस्ट नहीं।

आजाद के व्यक्तिगत जीवन के बारे में कुछ लोगों की धारणा है कि वह बड़े कठोर, अक्खड़ अथवा हठी थे। यह बात भी ग़लत है। वह काम के समय बड़ी सख़्ती से पेश आते थे और शायद इसी को बढ़ाकर दिखलाने की कोशिश में लोगों ने उन्हें पत्थर समझ लिया होगा। उन्हें अपने साथियों से बड़ा प्यार था। उनका जीवन बड़ा ही सादा था और उनकी अपनी निजी ज़रूरियात बहुत कम थीं। बहुत कुछ फ़ौजी तबियत होने के कारण फाँसी की बनिस्बत गोली को ही पसन्द करते थे। जब हम लोग उन्हें यह कहकर तंग करते थे कि 'मोटे होने के कारण आपसे भागा भी न जाएगा' तो उस समय अक्सर अपनी स्वाभाविक सिधाई के साथ खड़े होकर कहने लग जाते थे कि 'तुम लोगों के लिए तो काफ़ी मोटी रस्सी तैयार है, किन्तु मेरे लिए ! "...मुझे ज़िन्दा कोई पकड़ ही न सकेगा।" उस समय ये मज़ाक की बातें थीं। आज उनके पीछे बहुत बड़ी यथार्थता है, वह एक अमर सत्य है !"

मोटे भैया

सन् १९३१ मार्च की पहली तारीख थी। सुबह की धूप अभी मकानों की छत पर ही खेल रही थी, आँगन तक नहीं पहुँची थी। आँगन का दरवाज़ा खटका, पास आकर पूछा—"कौन है ?"

"दरवाज़ा खोलो।"

आवाज़ पहचानकर दरवाज़ा खोल दिया। भीतर आये। चेहरा उतरा हुआ था। हाथ का बैग बरामदे में रख दिया और बिना कुछ कहे ही चुपचाप बैठ गए।

मैंने पूछा, "क्यों ?"

"मोटे भैया मारे गये।"

"क्या ?" मेरे मुँह से निकल गया। और फिर बहुत देर तक मानो दिल बैठ-सा गया। दिमाग़ में भी हरकत नहीं की। कितना समय यों ही बीत गया, कुछ पता नहीं चला ?

जब होश ठिकाने आये, तो पूछा, "कैसे हुआ यह सब !"

मालूम हुआ कि आज़ाद को एलफ्रेड पार्क के पास छोड़कर वह चौक में कुछ ज़रूरी सामान ख़रीदने गए थे। सोचा, वह उन्हें छोड़कर क्यों गये ? परंतु क्या होना है, यह किसे मालूम था।

चौक से खरीदा हुआ वह स्वेटर सामने पड़ा था। उसे देखकर ख़याल आया? शायद यह इस गरमी के शुरू में विशेष मतलब से ख़रीदा गया है।

पूछा, "अब तुम कब आओगे ?"

उत्तर मिला—"नहीं आऊँगा।"

सुनकर कुछ हैरानी हुई।

मुझे याद आया, एक साल पहले जब मैं दिल्ली में थी, तो लाहौर से एक पत्र मुझे मिला था। उसमें कुछ इस ढंग की बातें थीं—

"इस दुर्घटना से हरिभाई—भगवतीचरण जी—की मृत्यु हो गई। किस तरह उन्होंने हँसते-हँसते मृत्यु की संवेदना को सहा, कहा नहीं जा सकता। उसकी इस आकस्मिक मृत्यु से हमारा सब कार्यक्रम बिगड़ गया है। कुछ लोगों का विचार है कि हमें अपना हाथ में लिया हुआ काम इस समय स्थगित कर देना चाहिए, परन्तु मैं इसे उचित नहीं समझता। हरिभाई को उस ज़ख्मी दशा में देखकर मेरे मन की अवस्था अजीब-सी हो गई है। इस पत्र में तुम्हें मिलने के एक सप्ताह के भीतर ही शायद मैं भी बाक़ी नहीं बचूँगा। लेकिन फ़िक्र इस बात की है कि भीम आज़ाद भाई भी साथ होंगे। अगर वह भी न बचे ! मैं नहीं चाहता था कि हरिभाई इस जोखिम में पड़ें। मुझे उन पर जितना विश्वास था, तुम जानती हो। पर वह तो जोखिम का दिन आने तक भी न रहे। मैं चाहता हूँ कि भीम भाई कम-से-कम बच जाएँ। मैं अपने रहते ऐसा ही करूँगा। भाभी के लिए मैं क्या करूँ ? बहुत सम्भव है सप्ताह के भीतर ही तुम भी..."

मतलब यह कि भगवती भाई पर इतना भरोसा रखकर भी, उनके शहीद हो जाने पर काम नहीं रुका था, परन्तु मोटे भैया के बाद काम रुक गया। अब यह नहीं जाएँगे। जाने से मतलब था, रूस जाने का।

फिर ख़याल अया, आजाद कहा करते थे—सोहन ! (आजाद मि. यशपाल को कई नामों से पुकारते थे, उनमें से मुख्य नाम था—सोहनसिंह) तुम पहले जाओ और फिर मैं भी आऊँगा। बस, तुम जाकर ठीक करो, मैं छः महीने तक आऊँगा। अब हालत बिलकुल बदल गई है।

रूस जाकर क्या करना होगा। इस बात पर बहुत

चर्चा रहती थी। मुझे सन् ३० के शुरू और अन्त की वे बातें याद हैं। उनमें कितना अन्तर आ गया था। शुरू साल में मैं हमेशा आज़ाद के मुख से बम का कारखाना खोलने की बात सुना करती थी और साल के अन्त में छापाखाना खोलने की ।

उन दिनों मैं कानपूर में थी। आज़ाद अक्सर दोपहर को आया करते थे। तीन बातें वे पूछा करते थे—''अरहर की दाल बनाई है कि नहीं ?

—अँगरेज़ी की पहली किताब अभी तक ख़त्म नहीं की ?

—कसरत करती हो या नहीं ?''

इसमें से पहले प्रश्न का उत्तर प्रायः 'हाँ' में दे सकती थी, शेष हमेशा न में।

आठ बरस हो गए। आज भी मोटे भैया का वह भारी गठीला बदन, चौड़ा चेहरा और चमकदार आँखें ध्यान करने पर स्पष्ट दिखाई पड़ जाती हैं। ख़ाली समय में दूर दियासलाई की डिबिया रखकर उसपर एयर पिस्टल से निशाना लगाना भी याद आता है। इसके अलावा जब याद करने की कोशिश करती हूँ तो आज़ाद का व्यक्तित्व पार्टी से भिन्न कुछ दिखाई नहीं देता।

पहिये के बीच की धुरी रहती है और धुरी से सब शाखाएँ निकलकर परिधि में जड़ी रहती हैं। यदि शाखाएँ निकल जाएँ, तो धुरी कहाँ रहेगी ? और यदि धुरी बीच में न हो, तो पहिया कैसे बनेगा ? आजाद पार्टी के पहिये में धुरी की जगह थे और पार्टी के दूसरे सदस्य पहिये के दूसरे भागों की तरह। इसमें से एक-एक को अलग-अलग लेकर देखने, उनकी आलोचना करने की क्षमता किसी और में हो, मुझमें नहीं है। अगर आज़ाद आज भी ज़िन्दा रहते, तो उनकी कुछ-न-कुछ स्थिति होती ही। परन्तु वह क्या होती, वह कल्पना कर सकना मेरे लिए दुश्वार है। आज़ाद का ढंग, उनकी विचारधारा, पार्टी के अन्दर उनका स्थान ऐसा था कि उन्हें पार्टी के अलग करके देखा ही नहीं जा सकता। आज आज़ाद की स्मृति का अर्थ है, हिन्दुस्तान समाजवादी प्रजातंत्र संघ की उस समय की स्मृति।

हिन्दुस्तान समाजवादी प्रजातन्त्र संघ क्या था ? मैं तो समझती हूँ, एक समय जब देश में एक ओर तो दमन का दौरदौरा था, और दूसरी ओर निराशा का अन्धकार। उस समय हिन्दुस्तान समाजवादी प्रजातन्त्र संघ राष्ट्र के जीवन की तड़पन था। वह तड़पन कुछ बहुत दूर तक का कार्यक्रम बनाकर नहीं चली थी। हमारे राष्ट्र की परिस्थितियाँ हमारे राष्ट्र के शरीर में सब ओर से सुइयाँ चुभा रही थीं। वे सुइयाँ थीं, विदेशी राज्य का जुल्म। हमारे समाज का अन्याय और उसकी आर्थिक अव्यवस्था। इन कठिनाइयों से जो क्षोभ पैदा हुआ, उसने कुछ नौजवानों और नवयुवतियों को सतह पर ला फेंका। पानी जब खूब गरम हो जाता है, तब बुलबुले फूटने लगते हैं। हिन्दुस्तान समाजवादी प्रजातन्त्र संघ यही बुलबुले थे। और आज़ाद इनमें एक बहुत मोटा-सा बुलबुला था। इन बुलबुलों के फूटने की ज़रूरत थी ताकि देश के इंजन में भाप पैदा हो सके और देश की गाड़ी आगे चल सके। भगतसिंह, भगवतीचरण और आज़ाद इस देश के इंजन को चलाने वाली भाप के पहले धक्के थे। नहीं, उससे पहले भी खुदीराम, कन्हाईलाल और न जाने कितने धक्के लगने ज़रूरी थे, और अभी इस पिस्टन में काफी भाप मौजूद है। जो इसे चलाती जाएगी।

मोटे भैया, और क्या कहूँ तुम्हारी स्मृति में। तुम घूँसे बहुत मारते थे। पीठ दर्द करने लगती थी। अब तुम नहीं हो—घूँसों की याद बाकी है और बाकी है तुम्हारे उत्साह और लगन की याद। तुम अभी होते, तो क्या अच्छा होता ?

अच्छा मोटे भैया, प्रणाम् !

श्री सेक्रेटरी–चक्करक्लब

अक्सर लेक्चर में वह मजा नहीं आता, जो लेक्चर खत्म हो जाने के याद आता है। लेक्चरार महोदय ने बार-बार कमर पर दोनों हाथ रखकर और पंजों के बल उचक-उचककर कहा–''भारत का एक उद्देश्य है, उसका एक सन्देश है। वह संसार को मैटीरियलिज्म (भौतिकवाद) की तबाही से बचने का सन्देश है। संसार आँखें बन्द कर अपनी रफ्तार से विनाश की ओर दौड़ता चला जा रहा है। आज संसार की सभ्यता का अर्थ है, भोग-लिप्सा और स्वार्थ। पश्चिम की इस सभ्यता ने संसार को अन्धा कर दिया है। वह अशान्ति और हवस की आग जलाती है, सारा संसार इस आग में जल मरेगा। इस आग से संसार को यदि कोई बचा सकता है, तो भारत के ऋषियों का त्याग का मार्ग और आध्यात्मिक ज्ञान ! आवश्यकताओं को कम कर जब तक संसार अपनी आत्मा की सद्‌गति का ख्याल न करेगा, संसार की रक्षा न हो सकेगी। सन्तोष और त्याग ही वह अमृत है, जो संसार की मरुभूमि में भटकते हुए प्यासे मनुष्य की अन्तरात्मा-रूपी हिरन की प्यास को बुझा सकता है। ऐ भारतवासियों ! संसार में इस ज्ञान का प्रचार करना तुम्हारा कर्तव्य है, यही ईश्वर की आज्ञा है, संसार को आत्मिक आनन्द का सन्देश दो।''

व्याख्याता ने गम्भीर मुद्रा से व्याख्यान समाप्त किया। कुछ भ्रद पुरुष उन्हें उनकी मोटर तक पहुँचाने गए और वह मोटर पर चढ़कर चले गए।

वह तो चले गए, पर उनके पीठ-पीछे उनके व्याख्यान पर टीका शुरू हुई। एक सज्जन बोले–''त्याग और सन्तोष का उपदेश निरा धोखा है, जिसे हमारे महापुरुषों ने ही नहीं, बल्कि सभी देशों के महापुरुषों ने ही नहीं, बल्कि सभी देशों के महापुरुषों ने अपने-अपने समय में उन गरीब लोगों को चुप और शान्त रखने के लिए दिया है, जिनके बेचैन और असंतुष्ट होकर उठ खड़े होने से अमीर आदमियों और उनकी रोटियों पर पलने वाले धर्मगुरुओं के ऐश और आराम छिन जाते।''

एक महाशय ने क्रोध से कहा–''यही तो पश्चिमी सभ्यता का प्रभाव है कि अपने बुजुर्गों को बेवकूफ़ समझना अक़्लमन्दी समझी जाती है।''

पहले महाशय ने फिर कहना शुरू किया–''पश्चिमी और पूर्वी का इसमें क्या सवाल है ? पश्चिम में त्याग और सन्तोष का सबक देकर दलितों और गरीबों को धोखा देने की कोशिश न की गई हो, तो बात नहीं। बाइबिल में तो लिखा है कि ऊँट सुई के नाके से गुज़र सकता है, परन्तु अमीर स्वर्ग के द्वार से नहीं गुज़र सकता। ऐसा उपदेश तो पूर्व और पश्चिम, दोनों ही तरफ के मज़हबों में मिलता है। परन्तु अमीरों का स्वर्ग जाना कभी बन्द नहीं हुआ। वे मन्दिर, मसजिद, गिर्जा बनवाकर दान-ज़क़ात देकर स्वर्ग का टिकट ख़रीद ही लेते हैं। और ग़रीब क्या करेगा ? पहले तो उसे धर्म का उपदेश सुनने की फ़ुर्सत नहीं मिलती और फिर धर्म-पुस्तक ख़रीदने के लिए उसके पास पैसा कहाँ ? यह सब हो भी जाए, तो धर्म की गहरी और गूढ़ बातें समझने लायक़ शिक्षा के साधन उसे कहाँ से मिलेंगे ? उसमें ईश्वर और आत्मा एक हैं या दो, और फिर ईश्वर का न्याय किन सिद्धान्तों पर चलता है, इन सब बारीक बातों को समझ सकने लायक अक़्ल कहाँ से आएगी ?''

एक सज्जन अपने सन्तुष्ट चेहरे पर मुस्कराहट लाकर बोले–''धर्म इस तर्क-वितर्क में नहीं है। धर्म के

तो बहुत सीधे-सादे उसूल हैं। आदमी पाप न करे।''

एक आदमी जो अब तक चुप थे, माथे पर न जाने कितनी त्योरियाँ चढ़ाकर बोले–''पाप न करे ! पाप क्या होता है ? चोर पाप करते हैं, दग़ाबाज़ पाप करते हैं और सबसे ज़्यादा पाप करती हैं वेश्याएँ ! पर क्या चोर, दग़ाबाज और वेश्याएँ, ये सब केवल पाप के लिए ही पाप करते हैं ? उनके पाप करने की ज़िम्मेवारी क्या उनकी अवस्था, उनकी शिक्षा या उनकी मुसीबतों पर नहीं ?''

तीखे स्वर में एक महाशय बोले–''मुसीबत में ही तो धर्म की परीक्षा होती है। 'धीरज, धर्म, मित्र, अरु नारी, आपत-काल परखिए चारी। समझे जनाब ?''

माथे पर त्योरियाँ चढ़ाए सज्जन फिर बोले–''ख़ाक समझे। परीक्षा होती है उसकी, जिसे कुछ पढ़ाया जाता है। हम पूछते हैं, बिल्ली चूहे को मारती है, तो क्या वह भी पाप करती है ?''

जवाब मिला–''बिल्ली ? बिल्ली तो पशु है। वह भोग-योनि है। उसे बुद्धि कहाँ ? मनुष्य में तो भगवान ने बुद्धि दी है। हमें तो मनुष्य में भी भोग-योनि के प्राणी दिखाई देते हैं। जो ग़रीब चोर के घर पैदा हुआ है, उसे चोर बनाने का अपराध किसके सिर है ? जिस औरत को जन्म से ही गर्व, और आत्म-अभिमान क्या चीज़ है, यह नहीं मालूम हुआ, उसके चरित्रहीन हो जाने की ज़िम्मेदारी किस पर है ?''

एक आवाज़ आई–''यह सब कर्म का फल है।''

उत्तर मिला–''जी हाँ, कर्म-फल से आदमी दुर्दशा में पैदा होता है, दुर्दशा के कारण पाप करता है, और फिर पाप के कारण दुर्दशा में उत्पन्न होता है। क्या इससे भगवान् का न्याय पूरा हो जाता है ? यह खूब रही कि यदि मनुष्य असंतुष्ट होकर अपनी अवस्था को सुधारना चाहता है, तो वह सन्तोष और त्याग के धर्मोपदेश के विरुद्ध जाता है।''

अमीनुद्दौला पार्क लखनऊ का राजनैतिक एक्सचेंज या आढ़त की कोठी है। अगर उस पार्क के दरख़्तों की पत्तियाँ बोल सकतीं, तो एक बहुत विस्तृत राजनैतिक कोष उनके बयानों के आधार प्रर लिखा जा सकता था।

स्वाधीनता दिवस मनाने के बाद जो लोग मुश्किल से कुछ समय निकालकर फ़र्ज़ पूरा करने आए थे, वे चले गए। उस समय लखनऊ के असली राजनीतिज्ञ अर्थात् बेकार लोग ही वहाँ रह गए।

एक साहब बोले–''कांग्रेस फ़ैसिस्ट होती जा रही है।'' उनकी इस बात से सब लोग सहमत नहीं हो सके। लेकिन वह साहब अपनी बात लौटा लेने के लिए तैयार नहीं थे। उन्होंने कहा–''विश्वविजयी तिरंगा प्यारा ! इसका अर्थ ही यह है कि हम सारी दुनिया पर फ़तह हासिल कर अपना साम्राज्य कायम करें, और दुनिया की क़ौमें हमारी गुलाम हों। इसका मतलब फ़ैसिज़्म नहीं तो और क्या है ?''

एक साहब ने जवाब दिया–''तो क्या आप चाहते हैं कि भारतवर्ष दूसरों का गुलाम बना रहे ?''

''यह तो हम नहीं चाहते कि भारतवर्ष दूसरों का गुलाम बना रहे, पर दूसरों को गुलाम बनाने की ख़्वाहिश करना क्या अच्छा है ? आख़िर आप हिटलर और मुसोलिनी को गाली क्यों देते हैं ?''

''मुसोलिनी और हिटलर को हम ज़ालिम कहते हैं, इसलिए कि वे जुल्म करते हैं।''

एक साहब बोले–''मुसोलिनी और हिटलर जुल्म क्या करते हैं ? कुछ नहीं, आख़िर इटली और जर्मनी को भी तो पेट भरना है। जितनी आबादी उन देशों में है, उसका गुज़ारा अगर उनके देश में मौजूद साधनों से नहीं हो सकता, तो वे क्या करें ? क्या भूखों मर जाएँ ? हिटलर और मुसोलिनी ने जर्मनी और इटली को मज़बूत और ताक़तवर बना दिया है।''

''यह ठीक है कि मुसोलिनी और हिटलर ने इटली और जर्मनी को ताक़तवर बना दिया है, परन्तु एबीसीनिया, आस्ट्रिया और चेकोस्लोवाकिया का क्या किया है ?''

मुसोलिनी और हिटलर के पक्षपाती ने छाती ठोक कर कहा–''इस दुनिया में जो ताक़तवर है, वही राज करेगा ? यह ज़िन्दगी एक संघर्ष है। इसमें ताक़तवर को ही ज़िन्दा रहने का हक़ है, कमज़ोर को नहीं।''

फ़ैसिस्टों के विरोधी बोले–''अगर ताक़तवर को ही ज़िन्दा रहने का हक है, तो दुनिया में एक ही मुल्क को

ज़िन्दा रहने का हक़ होगा, जो सबसे ताक़तवर होगा। इसी तरह एक देश में भी केवल एक ही आदमी को ज़िन्दा रहने का हक़ हासिल होगा। फिर यह समानता, न्याय और बराबरी सब ढोंग है ? क्यों न आदमी अपने पड़ोसी को नोंच-खसोटकर खाए ? उसे रोका क्यों जाए ? क्यों न इन्सान फिर से हैवान बन जाए ?''

फ़ैसिस्ट साहब बोले—''इन्सान तो हैवान था और हैवान है ?''

''हाँ ज़रूर, फ़ैसिस्ट इन्सान हैवान है, पर सब इन्सान हैवान नहीं। इन्सान हैवानपना छोड़ता जाता है। वह कहता है, 'मैं' नहीं, बल्कि 'हम' ज़िन्दा रहें। और 'हम' ज़िन्दा रहें, इसका मतलब है कि ऐसा मंत्र या आज़ादी और स्वतन्त्रता का एक ऐसा नाम ढूँढ़ निकाला जाए, जिससे सब इन्सान उसके मुताबिक़ जी सकें।''

एक अर्थशास्त्रज्ञ बोले—''लेकिन जो देश अपनी आबादी का पेट अपने साधनों से नहीं भर सकते, वे क्या करें ? मिसाल के तौर पर इंग्लैंड लीजिए, वह भारत और दूसरे देशों को नोचे खसोटे नहीं तो उसका गुज़ारा कैसे चले ?''

''एक बात सुनिए, जब आप नोचने-खसोटने के हक़ को मान लेते हैं, तो उसे किसी एक मुल्क के लिए मख़सूस नहीं रख सकते। उस समय अगर जर्मनी, फ्रांस, अमेरिका और जापान भी लूट-खसोट करने लगें, तो उन्हें रोकने का हक़ किसी को न होगा। दूसरे शब्दों में संसार में शान्ति रहनी चाहिए, यह कहने का भी हक़ किसी को न होगा।''

''मज़ा तो यह है कि जर्मनी और इटली की आबादी का गुज़ारा अपने देश में नहीं हो सकता, इसलिए उन्हें अपना व्यापार और साम्राज्य फैलाने के लिए और देश चाहिए, तथा दूसरे देशों में साम्राज्य फैलाने के वास्ते उन पर अधिकार करने के लिए देश की आबादी बढ़ाने की ज़रूरत है। बढ़ी हुई आबादी के लिए साम्राज्य-विस्तार की और साम्राज्य-विस्तार के लिए आबादी बढ़ाने की ज़रूरत है। यह झगड़ा क्या कभी समाप्त हो सकता है ?''

''हाँ, हो सकता है, अगर नोच-खसोट का मौलिक सिद्धान्त पलट दिया जाए ! देश में कुछ आदमी नोच-खसोटकर लोगों को उपायहीन कर देते हैं, फिर उपायहीनों के पास पेट भरने के लिए रोटी ख़रीदने को पैसा न रहने से देश के उद्योग-धन्धे बन्द होने लगते हैं। उस समय दूसरे देशों के बाज़ारों की ज़रूरत महसूस होती है। पूँजीवाद से साम्राज्यवाद और साम्राज्यवाद को उग्ररूप देने के लिए फ़ैसिज़्म की ज़रूरत पड़ती है और पड़ेगी। समाज की जो व्यवस्था नोच-खसोट से आरम्भ हुई है, उसका अन्त भी नोच-खसोट से ही होगा।''

''आखिर भारत क्या करे ?''

''भारत यदि नोच-खसोट को समाप्त करना चाहता है, तो विश्व-विजय के स्वप्न न देखकर उसे संसार की उन शक्तियों से सहयोग करना चाहिए, जो संसार में नोच-खसोट को बन्द करने का यत्न कर रही हैं।''

आज़ाद के प्रति

श्री. करील

१

कष्टों की दुर्दम ज्वाला में जलता क़ातर जग मुँह बाए।
पर तुम अपने क्षुब्ध हृदय में जीवन का उन्माद छिपाए।।
चले कहाँ को ज़रा बता दो तोड़ जगत के बन्धन सारे ?
क्या तुम वही कि जिनको होते भव में अपने प्राण न प्यारे ?
अपने बल से जीवन जागृति बल के दिव्य प्रसाद हुए तुम।
प्यारे ! प्राणों की आहुति दे सचमुच ही आज़ाद हुए तुम।।

२

एक ओर वैभव से लिपटा विषयभोग महलों में सोता।
किन्तु दूसरी ओर त्रस्त हो सारा भव भोजन को रोता।।
यह दारुण वैषम्य कि जिसमें सूख-सूख जीवन जल जाता।
फिर भी इसके निराकरण की गति-विधि कोई जान न पाता।।
विपुल मूढ़ता की रजनी के इस क्षण तो अपवाद हुए तुम।
प्यारे ! प्राणों की आहुति दे सचमुच ही आज़ाद हुए तुम।।

३

तुमने अपने शंखनाद से सर्वार्पण का भाव जगाया।
माता के अनमोल दूध का सचमुच तुमने मोल चुकाया।।
देख तुम्हारा प्रबल बाहुबल अनाचार को भी ज्वर आया।
तुमने वीरोचित पौरुष से भय को तोड़-मरोड़ बहाया।।
दलित-प्रताड़ित मानवता के प्रलयंकर उन्माद हुए तुम।
प्यारे ! प्राणों की आहुति दे सचमुच ही आज़ाद हुए तुम।।

४

तुमने जीवन की जड़ता में चेतनता को दिया बसेरा।
तुमने अपने दलित देश में शक्ति-तेज-उल्लास बिखेरा।।
तुमको खींच सके न ज़रा भी यौवन के मोहक आकर्षण।
तुमने हँस-हँस गले लगाया महामृत्यु का मौन निमन्त्रण।।
भारत के भूले गौरव की एक अनूठी याद हुए तुम।
प्यारे ! प्राणों की आहुति दे सचमुच ही आज़ाद हुए तुम।।

५

वह जीवन-उन्माद धन्य है जिसको तुमने गले लगाया।
धन्य-धन्य वह व्रत है जिस पर मिटी तुम्हारी कंचन काया।।
धन्य तुम्हारा वृद्ध देश भी जिसने तुमको गोद खिलाया।
वह माँ धन्य कि जिसने तुम-से बेटों को है दूध पिलाया।।
देशद्रोहियों के हृदयों के तो साकार विषाद हुए तुम।
प्यारे ! प्राणों की आहुति दे सचमुच ही आज़ाद हुए तुम।।

६

इस संक्रान्ति काल में हमको लगती प्यारी क्रान्ति-कथा है।
उमड़ी पड़ती हृदय-हृदय से पराधीनतापूर्ण व्यथा है।।
आओ, कवि के व्यथित गीत में एक बार आकर लहराओ।
मातृभूमि की बलिवेदी पर विजय-केतु फिर तो फहराओ।।
आज देश के तपस्तेज के बिखरे हुए प्रसाद हुए तुम।
प्यारे ! प्राणों की आहुति दे सचमुच ही आज़ाद हुए तुम।।

युद्ध

गो-धूलि थी। चरवाहे लौट रहे थे। किसान मलार गाते हल-बैलों के साथ गाँव की ओर बढ़ रहे थे। वे आनन्दमग्न, प्रसन्न थे। क्यों ? मेहनत का नशा था।

''रामू ! भाव तो खूब बढ़े।'' वृद्ध ने खाँसकर पोपला मुँह फुलाकर कहा।

''सुना तो है पर....''

''नहीं बेटा ! ठीक होगा। झूठ कोई थोड़े ही उड़ा देता है। अल्लाह रहमत करे...सब ठीक होगा।'' भक्ति-भाव से बूढ़ा बोला, और तसबीह फेरने लगा। हाँ-हूँ के साथ दोनों चुप हो गए।

विचार-धारा अज्ञात दिशा में बह चली।

''पटवारी ! और यह कौन ?''

विस्मय-विग्मुध नेत्रों से वृद्ध ने ताका। आँखें मलीं, ग़ौर से देखने लगा।

''सिपाही हैं।''

''सिपाही ?''

सुना, देखा, सब सहम गए। स्वर भंग हो गया। कण्ठ सूख गए। आँखों के आगे अँधेरा-सा छा गया।

''या खुदा ! यह क्या मुसीबत ?''

बूढ़ा आकाश की ओर ताकने और फिर गुनगुनाने लगा।

''यही लौंडा है हुजूर !'' पटवारी ने उँगलियाँ चमकाकर कहा।

''जवान तो खूब है !'' राय साहब बोले और लगे रामू के पट्ठे टटोलने।

सब हैरान थे। चुप थे। क्या मामला है ? समझ में कुछ न आया।

''क्यों बे, भर्ती में चलेगा ?''

खिला चेहरा मुर्झा गया। हृदय चर्रा उठा। बदन काँपने लगा। आँखें झुक गई। रामू काँपती आवाज़ में गिड़गिड़ाया।

''न हजूर ! माँ है, औरत है, बच्चा है। इन सबको किस पर छोड़ जाऊँ ?...वे मेरे बिना तड़पेंगे। रोएँगे। न, न साहब मैं न जाऊँगा।''

''बातें न बनाओ। सीधे ढंग से चलो ! नहीं तो...''

''लातो के भूत भी कभी बातों से मानते हैं साहब !''

''अच्छा ! मुश्कें बाँध लो।''

दिल बैठ गया। एक हूक-सी उठी। आँखें डबडबा आई। साहस करके बोला।

''साहब !''

''चुप रहो,...पाँच रुपया महीना मिलेगा।''

रामू गिड़गिड़ाया—रोया। पर पत्थर के दिल न पसीजे। देखते-देखते हुक्म की छड़ी से स्वच्छन्द प्राणी को पिंजरे में डाल दिया गया।

मियाँ नसीरुद्दीन ने भी हाथ जोड़े, मिन्नतें कीं, पर सुनता कौन ? झिड़ककर चल दिए।

X X X

झाड़ियों से घिरा हुआ गाँव था। हिन्दू-मुसलमान सम-भाव से रहते थे। मन्दिर भी था, मसजिद भी। पर कलह का नाम न था। सब सुख-दुख में साथ देते थे। एकता थी, शान्ति थी, प्यार था। साम्प्रदायिकता की आग न कोई सुलगाता, न सुलगने देता। समता ने विषमता को खा लिया था, एकता ने अशान्ति को भगा दिया था। कोई किसी का शत्रु न था। सब मित्रता से रहते थे। पंचायत का निर्णय सर्वमान्य था। रामू इसी गाँव का प्रेमपात्र था।

उसका बाप नहीं था। वह मियाँ नसीर को ही पिता मानता था। मियाँ भी उससे अत्यन्त स्नेह करते थे। सलाह देते थे और पुत्रवत् ध्यान रखते थे। रामू बेफ़िक्र था, तनिक चिन्ता न थी। उसका रंग-रूप सुडौल, देह की गठन निराली थी।

आँगन में रामू की माँ चरखा कात रही थी। उसकी बहू चूल्हे पर भात की हाँडी में करछी चला रही थी। कभी-कभी एक आध-छींटा ठण्डे पानी का भी दे देती, जिस से उबाल ज़रा शान्त हो जाता था।

"बहू ! ज़रा देख तो, रामू आ रहा है या नहीं ? बड़ी देर लगा दी।"

बहू उठ किवाड़ के पास गई। देखा, मियाँ जी आ रहे हैं। पर 'वे' न दीखे। घूँघट काढ़ लौट आई।

"पीछे आते ही होंगे" माँ से कहा और बैठ गई।

"रामू की माँ !" मियाँ नसीर ने खट-खट किवाड़ खड़काए और खाँसते हुए अन्दर घुसे।

"कहाँ रह गया, रामू ?"

"रामू !"

जिह्वा जड़ हो गई। चेहरा पीला पड़ गया। नेत्र डबडबा आए। दिल धक्-धक् करने लगा। रुँधे गले से बोले—"उसे...रंग...रूट...भर्ती कर लिया गया।" आँसू सफ़ेद दाढ़ी पर बिखर गए। माँ पछाड़ खाकर गिर पड़ी। दाँत जुड़ गए। बहू के हृदय की गति मानों रुक गई। सँभलकर उठी। आँखों के आगे कालिमा छा गई। अज्ञात आशंका से फिर स्थिर हो गई।

X X X

फ़क-फ़ौं करती रेल रुकी। मुसाफिर दौड़े। धक्कमधक्का से चढ़ने लगे। "यह रख, वह रख, वह उठा, इधर आ, उधर जा, अरे, हे-हे" भाँति-भाँति की पुकारें सुनाई पड़ने लगीं।

"हटो-हटो" सार्जेंट ने चाबुक फटकार कर कहा। और २३ के क़रीब नौजवान रँगरूटों को डिब्बे में डाल दिया।

"रामू ! रामू ! अरे ओ रामू !" एक चीत्कार ने सब के कान खड़े कर दिए। सब आँखें उस ओर फिर गई। देखा, एक बुढ़िया भीड़ को ढकेलती, चिल्लाती आगे बढ़ रही है। उसके पीछे एक नवयुवती है, जो बच्चे को छाती से चिपटाए आ रही है। उनके पीछे एक बूढ़े मियाँ हैं। रामू ने सुना, देखा। व्याकुल हो उठा। हाय बेबसी ! उसने सोचा। तिलमिला उठा। मस्तिष्क चकरा गया। आँसू बह चले।

"बेटा !"

"माँ !"

दोनों के गले भर आए। आनेवाले वियोग की छाया है। आँखों में धुँधलापन छा गया। एक क्षण ही मीलों का अन्तर डाल देगा। रामू ने आँसू पोंछे। अतृप्त आँखों से बहू की ओर देखा।

वह सर नवाये खड़ी थी। उसके माथे पर सोहाग का सिंदुर चमक रहा था। बच्चा किलकारियाँ मार-मारकर गाड़ी को पकड़ लेना चाहता था। वह मचल रहा था। गाड़ी ने सीटी दी। रामू ने हाथ गाड़ी से बाहर निकाले। बच्चे के सर पर फेरने लगा। माँ की तन्द्रा टूटी। उसने रामू का मुँह चूम लिया। बहू ने मुँह न खोला, पर हृदय ने हृदय को अपनी वेदना कह सुनाई। व्यथा आँसुओं से बह चली। गार्ड ने झंडी हिलाई।

रामू भर्राई आवाज़ से बोला—

"चाचा! इन्हें आपका ही आसरा है।" फिर सबकी ओर करुण नेत्रों से देखा, डिब्बा आगे सरक गया। वे वैसे ही खड़ी रहीं। जब होश आया, गाड़ी प्लेटफ़ार्म पार कर चुकी थी। वे देखती रह गई।

X X X

सागर लहरें मार रहा था।

उसमें उठने वाली तरल तरंगें, टकरातीं, उछलतीं, और छितराकर विलीन हो जातीं। जीवन भी संसार-सागर में उठने वाली एक लहर है, बुलबुला है, जो टकराता है, उछलता है और एक दिन काल के कराल गाल में विलीन हो जाता है। रामू इन्हीं विचारों में मग्न था। जहाज़ चला जा रहा था, अज्ञात दिशा को। उसके मुख पर चिन्ता के चिह्न अंकित थे।

"क्यों भाई, कब तक मुँह लटकाये पड़े रहोगे?" एक रँगरूट बोला और रामू की ओर देखा, पर कुछ उत्तर न मिला। तब उसने व्यंगात्मक ढंग ने दूसरे को छेड़ा।

"यार तुम तो बोलो—वह तो.........."

"यार की दसां, बदोबदी फड़ल्याँदाए। घर बाल-बच्चे

रोवंदे होणंगे। माइयाँ कुरलावाँदियाँ होणगियां। रन ठंडियां साहां भरभर के हँजु बगावदी होवेगी।" (यार क्या कहें, जबरन पकड़ लिये गए। घर बाल-बच्चे रोते होंगे। बुढ़िया रोती होगी। औरत आहें भरकर आँसू बहाती होगी।) विक्रमसिंह ने पंजाबी में सब बातें कह दीं।

"हमारे भी तो सब कुछ है।"

"पर रन न होवेगी?" (पर बहू न होगी)।

"है।"

"ताँ यार! तेरी रन नाल न बणदी होवेगी। पर सानू ताँ मुट्ठियाँ चापियाँ याद औंदियाँ ने।" (तुम्हारी बहू लड़ती रहती होगी। पर हमें तो पैर दबवाना याद आता है।) विक्रमसिंह मुसकराया।

सब क़हक़हा मारकर हँस पड़े। उनमें एक बंगाली भी था। उसकी समझ में न आया कि क्या दाल-भात राँधा जा रहा है।

"क्या कहा है यह?" विक्रमसिंह की ओर संकेत करके उसने पूछा।

"यह कहता है, जंग भी क्या बला है!" बात को घुमाकर पहले ने कहा।

"जंग वो जुलुम है जिससे बादशाह लोग लाखों आदमी का खून बहाकर अपना रुपया का सौक करता है, और उड़ाता है हलुवा-पूरी।" बंगाली ने उत्तेजित होकर उत्तर दिया।

"तो?"

"तो क्या? हमारे बल पर, हमारी हड्डियों पर, हमारा खून चूसने वाले लोग मौज करते हैं, और हम काठ का उल्लू समझ नहीं पाता!"

"अब क्या हो सकता है?"

सबने सुना। पर सदियों की गुलामी केले के पत्ते की तरह चिकनी होती है। उस पर बूँद नहीं ठहरती।

X X X

समय बीतते देर नहीं लगती।

पखवाड़े-पर-पखवाड़े और महीने-पर-महीने बीत गये। रामू का पत्र नहीं आया—जीता है या मर गया। सास-बहू ठण्ढ़ी साँसें भर-भर रह जातीं। खान-पान का कोई सहारा न था। कभी यहाँ माँगतीं, कभी वहाँ से माँग लातीं। दूसरे गाँवों में भी चक्कर पड़ने लगे। मियाँ नसीरुद्दीन को खेत से जो प्राप्त होता, वह आधा स्वयं रखते और शेष रामू के घर भेज देते। पर उनसे कुछ किया न जाता था। बुढ़ापे से जिस्म टूट चुका था। आँखों में ज्योति न थी, कमर कुबड़ी हो चुकी थी। हाथ-पाँव काँपते थे। वह लाचार था। अचानक गाँव में हैज़ा फैल गया। आबाद घर बरबाद होने लगे। चुने-चुने पट्ठे दो उल्टियों में ही पार बोल जाते। घर-घर विषाद छा गया।

"मेरे पेट में दर्द हो रहा है!" रामू की माँ धनियाँ दाई की ओर गई। राह में मियाँ का मकान पड़ता था। अन्दर घुसी। देखा, तो स्तब्ध हो गई। मियाँ नसीरुद्दीन चन्द ही मिनटों के मेहमान थे। वे कराह रहे थे। आँखों की पुतलियाँ बाहर आ रही थीं। पोते के सर पर हाथ फेरते हुए उन्होंने रामू की माँ को संकेत किया। दो ही हिचकियों में बूढ़ा ठण्ढा हो गया। रामू की माँ गई कफ़न का प्रबन्ध करने। राह में खुद उल्टी आने लगी। घर आई और चारपाई संभाल ली।

"माँ-माँ!" पेट के दर्द से बालक चिल्ला रहा था। सब अपने-अपने दुःख से कातर हो गये। रामू की बहू ने उठने का प्रयत्न किया, पर गिर पड़ी। दादी और पोते ने एक ही साथ दम तोड़ दिया।

X X X

हवा साँय-साँय कर रही थी। अँधेरा था और उससे भी गहरा सन्नाटा। युवती बच्चे को छाती से छिपाये जा रही थी। हृदय में हाहाकार हो रहा था। भूख थी, प्यास थी, वेदना थी। आँसू सूख चुके थे। फटे-पुराने चीथड़े और सन्नाटे मारती हवा!

"अरे! यह!"

पत्तों की खड़खड़ हुई, युवती चौंकी। देखा, चार व्यक्ति झुरमुट में से निकल रहे हैं। हाँप गई। उस सर्दी में भी पसीना चूने लगा।

"कौन है?" एक ने हाथ पकड़ लिया।

"हाय! ज़रा देखो तो" आँचल की ओर संकेत किया और करुणा-भरी आँखों से ताकने लगी।

"धत्तेरे की।" वे झीखते चले गये।

सस्ते में जान बच गई। वह वेग से आगे बढ़ी। सामने नगर था। कुत्ते भूँक रहे थे। सड़क की पटरी पर एक विशाल भवन के सामने वह रुकी। बच्चा सूखे स्तनों

को मुँह में डालता और विकल हो उठता।

"ओफ़! बच्चा यों ही भूखा मर जाएगा। फिर तो इसे क्यों न कहीं छोड़ दूँ? न, न। तो क्या करूँ, मरने दूँ? मैं तो भटकूँगी। इसे छोड़ देना ही अच्छा होगा। कोई उठा लेगा। न उठाया तो? भगवान्-भरोसे।"

"भगवान् इसकी रक्षा करना।" उसने कपड़ा बिछाकर बच्चे को लिटा दिया। चाँद की रोशनी में देखा—"कितना सुन्दर है? गोरा-गोरा, लाल-लाल होंठ, नन्हीं-नन्हीं उँगलियाँ। काला तिल कितना प्यारा लगता है?" चूम लिया।

X X X

"पगली, ओ पगली!" लड़कों का समूह ढेले-पत्थर फेंक रहा था। वह रुकती, बैठती और लड़कों के पीछे भाग पड़ती। लड़के झटपट बिखर जाते। घरों में घुस जाते और झरोखों से पत्थर बरसाते।

वह उन्मादिनी-सी भटकती, खोजती, बैठ जाती। उसका शरीर ठठरी बन गया था। आँखें धँस गई थीं। बाल बिखरे थे, कपड़े फटे थे, मुख सूखा था। दाँत पीसती, गाली बकती और चल देती।

"फ़ौजी-फ़ौजी!" वह चिल्ला उठी। सिपाही को पकड़ लिया और वरदी फाड़ दी। वह हक्का-बक्का ताकता रहा। सँभला। सीटी बजाई। सिपाही लपके। पगली को घेर लिया। वह छी-छी दुर-दुर गिर पड़ी। एक चीत्कार से हा-हा-हा···"मैं फ़ौज में भर्ती हो गई।"

X X X

हस्पताल का कमरा था।

बीमार कराह रहा था, कभी सर पकड़ता, कभी टाँग दबाता था। बिस्तर खून से लथपथ था।

"माँ!" बीमार ने करवट बदली। उठने की चेष्टा करने लगा, पर फिर गिर पड़ा।

"तुम्हारा नाम? कंपाउन्डर ने पूछा।

"रामू।"

वह चला गया। रामू गुनगुनाता रहा। दर्द ने उसकी हिम्मत तोड़ दी थी कितने दिन यों ही बीत गए। तीन महीने के बाद रामू बरामदे में टहल रहा था। टाँग कट चुकी थी। लकड़ी की नक़ली टाँग के सहारे वह घूम रहा था। वह टाँग की ओर देखता और वेदना से हृदय भर जाता।

"ओफ़! मेरा संसार सूना हो गया, मैं लुट गया। न जाने घर पर क्या बीत रही होगी। वे जीवित भी होंगे या नहीं?" खाट पर जा लेटा। मुँह छिपाकर रोने लगा। रोने में शान्ति है। दिल का बोझ आँसुओं से गलकर बह जाता है।

X X X

"तुम्हें डिस्चार्ज करते हैं।" उसने सुना, सोचने लगा—जंग के काम का मैं नहीं रहा। फिर टांग की ओर देखा। चलना ही चाहिए।

X X X

गाड़ी रुकी। बिस्तर क़ुली के सर पर रखवा दिया और चल पड़ा। सड़क थी। उसकी पटरी पर बड़बड़ाता चला जा रहा था। मन डाँवाडोल था।

"मरो-मारो, हरामज़ादी बच्चा-चोर!"

रामू के कान खड़े हो गये। रुका। देखा, भीड़ जमा हो रही है। बीच में स्त्री पड़ी चिल्ला रही है।

"यह बच्चा मेरा है?"

"तेरा! ले?" एक लात लगी और बच्चे को छीन लिया गया। वह भूखी बाघिन की भाँति झपटी और बच्चे को छीन, छाती से लगा लिया। रामू ने देखा। कलेजा टूक-टूक हो गया।

"यह अवस्था? हे राम!"

साँस चलने लगी। आँखें तिलमिला गई। उग्रता से बोला—"ख़बरदार! यह बच्चा इसी का है!"

इतने जन-समूह में सहानुभूति की एक ध्वनि सुनकर वह सहम गई। एकबारगी देखा।

"हाँ मेरा···"

मुँह की बात मुँह में रही। आँखें बन्द हो गई। खड़ी न रह सकी। चेहरे पर अनेकों भाव आए, और चले गए। वह स्तब्ध थी, सुन्न थी, बिलकुल जड़ हो गई।

X X X

"घर का केवल एक लालच देकर क्या युद्ध का देवता तृप्त हो सकता है? पूरा परिवार उसकी समाधि पर बलिदान होना चाहिए।···नहीं, सैकड़ों परिवार!

गान्धीवादी दृष्टिकोण
अगले अंक में समाजवादी दृष्टिकोण

श्री विचित्रनारायण शर्मा
मंत्री, गान्धी-आश्रम, मेरठ

वैज्ञानिक अध्यात्मवाद

श्री शफ़ीक़ अहमद नक़वी ने मेरे नैतिकता वाले लेख पर आलोचना करने की कृपा की है। मुझे ऐसा मालूम होता है, अपने संदेहों और पक्षपातों के कारण वे मूल प्रश्न को समझ ही नहीं पाए हैं। श्री नक़वी को हमारे दिलों और उद्देश्यों को हम़से ज़्यादा और हमारे अनुभवों से हमसे अधिक जानने का दावा है। उन्होंने मान लिया है कि हम जो भी बुनियादी सवाल उठाते हैं, वह किसी खास व्यक्तिगत स्वार्थ से। देश और समाज का हित हमें प्रिय नहीं है। भाई नक़वी की समझ में यह बात नहीं आ सकती कि ईमानदारी के साथ दो मुख़्तलिफ़ रायें, दो असहाब रख सकते हैं। चूँकि वे अपने को ईमानदार और ग़रीबों का हिमायती साबित करना चाहते हैं, इसलिए गाँधीजी व उनके तमाम अनुयायियों को उन्हें ईमानदारी व ग़रीबों की हमदर्दी से रहित मानना ही पड़ेगा। दलील करने का यह तरीक़ा ग़लत है या सही, यह हम पाठकों पर ही छोड़ देंगे। महाशय नक़वी और महात्मा गाँधी में कौन ग़रीबों का हिमायती है, इसका फ़ैसला वे खुद कर लें।

बुनियादी सवाल सिर्फ़ लोगों को गुमराह करने व उन्हें भूल भुलैंया में डालने को नहीं उठाए जाते हैं। वे उठाए जाते हैं, क्योंकि वे सचमुच बुनियादी हैं। और जब तक बुनियाद सही व पुख़्ता न होगी, मनपसन्द इमारत खड़ी नहीं हो सकती। इससे महाशय नक़वी सिर्फ़ दो मिनट को बतौर दलील के इन्कार कर सकते हैं। अपनी आलोचना में ही वे इन बुनियादी सवालात पर बिना ग़ौर किए न रह सके। जिन आचार्यों और पंडितों के सर की क़सम वे और उनके भाई खाते हैं, वे भी इन बुनियादी सवालों की उपेक्षा नहीं कर सके। उल्टा उन्होंने इनको बहुत लाज़मी और समाजवाद के लिए ज़रूरी माना है।

समाजवाद का दावा है कि वह एक महज़ आर्थिक या राजनैतिक हलचल ही नहीं है; बल्कि वह एक ज़िन्दगी की फ़िलॉसफ़ी है। अगर भाई नक़वी मार्क्स-लेनिन व दूसरे समाजवादी-प्रवर्तकों की पुस्तकों को देखेंगे, तो वे पाएँगे कि उन्होंने अपने ज़माने के उन सब दार्शनिक सिद्धान्तों (Philosophic Theories) की आलोचना की है, जिनकी जानकारी उन्हें थी। हम समझते हैं, भाई नक़वी समाजवाद के इन महारथियों को बुनियादी सवाल उठाने के लिए दोष न देंगे और उनका कोई स्वार्थ या नीच आशय भी इसमें नहीं समझेंगे।

भाई नक़वी की शिकायत शायद यह है कि गाँधीवादी या समाजवाद को सोलह आना न मानने वाले ही वे बुनियादी सवाल उठाते हैं। अगर बुनियादी सवालात उठाने की भूल की गई है, तो समाजवादी भाइयों की ओर से। अगर आप सिर्फ़ सम्पत्ति के उचित बँटवारे तक ही अपने को परिमित रखें, तो उन्हें कोई शिकायत न होगी। पर आप जब मनुष्य की पवित्र-से-पवित्र और प्रिय-से-प्रिय संस्थाओं और विचारों पर आघात करते हैं और चाहते हैं लोग आपकी Materialistic Philosophy (भौतिक फ़िलॉसफ़ी) को ही सही मान लें, तो आपको अपनी फ़िलॉसफ़ी की आलोचना सुन लेने के लिए तैयार रहना चाहिए।

भाई नक़वी का अक़ीदा है मार्क्स के Dialactical Materialism (द्वंद्वात्मक भौतिकवाद) पर। इसकी मूल धारणा है कि विश्व में पंचभूतों को छोड़कर और दूसरा कोई भी तत्व नहीं है। जिसे Energy (शक्ति) कहा जाता है, वह भी Matter (भौतिक पदार्थ) का ही परिवर्तित रूप

है। अवश्य ही इस दृष्टि बिन्दु से ईश्वर, नैतिकता, अध्यात्म फ़िजूल की-सी चीज़ें दिखलाई देंगी।

लेकिन अगर भाई नक़वी थोड़ी और गहराई में जाएँ, थोड़े और गौ़र से इन प्रश्नों पर विचार करें, तो उनकी समझ में हमारी बात आ सकेगी। हम न तो उनसे कहते हैं कि वे Matter (पदार्थ) को असत्य मानें, न उनसे हम कहते हैं कि वे अपने वैज्ञानिक सत्य सिद्धान्तों और तरीक़ों को भुला दें। हम तो उनसे प्रार्थना करेंगे कि वे अपने वैज्ञानिक उसूलों और तरीक़ों पर आमादा रहें और ये उन्हें जिस अन्तिम सत्य तक ले जाते हैं, वहाँ तक जाएँ। बीच ही में झिझककर, ठिठककर रह न जाएँ।

हमारा ईश्वर या हमारा अध्यात्म कोई मन-गढ़न्त काल्पनिक वस्तु नहीं है। न हमारा धर्म ही कोई ऐसे विश्वासों और अक़ीदों की पोटली है, जो इस जड़ संसार की ठोस घटनाओं के विपरीत हो और जीवन का अनुभव जिसके विरुद्ध जाता हो। हमारा दावा है कि धर्म एक विज्ञान और कला है। जो वस्तु अनुभव और प्रयोग में न आ सके, उसे धर्म में स्थान नहीं दिया जा सकता।

इस आश्वासन के बाद हम उम्मीद करेंगे कि भाई नक़वी दो क़दम हमारे साथ आगे बढ़ने को तैयार हो जाएँ।

सारा विज्ञान तीन-चार मूल सत्य सिद्धान्तों पर आलम्बित हैं–

१. The uniformity of nature (प्रकृति के आचरण में समानता)

२. The law of causation (कारण-कार्य सम्बन्ध)

सृष्टि में जो घटनाएँ घटती हैं, वे किसी कारण से घटती हैं। कारण अगर मौजूद है, तो परिणाम या कार्य का होना लाज़मी है। कार्य अगर है, तो कारण भी ज़रूर रहा होगा। दुनिया में कोई भी घटना बिना वजह और सबब के नहीं घटती।

३. The law of conservation & transformation of energy, e. i., matter सृष्टि में कोई वस्तु नष्ट नहीं होती और अभाव में से कुछ पैदा नहीं हो सकता। दूसरे शब्दों में–जो कुछ है वह सिर्फ़ रूप और शक्ल में ही बदलता है।

ये कुछ उसूल हैं जिनके ऊपर सारा विज्ञान स्थित है। इनमें से आप एक को भी हटा लीजिए, साइन्स का सारा क़िला नीचे आ गिरेगा। इनके सुबूत में सिवाय अपने अनुभव के, और दूसरी दलील हमारे पास नहीं है। हम देखते हैं, ऐसा ही होता है। हम यक़ीन करते हैं, ऐसा ही होगा भी। दूसरे शब्दों में, इसके विपरीत हम कुछ सोच भी नहीं सकते। इन उसूलों में से अगर हमारा अक़ीदा उठ जाए, तो हमारी ज़िन्दगी नामुमकिन हो जाए।

आग अगर आज गरमी देती है, तो कल भी वह गरमी ही देगी। पानी कल भी प्यास बुझाएगा। घर की छत सर पर न आ गिरेगी–आदि-आदि। अगर कुछ होता है, तो उसका कोई-न-कोई सबब ज़रूर होगा। ऐसा हम मानते हैं।

अध्यात्मवाद इन उसूलों के बरख़िलाफ़ कुछ भी नहीं कहता है। आध्यात्मवाद तो इन उसूलों का एकमात्र नतीजा है।

हमारा ईश्वर एक बूढ़ा-सा किसी कोने में बैठा हुआ कोई इन्सान या देवता नहीं है। विज्ञान की अपूर्ण भाषा में अगर हम ईश्वर की परिभाषा करें, तो ईश्वर सृष्टि का एकमात्र कारण है। विज्ञान की भाषा में कारण और कार्य एक ही पदार्थ हैं। इससे यह विश्व अपने सब पदार्थों, शक्तियों, सम्भावनाओं और नियमों के साथ खुद ही ईश्वर है। इस सृष्टि से भिन्न, इससे अलग और कोई दूसरा ईश्वर नहीं। अगर जो कुछ भी संसार में है, वह सचमुच में सिर्फ़ Matter (पंचभूत) ही है, तो इन्हें इन पंचभूतों को ही ईश्वर मानने में संकोच न होगा। पर हम जानते हैं, पंचभूत का जो तंग अर्थ किया जाता है, उसके अलावा और बहुत-से तत्व बच जाते हैं, जो माद्दा के साथ मिलकर ईश्वर के बराबर होते हैं।

मार्क्स और लेनिन ने हक़ीकत में माद्दा (Matter) का काफ़ी वसीय अर्थ कर दिया है। उन्होंने विचारों (Consciousness and thoughts) को भी मैटर ही मान लिया है। अगर सचमुच मार्क्स और लेनिन डाएलैक्टिकल तरीक़े पर थोड़ा और ज़ोर देते, तो वे देख पाते कि जो बात कैण्ट पूरी तरह से साबित न कर सका था, उस बाक़ी सत्य को उन्होंने साबित करके पूरा कर दिया।

कैण्ट ने साबित किया है, विश्व में विचारों या ज्ञान (Consciousness) के अलावा और कुछ भी नहीं है। जो जड़ पदार्थ हैं, वे भी Consciousness (ज्ञान) का ही प्रसार

मात्र हैं। मार्क्स और लेनिन ने उतनी ही सफ़ाई और पूर्णता से, पर दूसरी ओर, यह साबित किया है कि पंचभूतों (matter) के अतिरिक्त इस विश्व में और कुछ भी नहीं है। ज्ञानः (Consciousness) भी हक़ीक़त में मैटर ही है। मैटर में एक Qualitative (गुणात्मक) परिवर्तन हो जाता है और मैटर थाट्स में परिवर्तित हो जाते हैं।

ये दोनों विचार एक दूसरे के विरोधी हैं। कैण्ट की थेसिस का मुक़ाबला मार्क्स और लेनिन का ऐन्टी-थेसिस करता है। मार्क्स के डाएलैक्टिक्ल तरीक़े से ये दोनों सत्य एक बड़े सत्य (Synthesis) के जुज़ हैं। विचार इसी तरह उगते और पूर्ण होते हैं। सत्य विरोधों की मार्फ़त और विरोधों के ज़रिए ही आगे बढ़ सकता है।

बड़ा सत्य (Synthesis) अध्यात्मवाद का है, जो दोनों को एक ही मानता है। मैटर कांशसनेस है या कांशसनेस मैटर है, यह झगड़ा फ़िज़ूल का है। पानी भाप है, भाप पानी है या ये दोनों बर्फ़ हैं या बर्फ़ ही पानी और भाप हैं, यह झगड़ा छोटे बच्चों तक ही परिमित रहता है। वैज्ञानिक की दृष्टि में ये सब एक ही पदार्थ के भिन्न-भिन्न रूप हैं इसी तरह वैज्ञानिक गरमी, बिजली, रोशनी, आकर्षण-शक्ति या चुम्बक की शक्ति को भिन्न-भिन्न वस्तुएँ नहीं समझता। वह तो Matter (पंचूभूत) और Energy (शक्ति) को भी अलग-अलग नहीं समझता है।

सृष्टि में स्थिरता और परिवर्तन के नियम के मुताबिक़ वह इन सब में कोई भी अजीब या अनहोनी घटना नहीं देखता और जब वह पंचभूतों को विषयों और ज्ञान में परिवर्तित होते हुए देखता है, तो वह बड़ी आसानी से यह समझ सकता है कि इसी तरह ज्ञान भी जड़ पदार्थों में बदल सकता है।

हम कट्टर मार्क्सवादियों से पूछते हैं, इस हमारे अध्यात्म में कौन-सी बात विज्ञान-विरुद्ध या मार्क्सवाद के वास्तविक अर्थों और अभिप्रायों के विपरीत हैं? और हमारा ईश्वर और अध्यात्म किस जगह दक़ियानूसी या अयथार्थ हो जाता है?

हमारा मानना है, अगर हम एक-दूसरे को समझने की कोशिश करें, तो एक-दूसरे के बहुत पास आ सकते हैं। मार्क्सवादियों को अपने ही Dialectics (कार्यकारण-क्रम) को न भूल जाना चाहिए। विरोधों द्वारा ही सत्य परिष्कृत और पूर्ण होता है।

इसी तरह समझदार साम्यवादी मित्र नैतिकता के भी विरुद्ध नहीं हैं। हमने अपने लेख में स्वयं इसे तसलीम किया है। पर जिस तरह, जिस झिझक और संकोच के साथ, वह इसे मानते हैं, वह पर्याप्त नहीं है। नैतिकता कौशल नहीं है। नैतिकता में तब ही यक़ीन किया जा सकता है, जब आप किसी नैतिक या आध्यात्मिक आधार में यक़ीन करते हों। जब तक आप नैतिकता के पीछे जो नैतिक सिद्धान्त है, उसे न मानें, तो नैतिकता को मानना बेकार है।

क्या हमारे कार्यों की कुछ प्रतिक्रियाएँ आवश्यक हैं? या वह न भी हों? और क्या किसी मशीन या यंत्र से हम उसे रोक सकते हैं? जैसे साम्यवादी समाज में अगर कोई व्यक्ति खुद काम न करके दूसरों के हिस्सों को नाजायज़ तरीकों से हड़प ले, तो क्या उसके इस कार्य का फल उसे उसी हालत में मिलेगा, जब वह पकड़ा जाए? या प्रकृति में ऐसा कोई नियम है जिसके अधीन उसे अपने इस आचरण का फल भोगना ही पड़ेगा, चाहे वह कितनी भी सफ़ाई से दूसरों से छिपा कर इस बुरे काम को क्यों न करे?

अगर आप मानते हैं, हमारे बुरे आचरण का फल हमें भोगना ही होगा—चाहे दूसरों को उसका पता लगे या न लगे, तो आप में और हम में वास्तव में कोई अन्तर नहीं है। अगर आप मानते हैं कि नहीं, हम कोई तरकीब करके, कोई तिकड़म लगाकर, इन परिणामों को रोक सकते हैं, तो हमारे में और आप में यही मूल भेद है।

यह सवाल तो बहुत छोटा है कि इस बदलती हुई दुनिया में सत्य और अहिंसा की बाहरी अर्थों में क्या व्याख्या की जाए ? पर इससे आप इन्कार नहीं कर सकते हैं कि सत्य और अहिंसा का तआल्लुक किसी भी तरह दूसरों को धोखा देने व उन्हें नुक़सान पहुँचाने से नहीं हो सकता। हम यह मानते हैं, जब तक हमारे दिल के अन्दर से असामाजिक भावनाएँ नष्ट नहीं हो जाती हैं, तब तक हमारा आचरण पूरी तरह से हर मायने में सच्चा और अहिंसक नहीं हो सकता।

पर यह चीज़ ग़ौरतलब हो सकती है। इस पर बहस

की जा सकती है। पर इसके मानने से कौन इन्कार कर सकता है कि यदि आग-गर्मी-बिजली-रोशनी-चुम्बक व दीगर शक्तियों और जड़ पदार्थों का विज्ञान हो सकता है, तो इनसे कहीं आला और कहीं अहम जो यह ज्ञान-शक्ति है, जो विचारों-भावनाओं-आदर्शों (Thoughts, feelings, emotions, ideas etc.) में अपने को प्रकट करती है, उसका भी एक विज्ञान क्यों तैयार नहीं हो सकता? और इस विज्ञान के नियम, जहाँ तक उन्हें हम जान सकते हैं, उतने ही अनिवार्य और अलंघ्य हैं, जितने कि भौतिक नियम।

लेकिन जब आप यह मान लेते हैं कि वर्तमान समाज के संगठन में आप बिना असत्य, हिंसा और नाइन्साफ़ी के काम चला ही नहीं सकते और सफलता उन्हें ही मिलती है जो इन बातों से काम लेते हैं, तब आप नैतिकता की जड़ में ही कुठाराघात कर देते हैं और अनजाने ऐसे प्रश्नों को उठाकर मसले को और भी पेचीदा बना देते हैं जिन प्रश्नों का कोई भी सन्तोषजनक उत्तर हमें देना है, जैसे—सफलता क्या है?

आप कहते हैं, अगर मनुष्य हिंसा, असत्य और नाइन्साफ़ी को अपने हितों के लिए आवश्यक न समझे, तो वह इन चीज़ों को इस्तेमाल न करेगा। इन्सान मजबूर होकर ही जुर्म करता है। तो भलाई की शुरुआत कौन करे? जो पहले भला बनेगा, उसे अपने हितों के हाथ धो लेना पड़ेगा। इसलिए यह उम्मीद करना कि मनुष्य बुराई को बुरा समझकर छोड़ दे और अपने हित की परवाह न करे, भूल होगी!

यह मान लेने से इस संसार के लिए कोई भी उम्मीद बाक़ी नहीं रह जाती है। यह साफ़ है, यहाँ 'भलाई', 'हित' और 'कामयाबी' की इस तरह व्याख्या की गई है कि भलाई करने से जो इन्सान को स्वयं एक सन्तोष, एक आनन्द मिलता है, वह उसमें शामिल नहीं किया गया है। कामयाबी का बड़ा संकीर्ण अर्थ—दुनिया के ऐशो-आराम, धन-संपत्ति, कारोबार आदि से ही किया गया है। एक शब्द में शारीरिक सुखों से ही सफलता का मतलब लिया गया है।

पर इन्सान शारीरिक सुखों से बहुत ऊपर के सुखों का अनुभव कर सकता है, इसको मानने से इन्कार किया गया है। उल्टी उसकी खिल्ली उड़ाई गई है। नक़वी साहब फ़र्माते हैं—"समाजवादी गाँधीवादियों की तरह इस बात के क़ायल नहीं हैं कि हमारे हितों को चाहे जितना बड़ा धक्का लगे, हम अपने नैतिक सन्तोष के बल पर काम करें और अपने सांसारिक हितों की परवाह न करें। गाँधीवादी कभी-कभी बहकी-बहकी बातें करने लगते हैं।"

सच है, यही अन्तर गाँधीवादी और कुछ समाजवादियों में है। लेकिन भाई नक़वी को मालूम होना चाहिए कि उनका यह उसूल बहुत निचले दर्जे की चीज़ है। बड़ा उसूल वही है, जिसका वे मज़ाक उड़ाते हैं। दुनिया में जो भी कोई बड़ी हस्ती हुई है, उसने गाँधीवाद के उस उसूल पर ही काम किया है। जवाहरलालजी और गाँधीजी दुनिया की चीज़ों से भलाई और नेकी को बहुत ज़्यादा क़ीमती समझते हैं और इसी से वे आज दुनिया को हिला सकते हैं। लेनिन ने खुद क्या दुनिया की चीज़ों के साथ नेकी, भलाई और समाज के पीड़ितों के दुःख को तोला था? गाँधी, जवाहर, लेनिन और हज़ारों दूसरों की मनुष्यों के ऊपर यह अपार शक्ति उनकी सुन्दर पोशाकों और स्वादिष्ट भोजनों से नहीं आई थी। वह आई थी, भलाई और नेकी को अपने जीवन में अमली जामा पहनाने से। इस भलाई में, नेकी में उन्हें दुनिया की सब दूसरी चीज़ों से कहीं ज़्यादा मज़ा और लुत्फ़ मिला है। इसमें भी भाई नक़वी शक न करें।

जो चीज़ यह शक्ति इन्सान को दे सकती है, इस आनन्द का दरवाज़ा उनके लिए खोल सकती है, उसका विज्ञान ही नैतिकता है। इस विज्ञान को हम आगे बढ़ाएँ—इसमें खोज करें, यही हमारी ख्वाहिश है। गाँधीवादी खुद ही इन उसूलों के ख़िलाफ़ चलते हैं, इससे यह विज्ञान झूठ नहीं हो जाता है। यह सच है, हम और हमारे हजारों गाँधीवादियों में बहुत-सी अपूर्णताएँ हैं—यह सच है, हम सदा अपने उसूलों पर नहीं चलते हैं, हमारे मंत्रियों ने हमेशा अहिंसा से काम नहीं लिया है, पर उससे नैतिकता के विज्ञान की असत्यता ज़ाहिर नहीं होती और न हो जाती है उसकी आवश्यकता कुछ कम। उसमें और भी खोज हो, उस पर और भी अमल हो, सिर्फ़ यही ज़ाहिर होता है।

जिस तरह आदिभौतिक छोटे-छोटे नियम-क़ानून एक बड़े क़ानून के अन्दर समा जाते हैं और सारे विश्व को हम मार्क्स के हिसाब से पंचभूत के नाम से सम्बोधित करते हैं, ठीक उसी तरह हमें विश्व में इन आध्यात्मिक घटनाओं को भी किसी नियम के नीचे लाना ही होगा। मार्क्स ने अपनी सूक्ष्म दृष्टि से देख लिया था कि विश्व में अन्त में एक ही शक्ति, एक ही नियम चल सकता है और चल रहा है। दो बराबर की विरोधी शक्तियों का संघर्ष यह विश्व नहीं है। जो संघर्ष इस विश्व में है, वह एक ही क़ानून के मातहत उस क़ानून को पूरा करने की ग़रज़ से है।

ऐसी हालत में विचार, भावना, आदर्श आचरण आदि की सारी घटनाओं को हमें एक ही क़ानून के मातहत लाना होगा। और वह आख़िरी क़ानून All pervading सर्वव्यापक All powerful सर्वशक्तिमान् होना चाहिए। साथ ही उस क़ानून में भावों और विचारों को उत्पन्न करने और उन्हें नियमित करने की ताक़त भी होनी चाहिए। यह तब ही हो सकता है जब यह ज्ञान, यह विचार, ये भावनाएँ उसकी अपनी प्रकृति और स्वभाव के अनुकूल हों। दूसरे शब्दों में यह भी मानना कुछ बहुत ज़्यादती न होगा कि यह आख़िरी क़ानून इन सब चीज़ों को समझता और महसूस भी करता है। कोई भी पदार्थ अपने से बड़ी और अपने से अलग चीज़ को पैदा नहीं कर सकता, जब तक वह चीज़ कितनी भी सुप्त अवस्था में क्यों न सही, उसके अपने अन्दर न हो।

यह सब भी समझने के ही लिए है। नहीं तो, सच तो यह है कि आग और उसका क़ानून दो पृथक् चीज़ें नहीं है। और इसी तरह विश्व और इसका क़ानून दो मुख़्तलिफ़ चीज़ें नहीं हैं। आप इस क़ानून को सिर्फ़ भौतिक मानते हैं। हम मानते हैं यह ईश्वरीय है। आप कहते हैं, आत्मा और पदार्थ एक ही है। पदार्थ के ही अन्दर भावनाएँ और विचार-ज्ञान है। हम कहते हैं, यह ईश्वरीय है। और इसी के अन्दर ही आपकी सारी जड़ और चेतन प्रकृति है।

इस शब्दों की लड़ाई को छोड़कर आइए, हम और आप मानें कि यह सत्ता या यह सत्य महज़ ज्ञानस्वरूप भी हो सकता है और ज्ञान चेतन तथा जड़ रूप में भी अपने को प्रकाशित कर सकता है।

सेनापति आज़ाद

"यह कौन है?"

"तुम्हें क्या? किसी का नाम पूछना नियम के विरुद्ध है?"

"न बताओ, यह तो आज़ाद है।"

पुलिस के इश्तहारों में बयान की गई वह पक्की साँवली रंगत, चेचक के दाग़, बलिष्ठ देह, उसमें भूल या शक की गुंजाइश ही कहाँ थी।

आज से ठीक नौ साल पहले, सन् २६ की दिसम्बर की किसी संध्या में, आज़ाद से मेरा यह पहला परिचय था। और वही मेरी फ़रारी की पहली रात थी। उसी दिन मुझे गिरफ़्तार करने लाहौर से आए हुए पुलिस सुपरिन्टेन्डेन्ट हिन्दू कालेज में गए थे। फ़रारी का पहला सबक़ आज़ाद से ही मुझे मिला था।

उन दिनों पार्टी के लिए बड़े कठिन दिन थे। लाहौर षड्यंत्र के सिलसिले में गिरफ़्तारियाँ हो चुकी थीं। और पुलिस नवयुवकों के पीछे हाथ धोकर पड़ी थी। राह चलते—और नहीं तो शुबहा में ही नवयुवक पकड़े जाते थे। आज़ाद और यशपाल के कारण तो पुलिस की नींद हराम थी। किसी-किसी दिन तो ऐसा हुआ है, यशपाल की गिरफ़्तारी का समाचार एक ही दिन में तीन स्थानों से पढ़ने को मिलता था। ऐसे समय में कितनी सतर्कता के साथ रहने की आवश्यकता थी, इसका अनुमान पाठक स्वयं ही लगा सकते हैं।

एक साथी के पकड़े जाने से सब खेल चौपट हो जाने का डर था। उस दिन देहली बहुत 'गर्म' थी। और ख़ास कर मेरे लिए।

स्टेशन पर पुलिस की सख़्त निगरानी थी। देहली से न जाने का अर्थ था, कोतवाली की कोठरी। देहली के बाहर कैसे जाऊँ? यह कठिन समस्या मेरे सामने थी। फ़रारी की पहली रात, सुहाग की पहली रात से कम नहीं होती। आशंका, उछाह, उत्सुकता, और सामने नए जीवन के पटोद्घाटन का श्रीगणेश, यह सभी कुछ उस समय होता है। नए-नए फ़रार को अपने चारों तरफ़ हर समय पुलिस ही पुलिस नज़र आती है। फ़रारों के साथ मुद्दत तक रहने के बाद भी उस समय अपने लिए रास्ता ढूँढ़ निकालना कठिन हो रहा था।

भाई—श्री आज़ाद को मैं इसी नाम से संबोधित किया करता था और इस लेख में नाम के स्थान पर 'भाई' ही का प्रयोग रहेगा—भाई ही मुझे उस दिन गाड़ी पर बैठाकर आए थे।

उस दिन से लेकर उनके शहीद होने के ३-४ महीने पहले तक, उन दिनों की धारणा के अनुसार, भाई के साथ निरंतर कार्य करने का अवसर मिला है।

भाई की जन्मतिथि व जन्मस्थान के सम्बन्ध में पाठकों ने अनेक लेखों तथा पुस्तकों में पढ़ा होगा। उनके शारीरिक गठन का परिचय भाई के प्रचलित फ़ोटो से पाठकों को मिलता ही है।

मनुष्य के अन्दर से यदि उसके विचार निकाल दिए जाएँ, तो वह पशु से किसी भी प्रकार कम नहीं होता। मनुष्य तो विचारों का समूह-मात्र है (A man is a bundle of thoughts)। जैसे जिसके विचार होते हैं, वैसे ही उसकी मुखाकृति (Facial expression) होती है। मनुष्य के प्रति इच्छा व अनिच्छा प्रथम दृष्टि से ही होने लगती है। चेहरा हमारे अन्दर के भावों का दर्पण है।

भाई को देखने से ही उनके प्रति आदर और स्नेह का भाव मन में उत्पन्न होता था, यद्यपि प्रचलित फ़ोटो

में वे बहुत भयानक प्रतीत होते हैं। फोटो के अन्दर प्रायः कृत्रिमता आ ही जाया करती है।

भाई का स्वभाव बहुत सरल था। किसी भी दुःखी को देखकर उनका हृदय दुखित हो उठता था। वैसे देखने में वे रौबीले दीख पड़ते थे। घर से निकलने पर पिस्टल हमेशा साथ रखते थे। चलते समय सदा सावधान रहते थे।

भाई का रहन-सहन बहुत सादा था। अपने लिए उन्होंने कभी बढ़िया कपड़ा नहीं ख़रीदा। एक धोती, एक कुर्ता और एक कोट, इससे अधिक उन्होंने अपने पास कभी कोई कपड़ा नहीं रखा। कपड़ा फट जाने पर तथा गंदा हो जाने पर, हम लोगों के बहुत ज़ोर देने से ही, पुराने कपड़े को छुट्टी मिलती थी। खाने के लिए यदि उन्हें खिचड़ी मिल जाए, तो मानो नियामत मिल गई। उस से अधिक उन्होंने कभी शौक़ीनी नहीं की। लेकिन उन्हें अपने साथियों का सदा ख़्याल रहता था। कपड़े से, खाने-पीने से कभी तकलीफ़ नहीं होने देते थे।

पार्टी के सिवा उनका और कुछ नहीं था। जहाँ से, जो कुछ भी मिला, सब पार्टी के काम में ख़र्च कर दिया। एक दफ़ा लगभग दो हजार रुपए वृद्ध माता-पिता की सहायता के लिए उन्हें दिए गए थे। शाम को डेरे पर आने पर उन्होंने कहा—"दोनों बुड्ढों को तो एक-एक गोली काफ़ी है, और यह रुपया तो पार्टी के काम में ख़र्च होगा।" बहुत कुछ कहने-सुनने पर भी उन्होंने नहीं माना और वह सब-का-सब रुपया पार्टी के काम में ख़र्च कर दिया। उनका कहना था, माँ-बाप तो सबके ही हैं और सबको सहायता की आवश्यकता है। यदि सब इसी प्रकार रुपया लेकर अपने-अपने घरवालों की ख़बर लिया करें, तो बस हो चुकी क्रान्ति! और अगर मैं खुद ऐसा काम करूँगा, तो मेरे साथियों का क्या हाल होगा! ऐसा करने से हमारा नैतिक पतन आवश्यम्भावी है! और यह बात किसी हद तक ठीक भी थी। हर एक के घर की दशा शोचनीय थी। और यदि साथी रुपया अपने घर के लिए ख़र्च करते, तो आज जो इज़्ज़त क्रांतिकारी पार्टी के लिए जनता के हृदयों में है, वह कभी नहीं होती। यही नहीं, भारत के राजनीतिक इतिहास में जो हमारा भाग रहा है, यहाँ के राष्ट्रीय आन्दोलन को जैसा हम प्रभावित कर सके हैं, वह उस अवस्था में कभी नहीं हो सकता था। हम लोग पेशेवर चोर और डाकू के अतिरिक्त और कुछ नहीं हो सकते थे। भाई ने अपने उज्ज्वल चरित्र से भारतीय क्रांतिकारी पार्टी को सदा ऊँचा रखा।

इसमें कोई संदेह नहीं कि भाई बी. ए. या एम. ए. पास नहीं थे। किसी कालेज में उन्होंने शिक्षा नहीं पाई थी। शायद वे अँगरेज़ी लिख भी नहीं सकते थे। अपने मनोभावों को अँगरेजी में व्यक्त करने की क्षमता उनमें नहीं थी। मैं श्री मन्मथ के उद्‌गार से कि भाई मार्क्सवाद के पंडित थे, सहमत नहीं हूँ। साथ ही विप्लव में दिये गये श्री सुखदेव राज के विचारों से भी सहमत नहीं हो सकता कि वे निरे फ़ौजी सिपाही या गँवार थे।

अक्षर-ज्ञान में वे हिंदी तो खूब अच्छी प्रकार जानते थे और अँगरेज़ी का समाचार पत्र भी शायद पढ़ लेते थे। हाँ, अध्ययन से उन्हें कोई विशेष रुचि नहीं थी। दूसरे से किताब पढ़वाकर सुनने का उन्हें बहुत शौक़ था। जो बात वे सुनते थे, उस पर वे खूब विचार-विनिमय करते थे। तत्कालीन भारतीय राजनीति से वे भली प्रकार परिचित थे। अंतर्राष्ट्रीय राजनैतिक दाँव-पेंच वे खूब समझते थे। रूस की क्रान्ति उनके लिए सुखस्वप्न थी।

भाई के विचार निरे उजड्ड क्रान्तिकारी के-से नहीं थे। उनके सामने उनका ध्येय स्पष्ट था। क्रान्ति के बाद साम्यवादी सरकार की स्थापना का स्वप्न वे देखा करते थे। उनकी विचार-धारा में भी तो क्रान्ति हो रही थी—श्री आज़ाद, श्री मन्मथ के चेले सन् २४-२५ के आज़ाद नहीं थे। फ़रवरी सन् ३१ में श्री आज़ाद भारतीय क्रान्तिकारी दल के सेनानायक—एक उच्चकोटि के क्रान्तिकारी और सन् ३१ के आज़ाद थे। एक समय के परिचित को सदा चेला मानना हमको बड़प्पन प्रदान नहीं करता और न एक महान् व्यक्ति को अपढ़-जाहिल कहने से ही हम बड़े बन सकते हैं।

भाई एक सफल फ़ौजी सेनानायक थे और बापू भाई—श्री भगवतीचरण जी उनकी पूर्ति थे। ये दो व्यक्ति हमारी पार्टी के दो उज्ज्वल तारे थे। यदि बापू भाई की आकस्मिक मृत्यु न हुई होती, तो भारतीय क्रान्ति का इतिहास आज दूसरे ही शब्दों में लिखा जाता। आज़ाद की मौत इस तरह अकेले—बिना साथी के—नहीं होती। शायद

वह दिन इतना शीघ्र नहीं आता! हम अपनी श्रद्धांजलि इस अवसर पर दोनों महान् व्यक्तियों को एक साथ ही अर्पण करते हैं। उनकी याद से आज भी पुराने क्रांतिकारी युग के प्रभाव की अनुभूति होने लगती है। वह मुहब्बत और वह क्रान्ति की आग और वह समय..........!

भाई बड़े दूरदर्शी थे। जिस काम को वे करते थे, उसमें किसी भी प्रकार की कमी नहीं रहने पाती थी। किसी भी काम में किसी का भी खून उनको गवारा नहीं था। उनकी आत्म-स्मृति (Presence of mind) ग़ज़ब की थी। घबराना तो वे जानते ही न थे। हाथ-पैर फूलना और डर उनके लिए इस दुनिया में थे ही नहीं।

यह तो आप जानते ही हैं कि उनको पकड़ने के लिए अँगरेज़ सरकार ने कुछ कसर उठा नहीं रखी थी। पुलिस भी उनके पीछे हाथ धोकर पड़ी हुई थी। कानपुर, बनारस, झाँसी और दिल्ली में उनके पकड़ने के लिए विशेष प्रबन्ध था। उनके पहचानने वाले व्यक्ति इन स्थानों पर तैनात थे। लेकिन फिर भी वे उनकी आँखों में धूल झोंककर निःशंक सफ़र किया करते थे। मैंने उन्हें कभी तुर्की टोपी पहने नहीं देखा।

जिस दिन अपने जाने की बात वे कहते थे, उस दिन वे कभी सफ़र नहीं करते थे। अक्सर देखा गया कि जिस दिन उन्होंने अपने जाने की बात कहीं, उस दिन कानपुर, दिल्ली या टूंडला पर गाड़ी रोककर भली प्रकार तलाशी ली गई। एक दफ़ा दिल्ली से चले—और वही दिन उन्होंने अपने जाने का बताया था। वीरभद्र के रहते फिर भला कमी किस बात की थी। दिल्ली से चले, एक साथी और साथ में था। सुबह सात बजे ट्रेन कानपुर स्टेशन पर आई। एकाएक गाड़ी रोक दी गई। सशस्त्र पुलिस ने गाड़ी दोनों तरफ़ से घेर ली। भाई को पहचाननेवाले दो आदमी इंटर क्लास के गेट पर खड़े थे। मेन गेट पर रा० स० शम्भूनाथ व टीकाराम हाथों में पिस्तौल लिए खड़े हुए थे। उस दिन भाई कोट व निकर पहने हुए थे। सर पर शायद उस दिन हैट था। अच्छे ख़ासे पुलिस इंस्पेक्टर मालूम होते थे। असबाब कुली को देकर रवाना कर दिया। आगे-आगे आज़ाद और पीछे-पीछे दूसरा साथी। दोनों का एक हाथ टिकट और दूसरा हाथ जेब में पिस्तौल सँभाले हुए था। दोनों के दिल में पूरा ख़याल था कि उस दिन स्टेशन पर होली खेलनी ही होगी। भाई बेधड़क मेन गेट पर चले गये। बाबू को टिकट दिया और बाहर हो गये। भाई की आँख टीकाराम और शम्भूनाथ पर थी। पता नहीं, टीकाराम ने पहचाना या नहीं—भाई ने देखा, उनकी आँखें नीची थीं। श्री आज़ाद कुशलपूर्वक घर पर पहुँचे। ज़रा भी घबरा जाने से गोलियों की दनादन अनिवार्य थी।

ऐसे ही एक दफ़ा भाई और हम टहलने निकले। कानपुर में माल रोड पर जनरल पोस्ट आफ़िस के पास, एक सज्जन लम्बी अचकन और पेंट डाले हुए, बड़ी तेज़ी से, मेरे पास से गुज़र गये। पहले मुझको, फिर श्री आज़ाद को घूरकर देखते जाते थे।

मैंने कहा—"भाई, यह विश्वेश्वरसिंह मालूम होता है, उसने शायद हमको पहचान लिया।" भाई ने कहा—"अच्छा तुम तैयार रहो, अबकी आने पर देखा जाएगा।" बात समाप्त भी नहीं हुई थी कि वे सज्जन फिर सामने आये और हम लोगों के सामने खड़े होकर घूरने लगे। भाई ने जेब में हाथ डाला—कट की आवाज़ हुई। भाई की मुद्रा भयानक हो गई। सौम्यता का कहीं पता भी नहीं था। 'कट' के होते ही सज्जन 'अबाऊट टर्न' हो गये और 'ठहर' शब्द के सुनते ही मानों उन्होंने डबल मार्च की आज्ञा सुनी हो। संभवतः ठा० विश्वेश्वरसिंह अपनी उम्र में पहली दफ़ा ही इतनी तेज़ी से दौड़े होंगे। हम लोग भी अपनी राह लगे। बाद में मैंने पूछा—"भाई, अगर गोली चलने के बाद भागना पड़ता, तो हम लोग क्या करते? साइकिल भी तो नहीं थी।" वे कहने लगे—"पागल! सड़क पर ये साइकिलें जिन पर गोरे दौड़े जा रहे थे, वे ही काम में आतीं।" हर एक काम में होश क़ायम रखने की आवश्यकता होती है!

एक और उदाहरण देकर हम आगे बढ़ेंगे! पार्टी के पास रुपया बिल्कुल नहीं बचा था। बहुत-से काम करने थे। भगतसिंह को छुड़ाने की बात भी सोची जा रही थी। भाई ने कहा—"जगदीश, रुपये का प्रबन्ध करो।" मैंने कहा—"जिसने रुपया देने को कहा था, वह इस समय आगा-पीछा कर रहा है। रुपये के प्रबन्ध में एक महीना लग जायेगा।" उन्होंने कहा—"अच्छा, मेरे साथ चलो।"

अगले दिन दिल्ली पहुँच गये। एक मामला तैयार

था। अस्सी हज़ार रुपये मिलने की आशा थी, पहली तारीख़ को। उसी दिन शायद पं० मोतीलाल जी गिरफ़्तार हो गये थे। हड़ताल हो गई। आशाओं पर पानी फिर गया। मैं रुपये के प्रबन्ध में बाहर चला गया। मेरठ जाने पर मालूम हुआ कि जिन सज्जन ने रुपया इकट्ठा किया था—लगभग दो हज़ार के—वे हज़म करना चाहते हैं। ख़ाली हाथ शाम को वापस आया। अगले दिन दूसरा मामला तैयार था। दिन में हम लोग अपने-अपने अस्त्र-साफ़ कर रहे थे। भाई का एक पिस्तौल कार्य योग्य था, और सब खुले पड़े थे। हम और भाई Plan discuss कर रहे थे। इतने में 'साथी' ने ख़बर दी कि शाम को ७ बजे चलना होगा। मैं किसी काम से शहर चला गया। ७ बजे मोटर में बैठकर कम्पनी बाग़ पहुँचे। वहाँ पर कैलाशपति मुख़बिर मिला। उसने सूचना दी कि आज काम नहीं हो सकेगा। सब लोग इधर-उधर की बात कर रहे थे कि एक साथी आया और उसने चलने को कहा। कौन-कौन साथ गये, यह तो यहाँ लिखना अभी शायद उचित न होगा। हाँ, कैलाशपति मुख़बिर के कहने के अनुसार—भाई, श्री विद्याभूषण, श्री धनवंतरी, विश्वम्भर तथा काशीराम वहाँ पर गये थे। जो भी हो, जिन्होंने दिल्ली केस पढ़ा है, वे जानते हैं कि किस खूबी से यह कार्य किया गया था। भाई ने सब स्थिति पहले से सोच रखी था। किसको कहाँ पर खड़ा करना होगा, जाकर किसको क्या करना होगा? तथा मकान के हर एक हिस्से से वे भली प्रकार परिचित थे। काम समाप्त कर सब लोग आसानी से वापस चले आये। भाई सबके अंगरक्षक थे। गली में चलते समय रुकावट पड़ने पर केवल दो राउण्ड फ़ायर किये गये थे। सी. आई. डी. के सुपरिन्टेन्डेन्ट मि. पोल उस समय मोटर के पास शराबी गोरे का अभिनय कर रहे थे। संभवतः देखने में उनको अधिक लुत्फ़ आ रहा था।

भाई का तत्कालीन राजनीति पर प्रभाव

यह प्रश्न बड़ा कठिन है और इसकी विवेचना एक-दो पृष्ठों में नहीं की जा सकती। यहाँ पर इस विषय के छेड़ने से ग़लतफ़हमी की विशेष संभावना है। तब भी, थोड़े में, उसके सम्बन्ध में कहना आवश्यक है।

भाई का अपना कोई पृथक् व्यक्तित्व नहीं रह गया था। पार्टी का हर एक व्यक्ति पार्टी का था—हर एक सदस्य अपना पृथक् व्यक्तित्व खोकर पार्टी में आता था। पार्टी का नियम पालन अनिवार्य था। उसकी अवहेलना करने की शक्ति किसी में न थी। और जब कभी हम लोगों ने धृष्टता की, तो उस समय पार्टी भी विध्वंस हो गई।

भाई का चरित्र और लगन दूसरों के लिए उत्साह का कारण था।

भाई के अथक परिश्रम ने पार्टी का पुनर्संगठन किया—उसमें नवजीवन प्रदान किया। पं० जवाहरलालजी ने भाई को फ़ैसिस्ट कहा है—शायद, इसलिए कि वे भाई को निकट से न जानते थे। कभी जानने का अवसर भी तो नहीं मिला! जहाँ तक मैं उनको समझ सका हूँ, वे पक्के साम्यवादी थे। फ़ैसिस्ट डिक्टेटरशिप से वे घृणा करते थे। दिल्ली-षड्यंत्र के चल जाने के बाद भाई की यह प्रबल इच्छा थी कि भारत में एक बहुत बड़े गुप्त प्रेस की स्थापना की जाएँ। जहाँ से जनता के लिए छोटी-छोटी पुस्तिकाएँ और लीफ़लैट्स छपवाकर वितीर्ण किये जाएँ। मज़दूर और किसानों में प्रचार करने तथा उनका संगठन करने की उनकी प्रबल इच्छा थी। प्रिंस क्रोपोटकिन की भाँति तथा रशियन विद्यार्थियों की तरह वे भी यहाँ पर काम करने का स्वप्न देख रहे थे। अपने साथियों को रूस में शिक्षा प्राप्त करने के लिए भेजने के वे बड़े ही उत्सुक थे। यशपाल को वे बाहर भेज रहे थे, यह बात शायद उनके आख़िरी समय के साथी भली प्रकार जानते हैं।

देश के अन्दर जो जागृति आज हम देखते हैं, उसमें क्रांतिकारियों का बहुत बड़ा हाथ है। 'क्रांति' के नाम से गुलाम भारतवासियों के अन्दर उन्होंने उत्साह पैदा किया, उनके अन्दर से भय को निकाला। आज़ादी—स्वतन्त्रता का नाद गुँजाया, उस नाद से भारतवादी उठे, उनकी नींद टूटी। भारतीय क्रान्तिकारियों का प्रभाव यदि आप जानना चाहते हैं, तो उस समय के असहयोग-आन्दोलन पर एक दृष्टि डालिए। पुरानी भूली हुई बातों को याद कीजिए। महात्मा गाँधी के जन-आन्दोलन ने देश में महान् जागृति पैदा की, इस बात से कोई इन्कार नहीं कर सकता। क्रांतिकारी

गाँधीजी के असहयोग-आन्दोलन की 'पूर्ति' थे। जितने युवक और युवतियाँ उस समय आन्दोलन में आई थीं, उनके हृदयों में क्रान्ति की आग जल रही थी। हमारे नेताओं को मालूम होगा कि बहुत-से तो अपने को पुलिस से बचाने के हेतु ही असहयोग-आन्दोलन में शामिल होकर जेलयात्री हुए थे। उस समय के नेताओं के उद्गार, क्रांतिकारियों के प्रति जनता का प्रेम और जोश अपने वीर योद्धाओं के प्रति किससे छिपा हुआ है ? मेरा तो अपना विश्वास है कि आज का भारत क्रान्तिकारियों के बलिदान का परिचय दे रहा है। अब भी गाँव में 'महात्मा गाँधी की जय' के साथ ही साथ और शायद उससे भी अधिक जोश और प्रेम के साथ 'क्रान्ति की जय', 'भगतसिंह की जय' के नारे सुनाई देते हैं। 'गाँधीजी की जय' स्वार्थवश है—किसानों को छूट मिलने की आशा है और 'क्रान्ति की जय', 'भगतसिंह की जय' शुद्ध प्रेम का परिचय देती है। उनका बलिदान पूर्ण स्वतन्त्रता का आभास है। और यही निःस्वार्थ और प्रेम का पाठ क्रांति-युग ने भारत को पढ़ाया।

जेल का सुधार तो क्रांतिकारियों के अथक परिश्रम से ही हुआ है। इसके लिए अनेकों ने अपनी बलि दी है। स्वर्गीय यतीन्द्रदास का नाम स्वर्ण-अक्षरों में हमारे इतिहास में लिखा जायेगा। राजनैतिक बंदियों के साथ मनुष्योचित व्यवहार करने के लिए सरकार को क्रांतिकारियों ने ही बाध्य किया। असहयोग-आन्दोलन में गये, हज़ारों-लाखों-देशवासियों को बी. और ए. क्लास की डबल रोटी खाते समय, कभी भी सेन्ट्रेल जेल में अकेले कोठरी में सड़ते हुए, अपने अधिकारों के वास्ते भूख हड़ताल किए हुए क्रान्तिकारियों की सुध भी न आती होगी।

जेल में रहते हुए मनुष्य पर कैसा प्रभाव पड़ता है, यह युक्तभोगी भली प्रकार जानता है। जेल-जीवन ने हमारे राष्ट्रीय आन्दोलन पर विशेष प्रभाव डाला है। बंगाल की जेल में ही Independent Nationlist Congress Party का जन्म हुआ था और युक्तप्रान्त की आज की पार्टीबाज़ी का जन्म भी जेलों की चारदीवारी के अन्दर ही हुआ था! यह सब क्रान्तिकारियों के बलिदान का ही परिणाम है। आज असेम्बली की कुर्सी पर बैठकर चाहे जितनी डींग मारी जा सकती है, पर वास्तव में जेल के अन्दर राजनैतिक लड़ाई की अगुवाई इन्हीं क्रान्तिकारियों ने की थी। बाहर भी जब आज़ादी के नाम से लोग अपने कानों पर हाथ धरते थे, तब भी ये ही 'पागल' मस्त क्रांतिकारी आज़ादी का नाद गुँजाते फिरते थे। वह समय ही ऐसा था। क्रांतिकारियों की उस समय आवश्यकता हैं। और जब कभी भी फिर हम आज़ादी के ध्येय को छोड़कर ऐसेम्बली की गलियों में बहक जाएँगे, तब फिर वे ही क्रान्तिकारी हमें होश में लायेंगे। क्रान्तिकारी देश और समय की आवश्यक कृति है। कोई इन्हें पैदा नहीं करता। समय ही इनको बनाता है। उसीने इन्हें बनाया और आज उसी ने उनको मिटाया। फिर समय आने पर 'बहरों को सुनाने के लिए' इनका जन्म होगा। इसमें हमारा वश नहीं है।

श्री आज़ाद और उनके अन्य साथी उस समय की आवश्यकता थे। वे समय की कृति थे। मेरा विश्वास है कि यदि श्री आज़ाद और बापू भाई कुछ समय और इस रंगमंच पर रहने पाते तो आज हमारे देश का इतिहास अपनी विजय को किसी दूसरे रूप में ही मनाता!!!

इन्क़लाब ज़िन्दाबाद!!!

(अपने विचारों को भली प्रकार व्यक्त करने की क्षमता न रखते हुए भी आज मैं श्री आज़ाद के प्रति अपनी श्रद्धांजलि अर्पण करने के लोभ को संवरण न कर सका। आज़ाद के सम्बन्ध में बहुत भ्रम फैला हुआ है। सन् १९२६ से लेकर १९३१ फ़रवरी तक का क्रान्ति के इतिहास में भाई का बहुत बड़ा हिस्सा रहा है। उसको इस छोटे-से लेख में देना असम्भव है। उस समय का विवेचना-पूर्ण इतिहास लिखने की इच्छा है। समय पूर्ण होने पर पाठकों के सामने उपस्थित करूँगा।)

बमवाद और आज़ाद

*इस लेख के सम्बन्ध में सम्पादक से विचार अंतिम पृष्ठ की टिप्पणियों में देखिए।–**सं.***

सुनता हूँ, मेरे पिछले 'आज़ाद का बमवाद' शीर्षक लेख ने कई हलक़ों में कुछ बेचैनी पैदा कर दी है। कुछ बातों को स्पष्ट करने के लिए यह चन्द लाइनें और लिख रहा हूँ–

जो क्रान्तिकारी जेलों से छूटकर आये हैं, उन सबने राजनीति में एक ही पथ ग्रहण नहीं किया है। हिन्दू-सभा, मिनिस्टरी पार्टी, गांधीवाद, कांग्रेस सोशलिस्ट पार्टी, राय ग्रुप, कम्युनिस्ट पार्टी–सभी ने छूटे हुए क्रान्तिकारियों द्वारा अपने बल को बढ़ाया है। हिन्दुस्तानी प्रजातन्त्र सेना या हिन्दुस्तानी समाजवादी प्रजातन्त्र सेना दोनों में से किसी का भी कोई प्रोग्राम आज देश के सामने नहीं है। आज जब हम लोग देश में जनता के संगठन का काम कर रहे हैं, आज जबकि गोली-बारूद बनाकर पटाख़े चलाने का सवाल देश के सामने नहीं है, तो आज क्या कोई क्रियात्मक काम का प्रोग्राम हि. सं. प्र. से. देश के सामने रख सकती है ?

हि. स. प्र. से. तो एक क्षणिक वस्तु थी। आज हि. स. प्र. से. है कहाँ ? उसके पुराने सदस्य हैं और यदि इन महानुभावों को एक स्थान पर इकट्ठा करके यह निश्चय करने को कहा जाय कि भाइयो, अब देश को किस पथ पर ले जाना चाहते हो, तो इसका नतीजा क्या होगा ? उपनिषदों के सूत्रों से लेकर कामिन्टर्न के आख़िरी रेज़ोल्यूशन तक सब राजनैतिक और अराजनैतिक प्रोग्राम सुनाई देंगे और अगर यह न हुआ, तो एक बे-टिकट का दंगल ज़रूर ही हो जायगा।

इसका क्या कारण है ? जैसा कि मैं अपने लेख में लिख चुका हूँ, आतंकवाद कोई राजनीतिक प्रोग्राम नहीं था। यह परिस्थितियों से पैदा होनेवाली एक अचेतन रोष की ज्वाला थी, जो एकदम देश के एक कोने से दूसरे कोने तक दौड़ गई थी और एक विवश व्यथा ने जहाँ-जहाँ भी मनचले, साहसी, अधीर युवकों का सहारा पाया, वहीं फूट पड़ी।

प्रत्येक मनुष्य में चेतना है, मगर जिस समय हज़ारों मनुष्य एक स्थान पर मिलकर जलसा करते हैं, जुलूस निकालते हैं, उस समय उनका अर्द्धचेतन या अचेतन मन ही प्रबल होता है। जो व्यक्ति अपने व्यक्तिगत जीवन में कुत्ते के भौंकने से डर जाता है, वही व्यक्ति समूह में कैसे-कैसे भयानक कृत्य कर देता है, सामूहिक मनोविज्ञान के जाननेवाले इस बात की साक्षी देंगे।

आतंकवाद भी एक अर्द्धचेतन लहर थी, जिसमें देश के प्रति भावुक, श्रद्धा रखनेवाले युवकों ने भाग लिया। व्यक्तिगत जीवन में क्रान्तिकारियों में सच्चरित्र-दुश्चरित्र, वीर-डरपोक, आस्तिक-नास्तिक सभी प्रकार के लोग मिलेंगे। पुण्यभूमि भारत में गंगा-तट पर बैठ नंगे-धड़ंगे ऋषियों को वेद-मन्त्र उच्चारण करते और कन्द-मूल खाते देखने के लिए लालायित हृदय इस दल में उनके साथ मिलकर काम कर रहे थे, जो भारत में मस्जिद, मन्दिर, गिरजा, गुरुद्वारा सबको मिटाकर किंडरगार्टन स्कूल खोलने का ख्वाब देख रहे थे।

यह सब कैसे और क्यों सम्भव था ? श्री सान्याल का यदि कहना मानिये, तो क्रान्तिकारी दल का प्रोग्राम आतंकवाद था ही नहीं, बल्कि सशस्त्र विद्रोह था; मगर सशस्त्र विद्रोह न होकर काकोरी डकैती और हार्डिंग बम केस इत्यादि क्यों हुए ? जो प्रोग्राम में था, सो न हुआ और जो नहीं था, वही बार-बार हुआ। यह भी अद्‌भुत लीला है, जो शायद 'लीलामय के प्रसाद' के सिवा नहीं समझी जा सकती।

मन्मथ गुप्ता कहते हैं कि आज़ाद के अन्तिम दिनों

में हि. स. प्र. से. एक सोशलिस्ट पार्टी बन गई थी या आज़ाद ही स्वयं सोशलिस्ट हो गये थे। इसका यह मतलब है कि आतंकवाद सोशलिज़्म का ही प्रोग्राम है, मगर यह सोशलिज़्म तो शायद सोशलिस्टों को गवारा न होगा। सोशलिस्ट तो जनता में काम करते हैं, उनके सामने एक आदर्श है, जिसे पाने के लिए वे जनता से विप्लव करवाना चाहते हैं। यदि बिना शस्त्रों के हो जाय, तो ठीक, वरना शस्त्र इस्तेमाल करने में भी कोई मुज़ायक़ा नहीं। सोशलिस्ट जिस विप्लव को चाहता है, वह जनता द्वारा ही होगा और जनता की जागृति उसके लिए अनिवार्य है। मगर क्रान्तिकारी दल के जो नेता टेस्ट-ट्यूब के द्वारा ही सब काम निकालना चाहते थे, उनका संपर्क जनता से कितना था ?

हि. स. प्र. से. में जिस समय सोशलिस्ट शब्द का समावेश किया गया था, उस समय क्या हम सब लोग इसका तात्पर्य समझते थे। जैसा हमें भावुक मोह राष्ट्र के प्रति हो आया था, वैसा ही मोह समाजवाद के लिए भी हम में उत्पन्न हो गया। यदि हम भली प्रकार सोशलिज़्म को समझ पाते, तो क्या सांडर्स का हत्याकाण्ड, असेम्बली बमकाण्ड, वायसराय की गाड़ी को उड़ाने का प्रयत्न हम लोग करते ? इन्हीं सब अधपके राजनीतिज्ञों में से एक आज़ाद भी थे। वह साहसी थे, योद्धा थे। राष्ट्र के प्रति उनमें अगाध भावुकता थी और यहाँ मैं यह बात और कह देना चाहता हूँ कि भावुकता से प्रेरित होकर किया जानेवाला काम तर्क से प्रेरित होकर किए जानेवाले काम से घटिया होना ज़रूरी नहीं। बर्नार्ड शॉ ने एक स्थान पर लिखा है कि जो आन्दोलन फ़िलॉसफ़रों में सीमित रहता है, उसका अन्त निश्चय ही असफलता होगा। जब तक कोई आन्दोलन ऐसे व्यक्तियों के हाथ में नहीं जाता जो उसकी बाल की खाल न उधेड़कर अन्धविश्वास से उसमें जूझ जावें, तब तक उसमें सफलता न होगी। आज़ाद फ़िलॉसफ़र न थे। उनको सोशलिस्ट या कम्युनिस्ट बनाना, उनपर अत्याचार है और इतिहास पर बलात्कार ! वह फ़ेवल एक साहसी बहादुर युवक थे, जो स्वाधीन भारत में फ़ुटबाल की आल इण्डिया टीम के कप्तान होकर वेलायत-विलायत घूमते या फ़ौज में जरनैल-करनैल होते। यदि स्कूल में उन्हें भेज दिया जाता तो निस्संदेह पूरी उम्र लगाकर भी वह मैट्रिक पास न कर सकते थे। महापुरुष क्लासरूम में नहीं, जीवन के संघर्ष में पैदा होते हैं।

मुझे इस बात का फ़ख्र है कि मुझे आज़ाद के साथ, बल्कि उनकी मातहती में, काम करने का मौक़ा मिला है। श्री मन्मथ की तरह मैं उनका गुरु न था। मगर इतना मैं अवश्य कहूँगा कि न आज़ाद और न दूसरे क्रान्तिकारी ही किसी सचेतन साम्यवादी आन्दोलन को चला रहे थे। ज्यों-ज्यों परिस्थितियाँ बदलती गईं और राजनैतिक संघर्ष में गरमी कम होती गई, त्यों-त्यों हम सबने अपने आपको राजनैतिक मंच पर खड़े पाया, और तो अपना-अपना रास्ता टटोलना शुरू किया। अपने-अपने स्वभाव, बुद्धि और संस्कारों के अनुसार हमने अपना-अपना शिविर चुन लिया।

एक और बात पर भी एतराज़ किया गया है। मैंने लिखा है, जब गांधी-इर्विन समझौते की बात चल रही थी, तो देश में खिंचाव कम हो गया था, कुछ क्लान्ति, कुछ शिथिलता लोगों में आ गई थी। जिन कांग्रेसवालों के खुले या छिपे प्रोत्साहन को पाकर हम मैदान में कूदे थे, उन्हीं के द्वारा भुला दिये जाने पर दल की हिम्मत टूट गई।

पंडित जवाहरलाल जी ने आज़ाद से भेंट होने के विवरण में लिखा है कि आज़ाद गांधी-इर्विन समझौते की बात जो चल रही थी, उससे आशान्वित होकर आये थे। इस बात से कोई व्यक्ति भी इन्कार नहीं कर सकता। जो इन दिनों में आज़ाद के साथ रहा हो।

आज़ाद क्षमा नहीं चाहते थे, मगर बाइज़्ज़त समझौते में वह कांग्रेस का अवश्य साथ देते, ऐसा मेरा विश्वास है। मगर गांधीजी तो 'हिंसक' लोगों से कोई वास्ता न रखना चाहते थे। हालांकि उन्होंने भगतसिंह के लिए थोड़ी-सी बातचीत की, मगर उसे भी समझौते की शर्त न बनाया।

इसी निराशा और अन्धकार के तट पर उस समय दल के लोग, चाहे वह जेलवाले हों या बाहर फ़रार, चिन्ताग्रस्त खड़े थे, जब एल्फ्रेड पार्क में पुलिस ने घेरा डाला। निराशा से उत्पन्न दुस्साहस क्या होता है, इसका परिचय 27 फ़रवरी 1931 के दिन श्री आज़ाद ने आत्मसमर्पण के बदले प्राण देकर दे दिया।

चन्द्रशेखर आज़ाद की विचार-धारा

कामरेड सुखदेवराज ने 'विप्लव' के पहले अंक में चन्द्रशेखर आज़ाद के बारे में लिखते हुए मेरी लिखी हुई आज़ाद की जीवनी के प्रति कटाक्ष करते हुए लिखा है—''एक महाशय ने आज़ाद की जीवनी लिखी है, जिसमें उन्हें कम्युनिस्ट साबित करने की चेष्टा की है। पं. जवाहरलाल ने अपनी जीवनी में आज़ाद से इन्हीं दिनों की एक भेंट का विवरण देकर लिखा है कि क्रान्तिकारी फैसिस्ट मनोवृत्ति के थे। जो लोग आज़ाद के साथ इन दिनों रहे हैं, वे कह सकेंगे कि आज़ाद इन दोनों लांछनों से मुक्त थे। यही नहीं, उन पर किसी प्रकार के राजनैतिक विचार रखने का दोष लगाया ही नहीं जा सकता। समाचारपत्र उन्होंने शायद ही कभी ध्यान से पढ़ा हो। उनके लिए समाचारपत्र का केवल यही उपयोग था कि यह पता लगता रहे कि कौन क्रान्तिकारी कहाँ गिरफ़्तार हुआ, कहाँ तलाशी हुई, किसको सज़ा हुई इत्यादि। इतना होते हुए भी उन्होंने देश की राजनीति पर एक गहरी छाप छोड़ी है। इसका कारण था, उनकी अद्भुत वीरता और मातृभूमि के प्रति अनन्य भक्ति। सोशलिस्ट झुकाव होते हुए भी राष्ट्रीयता के बन्धन से वे अपने विचारों को मुक्त नहीं कर पाये थे। इसी घोर राष्ट्रीयता के कारण ही शायद जवाहरलालजी को उन पर फ़ैसिस्ट विचार रखने का सन्देह हुआ होगा। जिन महाशय ने उन्हें कम्युनिस्ट रंग में रँगने की कोशिश की है, उनके सम्बन्ध में केवल इतना कहना पर्याप्त होगा कि उन्होंने कल्पना से काम लिया है।''

मैं कामरेड सुखदेवराज के इस लेख की एक शास्त्रीय academical दृष्टि से आलोचना करना चाहता हूँ, यद्यपि मैं समझता हूँ कि इस प्रकार के आत्मकथा-सम्बन्धी लेख में लेखक के व्यक्तित्व तथा उसके साथ लिखित विषय में व्यक्ति या घटना के सम्बन्ध के साथ उसमें लिए हुए दृष्टिकोण का काफ़ी सम्बन्ध रहता है, और इसी पर बहुत कुछ उसका मत बनता या बिगड़ता है। अस्तु, हम इस विषय पर यहीं पटाक्षेप कर, आज़ाद का जो मूल्य लेखक ने कूता है, उसको परखेंगे। पहली बात, जिसका मैं विशेष प्रतिवाद करता हूँ, वह यह है कि लेखक ने कम्युनिस्ट होना और फ़ैसिस्ट होना दोनों को लांछन बताया है। दुःख है, मैं ऐसा नहीं समझता। फ़ैसिस्टवादी होना अवश्य ही एक लांछन है। पं. जवाहरलालजी ने बिना कोई माक़ूल वजह दिये ही क्रान्तिकारियों को फ़ैसिस्ट मनोवृत्ति का बतलाया है। मैंने इस घृणित लांछन के विरुद्ध पहले 'क्रान्तियुग के संस्मरण' में फिर 'चन्द्रशेखर आज़ाद' में घोर प्रतिवाद किया है, किन्तु पंडितजी ने यह भूल अभी तक सार्वजनिक रूप से स्वीकार नहीं की, न उन्होंने मेरी चुनौती को स्वीकार कर जो लांछन उन्होंने लगाया है, उसे किसी प्रकार प्रमाणित ही किया है। का. सुखदेवराज की बातों की आलोचना करने के पहले मैं फिर से इस विषय पर आलोचना करना चाहता हूँ।

सुप्रसिद्ध विद्वान् जी. डी. कोल ने अपनी 'पीपल्स फ्रंट' नामक पुस्तक में फ़ैसिस्ट चरित्र की नौ विशेषताएँ बताई हैं—

(1) फ़ैसिज़्म ने एक ऐसा वातावरण उत्पन्न कर दिया है कि किसी देश को अब दूसरे देश की बातों का एतबार नहीं रहा।

(2) बोलने-लिखने की स्वतंत्रता इसने ख़त्म कर दी है।

(3) औरतों को यह अपनी जेलों को यह कहकर वापस भेज रहा है कि 'बच्चों की सुध लो' (Mind your

baby-Zurck ins hans)।

(4) पशुबल को यह बढ़ाता है, और उसकी पूजा करता है।

(5) देश के पूँजीवादियों के हक़ में तथा राष्ट्रीय परिपूर्णता (Nationalist self sufficiency) के नाम पर यह सम्पद का बहिष्कार करता है, और शान्तिकाल में भी लोगों को ऐसे रहने के लिए मजबूर करता है, मानो वे किसी शत्रु से घिरे हुए क़िले में हों। It offers pigiron for pigs and goosestep for goose.

(6) यह निष्ठुर (Sadistic) भी है और हिंसक भी। जर्मनी के हल्ला बोलनेवाले दल इस बात के द्योतक हैं।

(7) विचार-स्वतंत्रता इसके नज़दीक पाप है। विज्ञान पर भी यह इस प्रकार का अनुशासन लगाता है कि या तो उसकी बातों पर हाँ भरें या अपनी ज़बान बन्द किये रहें।

(8) यह खुले तौर से और बंद करके प्रजातंत्र के विरुद्ध है।

(9) यह बेहूदा है, और समझता है कि जन-साधारण बेहूदगी से परिचालित होता है, और उनका परिचालन बेहूदगी से ही होना चाहिये !...

मैं समझता हूँ, मि. कोल का यह वर्णन काफ़ी विस्तृत है। इसमें फ़ैसिज़्म के राजनैतिक, आर्थिक, मनोवैज्ञानिक सभी दृष्टिकोण आ गये हैं। इन्हीं बातों को सामने रखकर अब हम पं. जवाहरलालजी की आत्मकथा से आज़ाद के साथ उनकी भेंट का विवरण लेते हैं, और फिर विचार करेंगे कि क्रान्तिकारी फ़ैसिस्ट थे या नहीं। पंडितजी लिखते हैं–

"मुझे उस समय की एक अद्भुत घटना का स्मरण है, जिससे कि मुझे भारतवर्ष के आतंकवादी गिरोह की प्रवृत्ति का परिचय मिला। मेरे जेल से छूटने के बाद ही यह घटना हुई थी, या तो पिताजी की मृत्यु के थोड़े दिन पहले की यह घटना है या थोड़े दिन बाद की। एक अजनबी एक दिन मुझसे मिलने आया। मुझे बतलाया गया कि यही चन्द्रशेखर आज़ाद हैं। मैंने इससे पहले उसे कभी नहीं देखा था, किन्तु इसके विषय में दस साल पहले ही सुना था, जब वह सन् 1921 में असहयोग में जेल गया था। उस समय वह 15 वर्ष या उसके क़रीब उम्र का लड़का था। उसे जेल के किसी क़ानून के उल्लंघन करने के कारण बेंत मारे गए थे।* उसके बाद से वह आतंकवादियों की ओर झुकता गया, और उत्तर भारत में उनमें से एक प्रमुख व्यक्ति हो गया। यह सब मैंने अस्पष्ट रूप से सुन रखा था पर मैंने इन अफ़वाहों में कोई दिलचस्पी नहीं ली थी। इसलिए मुझे देखकर आश्चर्य हुआ। हमारे छूटने से आम लोगों में जो आशा उत्पन्न हो गई थी कि सरकार और कांग्रेस में कुछ बातचीत होगी, कदाचित् उसी से आशान्वित होकर वह मुझसे मिलने आया था। वह यह जानना चाहता था कि सन्धि होने पर उसके दल के लोगों को शान्ति से रहने दिया जायगा या नहीं। क्या उन लोगों का अब भी डाकुओं (Autlaws) की भाँति पीछा किया जायगा ? क्या उनके सरों पर अब भी इनाम रहेगा; और पकड़े जाने पर फिर उनको फाँसी होगी ? या इस बात की संभावना है कि उन्हें शान्ति-पूर्ण कामों में लगने दिया जायगा ? उसने बतलाया कि जहाँ तक उसका तथा उसके बहुत-से साथियों का सम्बन्ध है, उनका अब विश्वास हो गया था कि आतंकवादी तरीक़ों से अब कुछ नहीं होने का। इसके साथ ही वह यह विश्वास करने के लिए तैयार न था कि भारतवर्ष केवल शान्तिमय उपायों से ही स्वाधीनता प्राप्त कर लेगा। वह समझता था कि भविष्य में कभी ऐसा हो सकता है कि एक अशान्तिमय प्रबल संघर्ष हो, किन्तु फिर भी यह संघर्ष आतंकवाद-मूलक न होगा। उसने बताया जहाँ तक भारतवर्ष की स्वाधीनता का ताल्लुक़ है, वहां तक आतंकवाद से कुछ नहीं बनने का। किन्तु उसने पूछा कि वह क्या करे जब कि सरकार हर समय उसका पीछा कर रही है। उसने बताया कि हाल में जो आतंकवादी क़ार्य वग़ैरह हुए थे, वे केवल आत्मरक्षा में थे।"

"मुझे आज़ाद से यह जानकर खुशी हुई और बाद को इसका समर्थन हुआ कि आतंकवाद में लोगों का विश्वास घट रहा है। जहाँ तक दल की पालिसी के रूप में है, उसका अन्त हो चुका था, किन्तु कुछ व्यक्तियों के क्षेत्र में, बदले के रूप में, या वैयक्तिक ग़लती से उसका

* आज़ाद को ये बेंत अदालत से लगे थे, न कि जेल के अपराध में।
–म. गुप्त

अस्तित्व बना हुआ था। इन कामों में अब क्रान्तिकारियों की सार्वजनिक सम्मति नहीं थी। इसका मतलब यह नहीं था कि पुराने क्रान्तिकारी या उनके नए साथी अहिंसा के भक्त हो गये थे या ब्रिटिश-राज्य के गुण गानेवालों में परिणत हो गये थे, किन्तु अब वे आतंकवादी ढर्रे पर नहीं सोचते थे।''

अब इतना लिखने के बाद एकाएक पंडितजी उसी पैरा में एक ही साँस में लिखते हैं—''मुझे ऐसा मालूम देता है, उनमें से बहुतेरे फ़ैसिस्ट मनोवृत्ति के थे'' ???...

निरपेक्ष पाठक के सम्मुख मैं फ़ैसिज़्म की विशेषताओं को एक विश्वविख्यात विद्वान् की ज़बानी रख चुका, फिर बाद को पंडितजी की भेंट का विवरण उद्‌धृत कर चुका, अब मैं पाठक ही पर इस बात को छोड़ता हूँ कि पंडितजी की बातें कहाँ तक ठीक हैं। 'फ़ैसिस्ट' शब्द आज के युग के एक क्रांतिकारी के लिए सबसे बड़ी और कदर्य गाली है, क्योंकि ऐसा क़रार दिये जाने पर बड़ी-से-बड़ी वीरता लड़खड़ाते पूँजीवाद के भाड़े के गुण्डे का कृत्य हो जाता है और बजाय इसके कि हम उसको अच्छा तथा अनुकरणीय समझें, हम उसे घृणित नर-पशु समझेंगे। इस हालत में सारे क्रांतिकारियों के लिए इस शब्द का प्रयोग या तो सूचित करता है कि पंडितजी भारतीय क्रांतिकारियों के विषय में अज्ञ थे, या वे उन दिनों फ़ैसिस्टवाद के पूरे अर्थ से (Inplication) से अपरचित थे। ऊपर दी हुई भेंट के विवरण से तो कुछ दूसरी ही बात साबित होती है, मानो वही बात साबित होती है जिससे कामरेड सुखदेवराज इन्कार करते हैं। मैं समझता हूँ कि पंडितजी की भेंट के विवरण से यह प्रमाणित होता है कि विकसित होते-होते आज़ाद की विचारधारा एक कम्युनिस्ट की विचारधारा हो गई और यह विकास केवल आज़ाद का ही हुआ हो, ऐसा नहीं, किन्तु हम देखते हैं, रासबिहारी, सावरकर, बारीन घोष में यह विकास नहीं हुआ, वे जहाँ-के-तहाँ रह गये। नतीजा यह हुआ कि वे कल के क्रांतिकारी आज घोर प्रतिक्रियावादी हो गये। हमें यह मानना पड़ेगा कि कुछ ऐसे भूतपूर्व क्रांतिकारी इस प्रकार फ़ैसिस्टवादी ज़रूर हो गए, किन्तु कुछ व्यक्ति चाहे वे कितने भी बड़े हों, एक आंदोलन के सामने क्या हैसियत रखते हैं, आंदोलन का रथ आगे बढ़ गया, ये रास्ते को पकड़े हुए रास्ते में ही रह गए। मेरी लिखी आज़ाद की जीवनी में मैंने दिखलाया है कि आज़ाद की विचारधारा का क्रम से विकास हुआ। इसी को मैं आज़ाद की जीवनी का सबसे बड़ा सौंदर्य समझता हूँ। मैं समझता हूँ कि चन्द्रशेखर आज़ाद हमारे देश के एक महावीर योद्धा थे, एक सिपाही तथा एक अद्वितीय सिपहसालार थे, उनका जीवन एक महान् आदर्शवादी त्यागी का पवित्र जीवन था। उनकी मृत्यु एक तज्ज्ञ (Conscious) शहीद की पावन मृत्यु थी, जिसकी तुलना विश्व के इतिहास में भी विरल है। किन्तु इन सब बातों के होते हुए भी मेरे नज़दीक जो चीज़ उनके जीवन की सबसे बड़ी चीज़ है, वह है उनकी विचारधारा का क्रम-विकास। ध्येय में विकास की पूर्णता को वे पहले ही सरदार भगतसिंह के युग में प्राप्त कर चुके थे, उपाय में भी वे विकास की पूर्णता को प्राप्त हुए, जैसा पंडितजी की भेंट के विवरण से सिद्ध है; उनका जीवन एक जगह जाकर सठिया नहीं गया। आज़ाद के जीवन के इसी कार्य-कारण-विकास को एक वैज्ञानिक ढंग पर उचित प्रमाणों से उपस्थित करने में ही मैं अपनी पुस्तक की सफलता मानता हूँ। कामरेड सुखदेवराज मेरे इस परिणाम को कपोल-कल्पित क्यों क़रार देते हैं, यह मेरी समझ में नहीं आता ?

पंडितजी ने जो इस सिलसिले में आज़ाद तथा अन्य क्रान्तिकारियों को फ़ैसिस्ट मनोवृत्ति का बताया है, वह सर्वथा ग़लत, प्रमाणरहित और ग़लतफ़हमी से भरी बात है। शराफ़त का तक़ाज़ा यह है कि या तो वे इस दोष को प्रमाणित करें या अपनी बात को वापस लें।

रहा यह कि आज़ाद मार्क्सवाद की गूढ़ गुत्थियों को समझते थे या नहीं, इस सम्बन्ध में मैंने अपनी पुस्तक में कुछ नहीं लिखा है, न मेरा कोई दावा है। यदि सुखदेवराज इसको गवारा करें, तो मैं कहूँगा कि उस ज़माने में वे भी नहीं समझते थे, और आज भी वे उन्हें समझते हैं, ऐसा तो नहीं मालूम देता। कम-से-कम उनके लेख से तो यही बात टपकती है। एक जगह पर वे लिखते हैं, आज़ाद न तो फ़ैसिस्ट थे न कम्युनिस्ट, फिर लिखते हैं कि उनका झुकाव सोशलिस्ट था। आख़िर क्या माने ? आज की दुनिया में जब कि दुनिया दो शिविरों में विभाजित है, क्या यह कहना वैज्ञानिक होगा कि एक मनुष्य या राष्ट्र न

फ़ैसिस्ट है, न कम्युनिस्ट ? क्या किसी का ऐसा तटस्थ रहना संभव है ? इंगलैंड तो तटस्थ-सा मालूम हो रहा था, किन्तु अब उसका रुख़ क्या फ़ैसिस्ट नहीं होता जा रहा ? क्या उसका व्यवहार दिन-ब-दिन फ़ैसिस्ट नहीं होता जा रहा ? गो कि बाहर से प्रजातन्त्र का ढोंग उसे उतारना नहीं पड़ा। मैं समझता हूँ, का. सुखदेवराज ने विश्व-इतिहास को ग़लत पढ़ा है, यदि वे समझें कि फ़ैसिस्ट या कम्युनिस्ट के अलावा भी कोई व्यक्ति कुछ हो सकता है या इनमें समन्वय संभव है। का. सुखदेवराज ने अभी इन बातों को नहीं समझा है। मार्क्सवाद के श्रेणी-आधार तथा श्रेणियों का पारस्परिक विरोध तभी ख़त्म होगा जब वर्गहीन समाज स्थापित होगा और इन दो वर्गों में कोई सन्धि नहीं हो सकती, न समन्वय—मैं तो इसी नतीजे पर आज पहुँचा हूँ कि आज दो में एक ही बात हो सकती है या तो कम्युनिस्ट हो या फ़ैसिस्ट। आज इन विचारों की गड़बड़ी के युग में कोई थोड़े दिन भले ही निष्पक्षता या तटस्थता का ढोंग सफलतापूर्वक रच ले, किन्तु समय आ रहा है, तथा दिन-ब-दिन समस्यायों की ताक़त ऐसी विकट होती जा रही है कि हमें या तो इस तरफ़ जाना पड़ेगा या उस तरफ़। कोई दूसरा चारा नहीं है। दिन-ब-दिन यह साफ़ हो जायगा कि कम्युनिस्ट नहीं, वह फ़ैसिस्ट है।

आज़ाद के सम्बन्ध में यह कितना बड़ा अन्याय है कि कोई कहे कि "उन पर किसी प्रकार के राजनैतिक विचार रखने का दोष लगाया नहीं जा सकता", कितनी अजीब मनोवृत्ति इसके पीछे है। एक तरफ़ तो यह लिखना कि उनके राजनैतिक विचार कुछ नहीं थे, फिर वे ख़ुद ही लिखते हैं—"सोशलिस्ट झुकाव होते हुए भी वे राष्ट्रीयता के बन्धन से अपने को मुक्त नहीं कर पाये थे" इससे क्या ज़ाहिर होता है ? गांधीजी ही कौन से राष्ट्रीयता के विचार से अपने को मुक्त कर पाये हैं, और कांग्रेस क्या है ? तो फिर यह कहा जाय कि गांधीजी अथवा कांग्रेस का कोई राजनैतिक विचार नहीं है, यह कहाँ तक ठीक होगा ? हमारे लायक़ दोस्त को शायद यह मालूम नहीं कि कम्युनिस्ट इन्टरनेशनल के जनरल सेक्रेटरी तावारिश डिमिट्रौफ़ ने यह प्रस्ताव दुनिया के कम्युनिस्टों के सामने पेश किया है कि औपनिवेशिक देशों में राष्ट्रीयता के नारे के ही द्वारा साम्यवाद को आगे बढ़ाया जाय, और यह मत वहाँ स्वीकृत भी हुआ। फिर चन्द्रशेखर आज़ाद ने ही कौन बड़ी भारी ग़लती की, यदि वे राष्ट्रीयता के क़ायल थे। राष्ट्रीयता का नारा देने से ही यदि किसी पर फ़ैसिस्ट होने का शक किया जाय, तो सबसे पहले तावारिश डिमिट्रौफ़ पर ही फ़ैसिस्ट होने का सन्देह किया जाना चाहिये। फिर आज़ाद केवल राष्ट्रीयतावादी ही नहीं थे, यह तो समालोचक भी मानते हैं, क्योंकि वे स्वयं अपने इस लेख में मानते हैं कि उनका झुकाव साम्यवाद की ओर था।

आज़ाद की विचारधारा के सम्बन्ध में इतना कह लेने के बाद आज़ाद के व्यक्तित्व के विषय में एक पुराने साथी की हैसियत से दो-एक श्रद्धांजलि देना चाहता हूँ।

आज़ाद की पूरी जीवनी 1000 पृष्ठ में भी शायद पूरी न हो, किन्तु आज़ाद की जीवनी के क्रम-विकास के सम्बन्ध में जो मेरा विचार है, उसके लिए मैं मौलिकता का दावा करता हूँ, और कामरेड सुखदेवराज के लिखने पर भी मैं अपने विचार पर डटा हुआ हूँ, और समझता हूँ कि वह प्रमाणों से प्रतिष्ठित किया गया है।

सोवियट रूस के खूनी मुक़दमे

ट्राट्स्की या लेनिन

सोवियट रूस के उन बाग़ियों के कार्यक्रम पर, जिन्हें हाल में सज़ाएँ मिली हैं, यदि हम गहरी दृष्टि डालें, तो हमें पता चलेगा कि इनके कार्यक्रम की तह में ट्राट्स्की का मत, जो लेनिन से भिन्न था, मौजूद है। शुरू में ट्राट्स्की प्रतिक्रियावादी नहीं थे, परन्तु जैसे-जैसे लेनिन और स्टैलिन की नीति सफल होती गई, रूस की मज़दूर-जनता का विश्वास ट्राट्स्की की नीति से उठता गया और उनके अनुयायी घटते गए। परन्तु ट्राट्स्की के अनुयायियों ने बग़ावत का काम जारी रखा, जिसका फल यह हुआ कि पुराने पूँजीपतियों और ज़मींदारों में से बचे-खुचे लोग इनकी ओर खिंचने लगे और अन्त में ट्राट्स्की दल रूस की सब प्रतिक्रियावादी शक्तियों का केन्द्र बन गया। रूस का पुराना इतिहास देखने से पता चलता है कि ट्राट्स्की का मत कोई नई वस्तु नहीं जो लेनिन की मृत्यु के बाद सामने आई हो। इसका अंकुर सन् 1905 ही में उग आया था। लेनिन से आपका मतभेद उस समय यह था कि समाजवाद अकेले एक देश में नहीं क़ायम हो सकता। इसके साथ आप यह भी कहते थे कि रूस में किसानों की संख्या बहुत अधिक होने के कारण वहाँ मज़दूरों का राज्य नहीं क़ायम हो सकता। इसका प्रमाण हमें ट्राट्स्की की सन् 1922 में लिखी हुई किताब, जिसका नाम '1905' है, से मिलता है। इस पुस्तक की प्रस्तावना में आपने लिखा है–

''यदि मज़दूरों के नेता अपनी जीत से लाभ उठाना चाहते हैं, तो उन्हें छोटे-बड़े सभी पूँजीपतियों के माल पर हाथ बढ़ाना होगा। ऐसा करने से पूँजीपतियों ही से नहीं बल्कि आम किसानों से, जो शुरू में क्रान्ति में भाग लेंगे, भी (Hostile collisons) झगड़ा-झंझट हो जायगा। रूस-जैसे पिछड़े हुए कृषि-प्रधान देश में, जहाँ मज़दूरों के मुक़ाबले में किसानों की संख्या बहुत अधिक है, 'मज़दूर-राज्य' क़ायम करने में बड़ी रुकावटें पड़ेंगी, और इन रुकावटों को दूर करने के लिए यह आवश्यक है कि संसार भर के मज़दूर मिलकर क्रान्ति करके समाजवाद की स्थापना करें।''

आपके इस लेख से यह स्पष्ट है कि आपके ख़याल में छोटे और बड़े किसान–मुज़िक और कुलक–दोनों ही की गिनती एक समान है और दोनों ही समाजवाद के रास्ते में रुकावटें डालेंगे। और यदि रूस के मज़दूर समाजवाद की स्थापना करना चाहते हैं, तो उन्हें उस समय तक इन्तज़ार करना होगा, जब तक कि पश्चिमी योरप के औद्योगिक देशों के मज़दूर क्रान्ति में सफल न हो जायें और रूस के मज़दूरों को सहायता दे सकें। इसके मुक़ाबले में देखिये लेनिन क्या कहते हैं–

''मज़दूरों का शासन सब श्रेणियों का मिला हुआ ऐसा शासन है, जिसमें कारख़ानों के मज़दूर (जो मेहनतकश तबक़ों के स्वाभाविक नेता हैं) छोटे-मोटे नौकर या क्लर्क वगैरह और दूसरी मेहनत करनेवाली जमातों (जैसे ग़रीब किसान) के साथ मिलकर पूँजीवाद की जड़ सदा के लिए उखाड़कर समाजवाद की स्थापना करेंगे। और वे पूंजीपतियों को इस तरह से कुचल देंगे कि पूंजीवाद फिर से स्थापित न हो सकेगा। इस सम्मिलित मेल में कारख़ानों के मज़दूरों का ही नेतृत्व होगा।''

इसी सिलसिले में 'एनजल्स' ने फ्रांस और जर्मनी के किसानों की अवस्था पर लिखते हुए लिखा है–

''जब राज की बागडोर हमारे हाथ में आयेगी, तो हम ग़रीब किसानों और छोटी-छोटी ज़मीनों के मालिकों की ज़मीनों को छीनने का कभी स्वप्न में भी ख्याल न करेंगे,

हालाँकि बड़े ज़मींदारों की रियासतें ज़ब्त की जायेंगी। इन छोटी-छोटी ज़मीनों के लिए हमारा काम होगा कि उनके मालिकों को हम पहले सहयोग-कृषि के लिए राज़ी करें, परन्तु यह कार्य ज़बरदस्ती नहीं, बल्कि उनको उदाहरण और सरकारी सहायता देकर करना होगा।'' अब आप स्वयं इस बात का अन्दाज़ा लगा सकते हैं कि यदि ट्राट्स्की की राय पर काम होता, तो आज भी रूस एक पिछड़ा हुआ कृषि-प्रधान देश ही रहता और वहाँ मज़दूरों और किसानों में मेल की जगह बराबर झगड़े होते रहते। यदि लेनिन के 'मज़दूर-किसान राज्य' की जगह ट्राट्स्की के केवल 'मज़दूर राज्य' क़ायम करने की कोशिश की जाती, तो आज दूसरा ही सीन नज़र आता। रूस में फ़ैसिज़्म की विजय होती, समाजवाद की जगह पूंजीवाद स्थापित होता और सोवियट-सरकार, जो आज स्पेन और चीन का एकमात्र सहारा बनी हुई है, दुनिया के नक़्शे पर नज़र न आती। संसार को धोखा देने के लिए ट्राट्स्की अपने आपको 'मास्टर आफ़ लेनिनिज़्म' कहते हैं, पर वास्तव में आप लेनिनिज़्म के शुरू से ही विरोधी रहे हैं। आपकी नीति में मज़दूरों के विरोध के अंकुर शुरू से ही मौजूद रहे। 'आक्टोबर-विप्लव' के पहले ट्राट्स्कीवाद का अर्थ था, किसानों की समाजवादी शक्ति को कम समझना और किसानों को मिलाने के लिए कोशिश न करना। इसीलिए तो आपने निरे मज़दूर-राज्य का आदर्श सामने रखा। ऐसा करने से विप्लवी शक्तियों में आपस में फूट हो जाती और 'आक्टोबर-विप्लव' के बाद ट्राट्स्कीवाद का अर्थ है, मज़दूर और किसानों के बीच में झगड़ा-झंझट। इससे विप्लव में मज़दूरों के जीत जाने के बाद भी मज़दूर-किसान-राज्य स्थापित न हो पाता।

मुक़दमों की कार्रवाई लिखने के पहले हम राबर्ट टी. मिलर की राय आपके सामने रखते हैं। आप ब्रिटिश लेबर पार्टी के 'डेली हेरेल्ड' नामक समाचारपत्र के मास्को के सम्वाददाता हैं और रैडेक इत्यादि के मुक़दमे के समय वहीं मौजूद थे। आप लिखते हैं—''कचहरी में तीस या ज़्यादा वैदेशिक समाचारपत्रों के सम्वाददाताओं और कई देशों के राजदूतों के मौजूद रहने से मुलज़िमों को इस बात का पूरा मौक़ा था कि वे खुलेआम मदद की पुकार या स्टैलिन का भंडाफोड़ कर देते।''...''संसार भर के चतुर जासूस और ऐयारी के उपन्यास लिखनेवाले लेखक भी मिलकर ऐसा मुक़दमा नहीं गढ़ सकते थे। अँगरेज़ बैरिस्टर मि. डडले कालर्ड और एक दूसरे मशहूर अन्तर्राष्ट्रीय वकील, जो वहाँ पर मौजूद थे, दोनों ने इस मुक़दमे को क़ानूनी रूप से पूरी तौर से उचित क़रार दिया है।''...मि. मिलर का मत है कि ''मुलज़िमों ने सिर्फ़ इसीलिए अपनी बातों को क़बूल किया कि सरकार की तरफ़ से जो सुबूत इकट्ठे किये गये थे, वे उनके अपराध को बिलकुल साबित कर देते थे। इसके अलावा कोई भी चारा उन लोगों के पास न था।''

आगे चलकर मिलर फिर कहते हैं—''रैडेक के सब भेद जब गवाहों ने प्रकट कर दिये, तो रैडेक ने स्वीकार किया कि दस सप्ताह तक उसने जजों और वकीलों को मुफ़्त में परेशान किया। उस पर इस समय में कोई ज्यादती नहीं हुई। असल बात तो यह है कि अभियुक्त आरनोल्ड ही सबसे पहले अपनी कमज़ोरी के कारण फिसल गया और उसने अपना अपराध स्वीकार कर लिया। फिर गवाहियाँ मिल जाने से दूसरे बड़े-बड़े चतुर बाग़ियों के भेद भी खुल गये।

मुक़दमे की कार्रवाई

अब ज़रा मुक़दमे की कार्रवाई की ओर भी नज़र डालिए। सबसे पहले हम प्याटेकाव, रैडेक आदि का मामला लेते हैं, जो 2-3 जनवरी सन् 1937 को सोवियट-रूस की सबसे ऊँची सैनिक अदालत के सामने पेश हुआ था।

प्याटेकाव का बयान*

वाईशिन्सकी (सरकारी वकील) ने प्रश्न किया—''तुम लोगों का कार्यक्रम क्या था ?''

प्याटेकाव—''मैं 1931 में सरकारी काम से बर्लिन गया। उस समय वहाँ पर ट्राट्स्की के कई अनुयायी थे। स्मिरनाव और लागीनाव आदि भी मौजूद थे। मास्केल्याव मेरे साथ था और शेस्टाव भी वहाँ मौजूद था। 1931 की

* रैडेक प्याटेकाव ट्रायल का हाल 'दी मास्को ट्रायल' (जनवरी 1936) नामक किताब से लिया गया है। यह किताब W.P. Coates और Zelda K. Coates ने संग्रह की है और ऐंग्लो-रशन पार्लमेंटरी सब-कमेटी ने प्रकाशित की है।

गरमी के मौसम में स्मिरनाव ने बर्लिन में मुझसे कहा कि ट्राट्स्की के अनुयायी सोवियट-सरकार और पार्टी के लीडरों के ख़िलाफ़ फिर ज़ोर से लड़ाई शुरू कर रहे हैं। स्मिरनाव की बर्लिन में ट्रास्ट्की के लड़के सीडाव से भी भेंट हुई थी, जिसने ट्रास्ट्की के कहने के मुताबिक़ इस लड़ाई का एक नया रास्ता सुझाया था—मतलब था कि जनता में प्रचार करने का रास्ता छोड़कर आतंकवाद की शरण ली जाय और सोवियट-सरकार के प्रत्येक कार्य को निष्फल कर दिया जाय।''

वाइशिन्सकी—''सोवियट-सरकार के विरुद्ध ट्राट्स्की के अनुयायियों द्वारा किये गये अपराधों की बाबत तुम और क्या जानते हो ?''

प्याटेकाव—''मुझे एक पत्र मिला, जो देखने में बिलकुल उसी तरह का था, जिसका अभी शेस्टाव ने ज़िक्र किया था। इस पत्र को खोलकर मैं बड़ा विस्मित हुआ। मैं तो सीडाव के ख़त की आशा कर रहा था, परन्तु लिफ़ाफ़ा खोलने पर मालूम हुआ कि उसमें सीडाव का नहीं बल्कि स्वयं ट्राट्स्की का पत्र था। यह पत्र जर्मन-भाषा में लिखा था और उसके नीचे 'ल. टी.' के हस्ताक्षर थे।

वाइशिन्सकी—''उस पत्र में क्या लिखा था ?''

प्याटेकाव—''जहाँ तक मुझे ख्याल है, वह पत्र इस तरह शुरू किया गया था—'प्रिय मित्र ! खुशी है कि तुमने मेरी बातों को मान लिया है...' इसी पत्र में आगे चलकर यह बताया गया था कि हम लोगों के सामने कई ज़रूरी काम हैं। पहला काम है, स्टैलिन और उसके सहायकों को 'हर प्रकार' से दूर करना। 'हर प्रकार' का मतलब था हिंसा से...।''

प्याटेकाव ने आगे चलकर कहा—''कामनेव किसी बहाने से दूत-निवास में मुझसे मिलने आया करता था। उसने मुझसे बहुत साफ़ शब्दों में ट्राट्स्की और जिनोवीव-दल के केन्द्र स्थापित हो जाने का हाल बताया...।''

वाइशिन्सकी—''इस केन्द्र की ओर से ट्राट्स्की से सीधा सम्बन्ध किसका था ?''

प्याटेकाव—''रैडेक का। बाद में मैं स्वयं भी ट्राट्स्की से मिला।''

वाइशिन्सकी—''1933-34 में तुम किस सरकारी पद पर नियुक्त थे ?''

प्याटेकाव—''मैं भारी उद्योग-धन्धों में सहायक प्रतिनिधि था।''

वाइशिन्सकी—''क्या इस पद पर रहने से तुम्हें अपने मिलनेवालों से ट्राट्स्की की इच्छानुसार काम करवाने की अधिक सुविधा थी ?''

प्याटेकाव—''हाँ, मैं इस जुर्म को मानता हूँ।''

वाइशिन्सकी—''ट्राट्स्की क्या चाहता था ?''

प्याटेकाव—''उसकी इच्छा थी कि आतंक और विनाश के कार्य किये जायँ...। ट्राट्स्की ने यह भी कहा था—यह सन् 1934 की बात है—कि जर्मनी में हिटलर की हुकूमत क़ायम हो जाना उसके सिद्धान्त की इस सच्चाई का सुबूत है कि समाजवाद केवल एक ही देश में क़ायम करना असम्भव है। अब लड़ाई अवश्य होगी और यदि हम लोग अपनी ताक़त क़ायम रखना चाहते हैं, तो रूस की हार के लिए कोशिश करना चाहिए...।

''मुझे याद है कि ट्राट्स्की ने इसी पत्र में बताया था कि बग़ैर विदेशी की मदद के हम लोग न तो रूस में हुकूमत पर क़ब्ज़ा कर सकते हैं और न उसे क़ायम रख सकते हैं। इसलिए इस बात की ज़रूरत है कि जर्मनी और जापान-जैसे अग्रसर देशों से समझौता कर लिया जाय। और ट्राट्स्की ने स्वयं जापान तथा जर्मन सरकारों से बातचीत शुरू कर दी है।''

वाईशिन्सकी—''क्या उसने (ट्राट्स्की ने) रूस का कुछ भाग विदेशियों को देने की बात भी कही थी ? क्या 'यूक्रेन' देने का ज़िक्र था ?''

रैडेक—''हाँ ! जब हम लोगों ने उस पत्र को पढ़ा, तो हमें इस बात में कोई शंका न रही। चाहे उसे हेटमैन यूक्रेन पुकारा जाता या कुछ और, मगर असली मतलब तो था कि जर्मनी को यूक्रेन में बढ़ने दिया जाय। जापान के लिए ट्राट्स्की ने आमूर देश और समुद्री प्रान्त देने के लिए कहा था।''

वाइशिन्सकी—''अच्छा अब यह बताओ कि सन् 1935 में ट्राट्स्की की बातों से क्या नई बात तुम्हें मालूम हुई ?''

प्लाटेकाव—''नई बात हमें बहुत साफ़ बताई गई थी। सारांश में उसका अर्थ था कि ट्राट्स्की-दल अब फ़ैसिज़्म का एक सहायक (Appendix) बन गया है।''

आगे चलकर प्याटेकाव ने अपनी आख़िरी फ़रियाद में कहा कि "मुझे पूरा भरोसा है कि ट्राट्स्की, जिसके लिए हम लोगों ने यह सब अपराध किये हैं, अपनी हरकतों से साफ़ इन्कार कर जायगा और उल्टा हम लोगों को कायर इत्यादि कहकर बदनाम करेगा। मुझे इस बात का बहुत शोक है कि सबसे बड़ा मुलज़िम, वह पक्का दग़ाबाज़ इस समय हम लोगों के साथ कचहरी के कटहरे में पेश नहीं है।"

रैडेक का बयान

वाइशिन्सकी—"क्या तुमने उन लोगों से ट्राट्स्की के पत्र में लिखी हुई बातों का ज़िक्र किया था ?"

रैडेक—"मैंने उन बातों को उन्हें बहुत साफ़-साफ़ बता दिया था।"

वाइशिन्सकी—"उसमें किन-किन बातों का ज़िक्र था ?"

रैडेक—"यही कि जर्मनी में फ़ैसिज़्म की विजय हुई है। जापान का आतंक बढ़ता जा रहा है। सोवियट रूस से इनकी लड़ाई अवश्य होगी, और इसमें रूस की हार होगी। इस तरह यदि हमारे दल के हाथ में राज्य की बागडोर आ गई तो हमें दूसरे देशों को रियायतें देनी होंगी।"

वाइशिन्सकी—"इसीलिए तुम्हारा यह अभिप्राय था कि लड़ाई जल्दी हो। तुम्हारा इसी में लाभ था कि रूस की हार हो। अब यह बताओ कि ट्राट्स्की के पत्र में इसका ज़िक्र किस प्रकार था ?"

रैडेक—"हार होना अनिवार्य है, और इस हार से ऐसी अवस्था पैदा होगी, जिससे हम लोगों का गुट रूस पर क़ब्ज़ा कर लेगा। इस कारण हम लोगों का लाभ इसी में था कि लड़ाई शीघ्र हो। आख़िरी नतीजा यह कि रूस की हार ही में हम लोगों का फ़ायदा था।"

आगे चलकर रैडेक ने यह बताया कि "ट्राट्स्की सिर्फ़ अपने स्वार्थ के लिए सब कुछ कर रहा है। यहाँ तक कि उसको यह भी परवाह नहीं है कि उसके षड़यंत्र की मदद से फ़ैसिस्ट जासूस रूस के कोने-कोने में घर किये ले रहे हैं। ट्राट्स्की अपनी जीत के लिए अपने हर एक साथी को बलिदान कर देने के लिए तैयार है।" इन सब बातों से रैडेक का मन ट्राट्स्की और उसके दल की ओर से फिर गया। इसका ज़िक्र उसने इस प्रकार किया है—

वाइशिन्सकी—"आख़िर तुमने क्या करना तय किया था ?"

रैडेक—"इस मामले में मुझे यह करना चाहिये था कि मैं पार्टी की केन्द्रीय कमिटी के सामने सब कुछ कह देता और सब आदमियों का हाल खोल देता। पर यह मैंने नहीं किया। इसका नतीजा यह हुआ कि बजाय इसके कि मैं जी.पी.यू. (रूस की पुलिस) के पास जाता, जी.पी.यू. को स्वयं मेरे पास आना पड़ा, अर्थात् मैं पकड़ा गया।"

मुक़दमें में बहुत-सी बातें कही गईं; मगर यहाँ पर सिर्फ़ दो-तीन बातों का ज़िक्र करेंगे। रैडेक ने कहा—

"ट्राट्स्की अपने आपको बिलकुल निस्सहाय समझने लगा था, इसलिए उसने केवल हिटलर की ही मदद पर पूरी बाज़ी लगा दी थी। ट्राट्स्की दल के लोग इस बात में विश्वास करते थे कि समाजवाद केवल एक देश में नहीं स्थापित हो सकता। इसलिए वे पश्चिमी यूरोप में शीघ्र विप्लव कराना आवश्यक समझते थे। परन्तु अब उनसे यह बताया जा रहा था कि पश्चिमी देशों में क्रांति असम्भव है, इस कारण एक देश के समाजवाद को नष्ट करो अर्थात् सोविएट रूस के समाजवाद को नष्ट करो। इसका उपाय रूस की हार ही थी।

"मैं थोड़ा बहुत फ़ौजी मामलों को समझता हूँ। सन् 1934 में मैं अवश्य समझता था कि रूस की हार होना लाज़िमी है। परन्तु 1935 में हमारे देश की जीत के लिए स्थिति मौजूद हो गई। यह देख ट्राट्स्की-दल का प्रत्येक आदमी सोच में पड़ गया। हम सोचने लगे हम ग़द्दार हैं, यदि हम अपनी हार के लिए यत्न करें। अब हमारा देश बलवान् है और उन्नति पर है। अब हमारी हार क्यों हो ? इसलिए कि हिटलर रूस में फिर से पूंजीवाद स्थापित करें ?"

देश-विदेश से ट्राट्स्की-दल के लोगों को सन्देश

आगे चलकर रैडेक कहते हैं—"जिस किसी आदमी का पार्टी से किसी भी बात पर मतभेद हो, उसे यह समझ लेना चाहिए कि बहुत मुमकिन है कि वह आगे चलकर ग़द्दारी कर बैठे। इस कारण उसे मतभेदों को स्पष्ट कर

लेना चाहिए।

दूसरी बात मुझे उन ट्राट्स्कीआइट लोगों से कहनी है जो फ्रांस, स्पेन और दूसरे देशों में काम कर रहे हैं। कहना यह है कि रूस के विप्लव के तजुर्बे ने यह साफ़ कर दिया है कि ट्राट्स्कीज़्म मज़दूर-आन्दोलन का शत्रु है। हम उन्हें आगाह करते हैं, अगर वे हमारे तजुर्बे से शिक्षा न लेंगे, तो उन्हें इसका मूल्य अपनी जानों से देना पड़ेगा।

और अन्त में मैं संसार के उन सब लोगों से कहना चाहता हूँ जो शान्ति क़ायम करने के लिए कोशिश कर रहे हैं कि ट्राट्स्कीदल युद्ध छेड़नेवालों के हाथ का हथियार है, हम यह मानना नहीं चाहते थे; पर यह एक प्रमाणित बात है और हमें इस नतीजे को स्वीकार करना पड़ा—इसकी तह तक पहुँचने के लिए हमने अपनी जानों की क़ीमत दी।

बुखारिन-रकावास्की अभियोग

अब बुख़ारिन इत्यादि के मुक़दमे की ओर नज़र डालिए, जिसकी याद हमारे दिलों में बहुत ताज़ी है। इसकी लफ़्ज-ब-लफ्ज़ रिपोर्ट 'लारेन्स ऐन्ड वाइज़हर्ट' कम्पनी ने छपवाई है। उसके पढ़ने से साफ़ मालूम होता है कि मुक़दमे में किसी प्रकार के शक की कोई गुंजाइश नहीं है। सवाल यह उठता है कि आख़िर ऐसे-ऐसे ज़बर्दस्त क्रान्तिकारियों ने अपने जुर्म को क़बूल क्यों कर लिया ? क्या डराने और सताए जाने के कारण ? इस मसले में रकावास्की कहता है—

रकावास्की का बयान

रकावास्की—"आठ महीने तक मैं अपने अपराध से बिलकुल इनकार करता रहा।"

वाईशिन्सकी—"और उसके बाद तुमने हार मान ली ?"

रकावास्की—"हाँ, इक़बाल करने के पहले ही मेरे दिल में यह ख़्याल उठा करता था कि क्या मेरा सब बातों से इनकार करना वाजिब है ? इस बात से तो किसी को भी मतभेद न होगा कि क़ैदख़ाने के एकान्त में मनुष्य अपनी राय को फिर से दोहराता है। मुझे याद है, और आशा है कि जब तक जीवित हूँ, न भूलूँगा कि किन कारणों से मैं बयान देने को राज़ी हुआ। एक पेशी के समय, जो गर्मियों में हुई थी, मुझे पहली बार मालूम हुआ कि चीन और चीनवासियों के विरुद्ध जापान का आतंक शुरू हो गया है और जर्मनी तथा इटली ने छिपे-छिपे स्पेन के निवासियों पर हमला कर दिया है।

"मुझे पहली बार मालूम हुआ कि सब फ़ैसिस्ट देश महायुद्ध करने के लिए ज़ोर-शोर से तैयारी कर रहे हैं। इन सब बातों में ख़ास अन्तर यह था कि जो ख़बरें लोगों को धीरे-धीरे तारों के द्वारा मिलती रहती हैं, वह सब मुझे एक ही खुराक में एकदम से मिलीं। इसका असर मेरे ऊपर बहुत गहरा हुआ। मेरा पिछला जीवन मेरी आँखों के सामने आने लगा।...मेरी समझ में यह साफ़ तौर से आ गया कि मेरी बग़ावत की हरकतों से अत्याचारियों को सहायता पहुँची है।...मैं अपना ही न्यायाधीश बना, मैं अपनी हरकतों पर खुद विचार करने लगा। इस न्यायालय को कोई भी प्रभावित नहीं कह सकता।

"युवावस्था से ही अपने जीवन को मैंने मज़दूर आन्दोलन के लिये अर्पण कर दिया था, और आख़िर मैं कहाँ पहुँचा ? रूसी लीडरों के ख़िलाफ़ जो विरोध मेरे मन में बैठ गए थे, मेरे इस व्यवहार के लिये बहुत कुछ दोषी थे, परन्तु अब विचार कर देखने पर वह भाव दूर हो गया है। मैंने तय कर लिया कि अब से मेरा फ़र्ज़ होगा कि मैं ज़ालिम देशों के विरुद्ध इस लड़ाई में मदद करूँगा और अपनी हरकतों का हाल साफ़-साफ़ बताकर सच्चा बयान दूँगा।"

इस बयान को सुनकर भी क्या कोई कह सकता है कि बयान देनेवाला किसी नशे में था या उस पर मेस्मेरिज़्म का असर था। इन भ्रमों को बुख़ारिन स्वयं स्पष्ट रूप से दूर कर देता है।

बुख़ारिन का बयान

बुख़ारिन—"मैं इन बातों का ज़िक्र कर रहा हूँ, क्योंकि मुझे इन (Upper intellectuals) शिक्षित ऊँची श्रेणी के लोगों और वैज्ञानिकों से दूसरे देशों में मिलने का काफ़ी अवकाश मिला है।

"हम लोगों के अपराध स्वीकार करने की बाबत अक्सर लोग तरह-तरह के सन्देह करते और कहते हैं कि हमने अपना जुर्म कुछ दवाइयों के प्रभाव से स्वीकार किया है। मैं अपनी बाबत कह सकता हूँ कि जेल में, जहाँ मैं

एक वर्ष से अधिक रहा, मैं बराबर काम करता था, अध्ययन करता था और मेरा मस्तिष्क बिलकुल साफ़ रहता था। मेरा यह बयान सब प्रतिक्रियावादी गपोड़ों को ख़ाक में मिला देगा।

"अक्सर लोग हम लोगों पर 'मोहिनी विद्या' का असर समझते हैं, मगर मैंने तो अपने मुक़दमे की सफ़ाई खुद दी। क़ानूनी बहस भी की, सरकारी वकील से जिरह भी की। इस कारण मैं कह सकता हूँ कि जिस शख़्स को इस प्रकार की विद्या का थोड़ा भी ज्ञान है, उसको यह स्वीकार करना पड़ेगा कि इस प्रकार का मोहन-प्रभाव असम्भव है। दूसरे लोग समझते हैं कि हमारे मन में पश्चाताप या कमज़ोरी आ जाने के कारण हमने अपराध स्वीकार कर लिया है। ऐसी कोई बात नहीं है। सम्मोहिनी-विद्या और भूतप्रेत में रूस के पुराने आदमियों का बहुत विश्वास था। इन विचारों में यक़ीन करनेवाले लोग आज शायद रूस के देहातों के छोटे-छोटे क़स्बों में भी न मिलेंगे। हाँ, इस तरह के अंध-विश्वासी यूरोप के दूसरे देशों में अब भी मिलते हैं।"

बुख़ारिन ने अपराध स्वीकार क्यों किया?

"अब मैं अपने पश्चाताप का कारण बताऊँगा। यह तो सबको मानना पड़ेगा कि हमारे अपराध को प्रमाणित करनेवाली गवाहियों का असर हम पर बहुत पड़ा। तीन महीने तक मैं हर बात से इन्कार करता रहा। परन्तु जेल के एकान्त में विचार करने पर मेरे विचार बदल गए। यदि आप सोचें कि अब तो मर ही जाना है! तो आपके सामने एक शून्य-सा आ जाता है, जिसमें हर एक वस्तु बहुत साफ़ दिखाई पड़ने लगती है। आपकी समझ में आता है कि आपने ग़लती की है। और दूसरी सोवियट रूस की हर एक अच्छी और शानदार बात का आपके मस्तिष्क पर असर होता है। इन्हीं सब ख्यालात ने अन्त में मुझे मजबूर कर दिया और मुझे पार्टी और देश के सामने घुटने टेकने पड़े। और फिर यदि आप यह सोचें कि हम मरते नहीं; मान लें कि किसी चमत्कार से हम जीवित ही रहें, तो यह जीवन किसलिए होगा ? सबसे अलग, मनुष्यमात्र के बैरी बन, एक अमानुषिक अवस्था में सबसे कटे-कटे रहना ? इन सब प्रश्नों का भी वही उत्तर सामने आता है। हर एक स्वार्थ का भाव, हर एक विरोध और घमंड व्यर्थ जान पड़ता है, और ग़ायब हो जाते हैं। और इसके साथ ही संसार के बड़े अन्तर्राष्ट्रीय संघर्ष की गूँज कान तक पहुँचती है। इस संघर्ष के परिणामस्वरूप हम सोवियट रूस की विजय संसार के अत्याचारी देशों पर होती देखते हैं।"

इन दोनों बयानों को पढ़कर यह कोई नहीं कह सकता कि सारा मुक़दमा एक पढ़न्त है और यह सब बातें ज़बर्दस्ती कहलाई गई हैं।

यदि मान लिया जाए कि यह बयान सच है और इन लोगों ने यह सब षड्यंत्र किये, तो यह प्रश्न उठता है कि ऐसे मनुष्यों ने जिन्होंने रूस में समाजवाद स्थापित करने के लिए अपना तमाम जीवन अर्पण कर दिया, आख़िर ऐसी हरकतें क्यों कीं? परन्तु यदि हम अँगरेज़ मज़दूर-नेता रैमज़े मैकडानेल्ड और स्नोडेन की बात याद कर लें, तो इस सवाल का जवाब मिल जायगा। अगर अँगरेज़ मज़दूर-नेता मज़दूर-आन्दोलन को धोखा दे सकते हैं, तो रूसी नेता भी ऐसा कर सकते हैं। वे भी तो उसी हाड़-मांस के बने संसारी जीव हैं। फ़र्क़ इतना है कि जब रूसी नेता ग़द्दारी करते हैं, तो वे गोली से उड़ा दिये जाते हैं और अँगरेज़-नेता ग़द्दारी करके अपने उसूलों को बेच डालने पर इंग्लैंड के मंत्री बनाए जाते हैं। एक पूँजीवादी और समाजवादी देश के न्याय में यही अन्तर है। परन्तु क्या इस अन्तर से कोई भी पूँजीवादी गर्व कर सकता है ?

यदि हम इन पेचीदा मसलों की तह तक पहुँचना चाहते हैं, तो हमें रूस की कम्युनिस्ट पार्टी के भीतरी इतिहास को अच्छी तरह से जाँचना होगा। परन्तु कठिनाई यह है कि भारत में इस प्रकार की पुस्तकें मिलनी असम्भव हैं। इसलिये हमें 'जॉन स्ट्रैची' के अँगरेज़ी लेखों का सहारा लेना पड़ेगा।

स्ट्रैची का मत

स्ट्रैची कहते हैं कि रूस की कम्युनिस्ट पार्टी का पूरा-पूरा हाल जाने बिना कोई भी यह नहीं समझ सकता कि तीनों मुक़दमों के मुलज़िमों ने यह सब जुर्म क्यों किये? हमें सन् 1928 से शुरू करना चाहिये, हालाँकि इसके पहले हम 1914-18 के समय को भी भूल नहीं सकते जब कि बुख़ारिन ने संगठित पूँजीवाद का सिद्धान्त निकाला था, और इसी सिद्धान्त को उसने सन् 1930 में कार्यरूप में

परिणत करने की चेष्टा की थी। वास्तव में सन् 1928 से ही बुख़ारिन का यह संगठित 'पूँजीवाद का सिद्धान्त' मैदान में आया। आगे चलकर इस सिद्धान्त के समर्थक लोग ट्राट्स्की के अनुयायियों के साथ मिलकर एक हो गये।

सन् 1928 में सोवियट रूस में कम्युनिस्ट पार्टी के नेतृत्व में विशेष उन्नति होने लगी। उस समय रूस के गाँवों में समाजवादी आर्थिक प्रणाली की नींव डाली जा रही थी। पुराने तरीक़े हटाकर साझी खेती क़ायम की जा रही थी। शहरों में कल-कारख़ाने बहुत तेज़ी से बढ़ाये जा रहे थे कि पिछड़ा हुआ रूस एकाएक एक नम्बर का औद्योगिक देश बन जाए। हम जानते हैं कि इस बड़े भारी काम को—जिसे मारिस हिंडस ने ज़बर्दस्त चढ़ाई कहकर पुकारा है—किस मेहनत और मुश्किल से कामयाब किया गया और इसके लिए रूस को कितना त्याग और कष्ट सहना पड़ा। इस सबका यह परिणाम हुआ कि रूस आज बीसवीं सदी के पहले दर्जे के औद्योगिक देशों के बराबर हो गया।

इस कठिनाई के समय में बहुत-से विदेशी और कुछ रूसी नेताओं के मन में इस प्रयत्न की सफलता में शंका होने लगी। इन लोगों में राइकाव, बुख़ारिन और ट्राट्स्की दल के लोग थे, जो लेनिन, स्टैलिन और पार्टी की नीति में विश्वास नहीं रखते थे। इन लोगों की राय में इस 'ज़बर्दस्त चढ़ाई' के सफल होने की कोई आशा न थी। इसी कारण जब कभी कोई भारी कठिनाई आती, तो इन लोगों के हाथ-पैर फूल जाते और ये समझने लगते कि सब कुछ हाथ से निकल गया। ये लोग सोचते थे कि इस प्रयत्न में जान देना फ़िज़ूल है। भलाई इसी बात में है कि हम पूँजीवाद की ओर ही लौट चलें। सरकार मालिक बनकर उद्योग-धन्धों को चलाये। उनके इन्तज़ाम में मज़दूरों का दख़ल न हो। इस अवस्था में इन लोगों को ट्राट्स्की की यह नीति कि 'समाजवाद एक देश में स्थापित हो ही नहीं सकता', ठीक मालूम होने लगी। नतीजा यह हुआ कि इन लोगों ने समाजवाद की स्थापना करने का विचार ही छोड़ दिया। तो अब सिवा इसके कि ये लोग पूँजीवाद की ओर लौटें, और कोई चारा इनके सामने न रहा। इस कारण, ये लोग एक प्रकार के राष्ट्रीय पूँजीवाद की स्थापना करने का समर्थन करने लगे। इसका प्रमाण बुख़ारिन के बयान से हो जाता है।

मतभेद से बग़ावत

बुख़ारिन सन् 1928 के विषय में कहता है—"आरम्भ में रूसी सरकार की नीति का विरोध हम इसलिये करते थे कि साझी खेती की सफलता में हमें विश्वास नहीं था। हम समझते थे कि देश में जबरन उद्योग-धन्धों को बढ़ाने की कोशिश में देश की पैदावार नष्ट की जा रही है। पहले हमारी और पार्टी की विचारधारा में यही अन्तर हुआ कि संयुक्त कृषि हमें खटकने लगी—वह हमें एक दूर के भविष्य की कल्पनामात्र प्रतीत होती थी। सन् 1917 में हम में से किसी को ज़ार के पक्षपातियों और पूँजीपतियों के मारे जाने पर रहम नहीं आता था। परन्तु 1929-30 में हमें कुलकों पर, जिनकी ज़मीनें छीनी गई थीं, रहम आने लगा। 1919 के कष्ट के समय कोई यह न सोचता था कि हमारी आर्थिक कठिनाई बोलशेविकों की नीति के कारण ख़राब हो रही है। इसका कारण हम पूँजीपतियों द्वारा डाली जानेवाली अड़चनों को ही समझते थे। उस समय ऐसी बात का ख़याल करना ही हमें ग़द्दारी मालूम होता था। लेकिन 1928 का कार्यक्रम—ज़मीन के मालिकों से उनकी ज़मीन लेकर साझी खेती चलाना—हमें किसानों पर अत्याचार मालूम होने लगा। अर्थात् बजाय इसके कि हम श्रेणी-युद्ध के कष्टों का दोष उस तबक़े पर रखते जो मज़दूरों के विरुद्ध था—अर्थात् अमीर किसान या कुलक—हम स्वयं मज़दूर नेताओं को ही दोषी ठहराने लगे। मेरे दिमाग़ की सुई ठीक उलटी घूमकर दूसरी तरफ़ पहुँच गई। इसका मतलब यह हुआ कि विचारों के विरोध से बढ़कर हम सोवियट का अमली विरोध करने लगे। कुलक लोगों (अमीर किसानों) का हित ही हमारे कार्यक्रम का एक लक्ष्य बन गया, और हमारी विचारधारा बिलकुल बदल गई। हम लोगों का ध्येय क्रान्ति का विरोध हो गया।"

बुख़ारिन की नीति

बुख़ारिन ने अपनी नीति का ब्यौरा इस प्रकार दिया है—"अगर हमारी नीति कार्यरूप में परिणत की जाती, तो रूस में राष्ट्रीय पूँजीवाद स्थापित होता। खुशहाल मुज़हिक

किसान की अकेली खेती होती, संयुक्त कृषि बन्द हो जाती, विदेशी राज्यों को रिआयतें दी जातीं, विदेशी तिजारत जैसे अब सरकार के हाथ में है, इस तरह न होकर, वैयक्तिक रूप से होती और इस सबका नतीजा होता, देश में पूँजीवाद का फिर से बोलबाला।"

इस बयान से स्पष्ट हो जाता है कि बुख़ारिन-जैसे मार्क्सवादी भी भीषण अवस्था सामने आने पर हिम्मत हार सकते हैं। परन्तु इनके विचार बदलने से यह न समझना चाहिए कि ये समाजवाद से पूँजीवाद को अच्छा समझने लगे थे। ये अकेले एक देश में सब पूँजीवादी देशों का मुक़ाबला कर समाजवाद क़ायम करने की नीति में सफलता की आशा नहीं रखते थे। ये ही लोग न, सन् 1928 में रूस और संसार की हालत देखकर बड़े-से-बड़े कट्टर समाजवादी भी ऐसा सोच सकते थे। ये सोचते थे, समाजवाद तो स्थापित हो नहीं सकता, इस कारण पूँजीवाद की ओर पीछे लौटना चाहिए। 1928-29 में सभी का यही विचार था कि ऐसी अवस्था में रूस को नहीं रहने दिया जा सकता, या तो पीछे घूमकर पूँजीवाद की शरण ली जाय या स्टैलिन के मत के अनुसार जुटकर समाजवाद की स्थापना की जाय। आज संसार देख रहा है कि स्टैलिन का कार्यक्रम असल में दूरदर्शिता का था और उसकी सफलता के कारण आज सोवियट रूस को संसार में एक विशेष स्थान प्राप्त हो गया है।

फ़ैसिज़्म में उन्नति की सम्भावना

जिस समय रूस में यह सब उथल-पुथल हो रही थी और देश समाजवाद के मार्ग से उन्नति की ओर बढ़ रहा था, यूरोप के दूसरे पूँजीवादी देशों में बड़े ज़ोरों से आर्थिक संकट आने लगे। इन संकटों के फलस्वरूप ही सन् 1932 में पूँजीवाद ने अपनी स्थिति स्थिर रखने और मज़बूत बनाने के लिये एक नया ढंग निकाला। जर्मनी-जैसे उद्योग-धन्धों में उन्नति किये हुए देश ने फ़ैसिज़्म की शरण ली। आज सभी इस बात पर एकमत हैं कि फ़ैसिज़्म आर्थिक संकट को टाल नहीं सकता। वह उस पर विजय नहीं पा सकता, हाँ केवल थोड़े दिनों के लिये पूँजीवाद का जीवन ही बढ़ा सकता है। पर उस समय शुरू में लोगों को इस पर बहुत भरोसा था, लोग इसे संसार की गिरी हुई दशा को सुधारने का एकमात्र साधन समझने लगे थे। हमें कुछ आश्चर्य न होना चाहिये कि इस नये रास्ते को देखकर ट्राट्स्की और बुख़ारिन भी इस पर मुग्ध हो गए हों, इस बात का प्रमाण हमें आइवनाव के उस बयान से मिलता है जिसमें वह बुख़ारिन के साथ इस मामले पर अपनी बातचीत का ज़िक्र करता है।

आइवनाव का बयान

"बुख़ारिन कहता था, तुम्हें मालूम है कि पूँजीवाद अब एक नए स्थान पर पहुँच गया है जिसमें उन्नति के नए ढंग नज़र आ रहे हैं। मालूम होता है कि पूँजीवाद का पुनर्जन्म हो रहा है, इसलिए हमें अपनी श्रेणियों के आपस के हित-विरोध और श्रेणी-संघर्ष की नीति को बदल देना चाहिए। मार्क्स के सिद्धान्तों में कुछ मौलिक परिवर्तन की आवयकता है। उसका मज़दूर-क्रान्ति का सिद्धान्त अब लागू नहीं होता। लेनिन और स्टैलिन का यह मत कि 'साम्राज्यवाद का समय ही मज़दूर-क्रान्ति का समय है,' अब कुछ हानिकारक मालूम पड़ता है।"

"इसी विचारधारा पर हम लोग काम करते थे और इसी कारण हम लोग फ़ैसिज़्म की ओर अग्रसर हुए। यहाँ पर यह कह देना ज़रूरी है कि बुख़ारिन इस मसले का बार-बार जिक्र करता था, कारण यह था कि मैं इस नीति से सहमत नहीं था। मेरे विचार में तो पूँजीवाद के अन्तर-विरोध और असंगति ही फ़ैसिज़्म के रूप में तह पर उतरा रहे हैं। मैंने बुख़ारिन को यह सब बताया और कहा कि देखो, संसार के बाज़ारों को फिर से बाँटने के लिए पूँजीवादी देशों में किस प्रकार वैमनस्य बढ़ रहा है, इटली एबीसीनिया और जापान मंचूरिया को हड़प रहा है। मैंने सन् 1930 के अर्थ-संकट का जिक़्र किया, बढ़ती हुई बेकारी का हवाला दिया, और अंत में इस विचार को सामने रखा कि पूँजीवादी देशों की भिन्न-भिन्न श्रेणियों के आपस का संघर्ष जब बहुत अधिक हो जाने पर पूँजीवाद बिलकुल तहस-नहस होने लगता है, उस समय ग़रीबों के खून के प्यासे पूँजीपति पूँजीवाद को क़ायम रखने के लिए फ़ैसिज़्म का कठोर भाग अख़्तियार करते हैं। ये बातें आजकल एक स्कूल के विद्यार्थी की भी समझ में आ जाएंगी, पर उस समय तो बुख़ारिन कहता था कि मैंने इस

मसले पर अच्छी तरह से ग़ौर नहीं किया, इसी कारण मेरा ऐसा मत है। बुख़ारिन की राय में तो फ़ैसिज़्म पूंजीवाद का एक नवीन उन्नतिशाली रूप था। इसी कारण हम लोग फ़ैसिज़्म पर मोहित हो गए।"

इस बयान से हमें मालूम होता है कि बुख़ारिन-जैसे विद्वान् मार्क्सवादी का भी मत उन दिनों विचलित हो गया था। सन् 1936 में उसकी समझ में यह आता था कि मज़दूर-आन्दोलन को दबाकर फ़ैसिज़्म केवल दो ही एक देशों में सफल होकर ठहर न जाएगा; बल्कि वह संसार भर में किसी प्रकार एक चिरस्थायी आर्थिक प्रणाली की स्थापना कर लेगा। फ़ैसिस्ट-साम्राज्य आपस में बाज़ारों के लिए झगड़ा न करेंगे। आजकल हम इस नीति को मूर्खता समझते हैं, पर सन् 1936 में बुख़ारिन जब यूरोप भ्रमण करके लौटा, उस समय उसका जो मत था, वह खोदजेइव के बयान से स्पष्ट है।

खोदजेइव का बयान

"बुख़ारिन इन्ही दिनों यूरोप से घूमकर लौटा था, वह पूँजीवाद की स्थिरता का ज़िक्र करता था और कहता था कि इसमें फ़ैसिज़्म, ख़ास करके ज़र्मन फ़ैसिज़्म, ने पूँजीवाद को क़ायम रखने में बड़ा काम किया है।"

वाइशिन्सकी—"वह फ़ैसिज़्म की तारीफ करता था?"

खोदजेइव—"मैं उसे तारीफ़ ही समझूँगा। बुख़ारिन ने यह भी बताया कि हिटलर यूरोप भर में फ़ैसिज़्म की स्थापना कर रहा है, साथ ही साथ, वह जापान से भी इस मसले पर समझौता कर रहा है। हम लोगों को सोवियट रूस की बाबत, जो हिटलर की भावना रही है, वह सदा ही से मालूम थी। इधर रूस में हालांकि खेती साझे तौर पर शुरू हो चुकी थी, फिर भी संयुक्त कृषि की जड़ बहुत मज़बूत नहीं हुई थी और बहुत-से किसान असन्तुष्ट थे। औद्योगिक विभाग में भी तरह-तरह की रुकावटें नज़र आ रही थीं। इस कारण हम लोगों की हिम्मतें पस्त हो गईं और यही समझ में आने लगा कि हमें क्रान्ति का विरोध ही करना चाहिये।"

बग़ावत का उद्देश्य

ऊपर के बयान से स्पष्ट है कि इन लोगों के मन में एक प्रकार का सन्देह उत्पन्न हो गया था, इन्हें समाजवाद की सफलता असम्भव-सी जान पड़ती थी। अब यह सवाल उठता है कि इस सन्देह के कारण इन लोगों ने बग़ावत का रास्ता क्यों पकड़ा ?

स्ट्रैची कहता है–

"इस सवाल को समझने के लिए ज़रूरी है कि मुक़दमे की 800 सफ़े की लफ़्ज-ब-लफ़्ज रिपोर्ट पूरे तौर से पढ़ी जाय। मेरी समझ में तो षड्यंत्रकारियों की दलील इस प्रकार थी :—"अब सोवियट रूस में समाजवाद की सफलता असम्भव है और साथ-ही-साथ संसार के दूसरे देशों में फ़ैसिज़्म के ज़रिए पूँजीवाद का दृढ़ हो जाना रोका भी नहीं जा सकता। इस कारण हम लोगों को पीछे की ओर चले चलना चाहिये और सोवियट रूस को सरकार, पूँजीवादी या अमीर किसानों के राज्य की शक्ल में बदल देना चाहिए, और इसी के लिए हमें फ़ैसिस्टों को रूसी सीमा के प्रान्तों को देकर समझौता कर लेना चाहिए, ताकि वे हमारी पूँजीवादी सरकार और अमीर किसानों की सरकार क़ायम होने में अड़चन न डालें। संसार की मौजूदा हालत में अपने देश को क़ायम रखने की यही आख़िरी आशा है।

"षड्यंत्रकारियों ने यह भी सोचा कि स्टैलिन और रूस की अधिकांश जनता तो यह सब समझेगी नहीं, वे पीछे हटने के लिए तैयार नहीं होंगे। वे तो पागलों की तरह समाजवाद के आदर्श को पूरा करने में जुटे हुए हैं। उनकी इस नीति से हम सबका नाश हो जायगा। स्टैलिन को पीछे हटने के लिए मजबूर करना चाहिए; पर वह मानेगा नहीं। इसलिए उसको दूर करना चाहिए। दूर करने के लिए केवल दो ही तरीक़े हैं। एक तो उसके समाजवाद स्थापित करने के सब कार्यक्रमों को असफल करके उसको बदनाम कर देना। दूसरे, उसे और उसके साथियों को क़ैद करके या क़त्ल करके हुकूमत की बागडोर अपने हाथ में ले लेना।"

आशा है कि इन सब बातों को जानकर हमारे पाठकों का भ्रम बहुत दूर हो जायगा। परन्तु कुछ लोग फिर भी असन्तुष्ट रहेंगे। असन्तुष्ट लोगों की गिनती में ज़्यादातर ऐसे लोग होंगे, जिन्होंने कभी सत्य की ज़्यादा खोज नहीं की, अख़बारों में छपी हुई प्रोपेगैंडा की बातों पर ही अपनी

राय क़ायम कर ली है। हम ऐसे लोगों से यही प्रार्थना करेंगे कि वे सत्य की खोज के लिए कुछ प्रयत्न करें। सोवियट के बारे में तरह-तरह की अफ़वाहों ही से उस देश के विरुद्ध कल्पित धारणाएँ न बाँध लें। निष्पक्ष रूप से इस मसले को सुलझाकर सत्य की तह तक पहुँचना चाहिये।

कहा जा सकता है कि इतनी हलचल से सोवियट रूस बहुत कमज़ोर हो गया होगा। बात ऐसी नहीं। संकट की सम्भावना देखकर जनता में एक नई दृढ़ता उत्पन्न हो गई है। वे सब जासूसों से होशियार हो गए हैं। अपने देश और उसूलों की रक्षा के लिए एकता के सूत्र में बँध गए हैं। मि. मिलर 'डेली हेरल्ड' के सम्वाददाता हैं, और मुकदमे के समय आप मास्को में ही थे। मि. मिलर की राय है– "सोवियट रूस की आम जनता का ध्यान दो बातों की ओर है–(1) दूसरे की मेहनत से कोई अपना स्वार्थ पूरा न कर सके, दौलत पैदा करने के साधनों को अपने कब्ज़े में न कर सके; (2) यदि हमारी उन्नति का यही ढंग रहा, तो भविष्य में खुशहाली अवश्य होगी और बेकारी होने की सम्भावना न रहेगी। वे लोग पंचवर्षीय कार्यक्रम और 250000 साझे फ़ार्मो की सफलता देख रहे हैं और स्टैलिन के ही नेतृत्व और उसकी नीति का फल समझते हैं। अगर कोई स्टैलिन की नीति का विरोध करता है, तो रूस की स्वतन्त्रता, सुरक्षा और भविष्य की उन्नति को धक्का पहुँचता है।"

इस सम्बन्ध में स्ट्रैची लिखता है–

"फिर भी सोवियट एक जंगी जहाज की तरह समुद्र की ऊँची-ऊँची लहरों को काटता-छाँटता आगे बढ़ा चला जा रहा है। इसी यात्रा पर तमाम मनुष्य-मात्र के भविष्य की बाज़ी लगी हुई है।"

'आज़ाद' और उनकी पार्टी

आज की लड़ाई को सही रास्ते पर और कामयाबी से चलाने के लिए, बीते हुए बरसों की लड़ाई का इतिहास जान लेना हर एक सिपाही का ज़रूरी फ़र्ज़ है। हमारी राजनीतिक लड़ाई, जितनी आगे बढ़ती जा रही है, हम अपने इस फ़र्ज़ को भी उतना ही अधिक-अधिक महसूस करते जा रहे हैं कि अपनी पिछली लड़ाइयों के इतिहास की अच्छी तरह छान बीन की जाय और देखा जाय कि गुज़रे ज़माने में हमारी लड़ाई का रुख़ क्या था ? उसमें शामिल होनेवालों की श्रेणी की हालत (Class position) क्या थी, क्या थी उनकी विचारधारा (Ideology) क्या थी, उनकी नीति (Strategy and tactics), कहाँ तक उनकी लड़ाई के तौर-तरीक़े और दाँव-पेंच ठीक थे और कहाँ तक ग़लत ? आज इन बातों की जानकारी के लिए लोगों की इच्छा बढ़ रही है, यह हमारी राजनीतिक उन्नति की निशानी है। इतने दिनों के बाद लोगों ने इस आवश्यकता को अनुभव किया है और अवसर भी पाया है कि अपने विप्लव-आन्दोलन के बीते इतिहास के अभी तक छिपे हुए पन्नों को खोले, पढ़ें और समझें। 'आज़ाद' इस इतिहास के एक अध्याय के बनानेवालों में से थे। 'आज़ाद' का जीवन इतिहास जानना भी इसीलिए ज़रूरी है।

ऐतिहासिक दृष्टिकोण

इतिहास क्या है ? पुरुष और प्रकृति के संग्राम का सिलसिलेवार बयान। यह संग्राम मानव-सृष्टि के आरम्भ से चला आया है और अन्त तक चला जायगा। पुरुष को प्राण-रक्षा के लिए प्रकृति के विरुद्ध सदा संग्राम करते रहना पड़ता है। इस संग्राम में वह प्रकृति को बदलता रहता है और साथ ही स्वयं बदलता जाता है। अस्तु, जैसे प्रकृति और उसके निरन्तर बदलते हुए रूप को उस समय तक ठीक-ठीक नहीं समझ सकते, जब तक कि पुरुष को उसके साथ जोड़कर न देखा जाय, ठीक इसी प्रकार पुरुष को भी उस समय तक ठीक-ठीक नहीं समझा जा सकता, जब तक कि उसके चारों ओर फैली हुई उसे बनानेवाली प्रकृति या वातावरण को न जान लिया जाय। यह वातावरण दो तरह का होता है, एक भौतिक (Material) और दूसरा विचारों का (Inellectual) । मनुष्य अपने समय के भौतिक और विचारों के वातावरण के अन्दर बना और बढ़ा करता है, इसलिए उसके शारीरिक और मानसिक गठन में इनका बहुत हाथ होता है। जीवन में हमारी क्रियाओं-प्रतिक्रियाओं की चाल-ढाल को हमारे चारों तरफ के हालात और हमारे इर्द-गिर्द का वातावरण निश्चित किया करते हैं। लेकिन हम भी इस वातावरण को एक हद तक निश्चित करते हैं। इस प्रकार Individual और Environments व्यक्ति और वातावरण की यह पारस्परिक क्रिया और प्रतिक्रिया चलती रहती है। इतिहास लिखनेवाले का काम है कि वह उसी को स्पष्ट रूप से शब्दों में बाँधकर सबके सामने रख दे। इस दृष्टि से देखने पर हमें दुःख के साथ कहना पड़ता है कि 'आज़ाद' के जीवन-इतिहास के कई एक लेखकों और आलोचकों ने बुनियादी (Fundamental) भूलें की हैं। एक ने उनके व्यक्तित्व को इर्द-गिर्द के वातावरण से अलग और बहुत ऊपर उठाकर उनका दास आँकने की कोशिश की है, तो दूसरे ने उनके इर्द-गिर्द के वातावरण को ही जैसे सब कुछ समझकर उनके व्यक्तित्व को बिलकुल ही दबा दिया है। एक ने उन्हें पूरा पक्का मार्क्सवादी सिद्ध करने की चेष्टा की है, उस समय में जबकि देश में मज़दूर-आंदोलन बहुत अधकचरी और

आरम्भिक अवस्था में था। दूसरे सज्जन ने बहकर यहाँ तक कह डाला है कि 'आज़ाद' पर किसी प्रकार के राजनैतिक विचार रखने का दोष नहीं लगाया जा सकता। वह जैसे एक झुँझलाइट (Unconscious frengy) में फँस गये थे और उसी में डूब गये। दोनों ही सज्जन दो उलटे सिरों (Opposite extremes) पर पहुँच गये, हालात को न समझ सके।

'आज़ाद क्या थे ?'

ब्रिटिश साम्राज्य-शाही के विरुद्ध आमरण संग्राम करनेवाले एक विप्लवी योद्धा। अपने इस महाव्रत को लेकर वह एक पार्टी के सदस्य बन गये। जीवन की अन्तिम साँस तक वह इस पार्टी के सिद्धान्त और कार्यक्रम के अनुसार चलते रहे। उनका जीवन-इतिहास इस पार्टी के विकास का इतिहास रहा। अस्तु, आज़ाद को समझने के लिए हमें दो बातें देखनी होंगी।

1. 'आज़ाद' का पार्टी के अन्दर क्या निर्दिष्ट कार्य रहा ?
2. पार्टी का देश के स्वाधीनता-संग्राम में क्या स्थान रहा ?

इन दोनों बातों को अच्छी तरह समझ लेने के बाद ही 'आज़ाद' का उचित मूल्य आँका जा सकता है।

असहयोग-आन्दोलन

महायुद्ध के दिनों में और उसके बाद जन-साधारण की आर्थिक अवस्था बहुत बिगड़ गई थी और इनका राजनीतिक असन्तोष भी सब जगह उफनाने लगा था। प्रत्येक देश में शासक और शासित दोनों की ही जीवन-स्थिति बड़ी संकटमय हो उठी थी। रूस में मज़दूरों, किसानों ने मिलकर एक सफल विप्लव का अनुष्ठान किया। जर्मनी, आस्ट्रिया, हंगरी आदि देशों में असफल विप्लव हुए। चीन में कुओन्मिन्टांग के नेतृत्व में और भारत में कांग्रेस के नेतृत्व में जन आन्दोलन आरम्भ हुए। देश के किसान भी इसमें शामिल हुए और आन्दोलन ने आगे बढ़कर विप्लवी रूप धारण करना आरम्भ किया। ब्रिटिश साम्राज्यशाही ने डरकर समझौता करना चाहा। मांटेग्यू-चेम्सफ़ोर्ड स्कीम पेश की गई। कांग्रेस के नेताओं ने भी घुटने टेक दिये और सीधी मार (Direct Action) का रास्ता छोड़कर वैधानिक संघर्ष का रास्ता पकड़ा। स्वराज्य-पार्टी बनाई गई और कांग्रेस जन असेम्बली और कौंसिल की गद्दियों पर जा बैठे। देश के किसानों, मज़दूरों, निम्न मध्यवित्त समुदाय के लोगों के दिलों पर ठेस लगी, आँखें खुलीं और अब इन क्रान्तिकारी वर्गों ने अपना अलग-अलग रास्ता पकड़ा। 'आज़ाद' भी इस असहयोग-आन्दोलन में शरीक हुआ था। उसने जेल में जाकर बेंत भी खाये थे, अन्य कितनी ही तक़लीफें उठाई थीं। लड़ने का हौंसला था। मुसीबतों की परवाह न की। लेकिन जब कांग्रेस के नेताओं ने लड़ाई ही बन्द कर दी, तो 'आज़ाद' को भी बड़ा दुःख हुआ। देश के नौजवानों का अहिंसात्मक आन्दोलन पर विश्वास उठ गया। वे अब लड़ाई का दूसरा तरीका खोजने लगे।

हिन्दुस्तान प्रजातन्त्र संघ

समाज की वर्तमान उत्पादन-व्यवस्था में निम्न मध्यवित्त समुदाय के लोगों का कोई स्थान निश्चित नहीं और इसीलिए यह एक श्रेणी विशेष के रूप में नहीं रहते। यह तो एक खल्तमल्त समुदाय (Heterogeneous mass) है।, जिसमें लोगों के रोटी पैदा करने के ढंग अलग-अलग, रहन-सहन, चरित्र, चिन्ताधारा सब कुछ एक दूसरे से अलग-अलग है। मज़दूर वर्ग की तरह इन्हें एक साथ रहने, एक साथ काम करने, और इस प्रकार एक संगठित और अनुशासित (Disciplined) ताक़त बनने का अवसर ही नहीं मिलता। इन्हें एक विचारधारा, एक आदर्श और उद्देश्य की अनुभूति के लिए समाज में सामूहिक ढंग से चलने का अवसर नहीं मिलता। इनकी अपनी लड़ाई का तरीका भी इसीलिए इक्के-दुक्के, अकेले या कभी दो-एक के साथ मिलकर कुछ कर डालना होता है। साम्राज्यवादी आतंक और अत्याचारों के विरुद्ध भारतीय मध्यवित्त युवकों की स्वतः और स्वाभाविक प्रतिक्रिया (Spontaneous reaction) ने आरम्भ में इसीलिए इक्के-दुक्के प्रत्यातंकवादी—आतंक के उत्तर में आतंक कार्यों की शक्ल अख़्तियार की। हाँ, इसी मध्यवित्त समुदाय के कुछ लोग कभी-कभी अपने आर्थिक पतन (Economic disclassification) के कारण, और या फिर विचारों के विकास के साथ-साथ मज़दूरों

किसानों के हितों में ही अपना हित समझकर, उनके ही श्रेणी-सिद्धान्त (Class Ideology) और उनके ही लड़ाई के सामूहिक तरीकों को अपनाकर चलने लगते हैं। असहयोग-आन्दोलन के असफल हो जाने के बाद उत्तर भारत के कुछ नौजवानों ने एक गुप्त विप्लवी संगठन 'हिन्दुस्तान प्रजातंत्र संघ' के नाम से बनाया। 'आज़ाद' इसी में शामिल हो गये। इसका उद्देश्य था हिन्दुस्तान को ब्रिटिश साम्राज्यशाही के पंजे से छुड़ाकर, प्रत्येक बालिग़ व्यक्ति को मताधिकार देकर एक प्रजातंत्र-राज्य क़ायम करना।

साधन था—विप्लव। लेकिन विप्लव का स्वरूप क्या होगा, इसमें कौन-कौन से वर्ग शामिल होंगे, लड़ाई का कैसा तरीका होगा, जीतने के बाद जो नई राज्य-व्यवस्था बनेगी, उससे किस का हित होगा और किसका अहित, इन सब बातों के सम्बन्ध में संघ के लोगों के कोई सुस्पष्ट विचार न थे। वास्तव में पार्टी की चेतना लड़ाई के साथ-साथ बढ़ा करती है। उस समय हमारी लड़ाई प्रारम्भिक अवस्था में थी, इसलिए पार्टी के लोगों की चेतना भी अधिक उन्नत न हो सकती थी। वह तो इतना ही जानते थे "Chaos is necessary to the birth of a new star" एक नव-नक्षत्र के पहले समाज में उथल-पुथल आवश्यक है। इन्होंने उथल-पुथल मचाने की कोशिशें कीं। आज़ाद का इन कोशिशों में प्रमुख हाथ था। मज़दूरों-किसानों की विप्लवी महाशक्ति से अलग रहकर ये लोग लड़ें, बहादुरी के साथ लड़े, लेकिन असफल हुए, असफल ही होना था। चार बहादुर नौजवान फाँसी पर लटक गये, कितने ही ब्रिटिश साम्राज्यशाही के कारागारों में जन्म भर के लिये ज़िन्दा दफ़ना दिये गये। 'आज़ाद' फ़रार हो गये।

फ़रार जीवन में

फ़रार व्यक्ति का जीवन भी क्या होता है, इसे शायद भुक्तभोगी ही जानते हैं। सदा भयाकुल, सदा आशंकित, एक जगह से दूसरी जगह छिपे-छिपे भागते रहना। पहले के मित्र हमसे दूर भागते हैं, और शत्रु ? उनसे हम दूर भागते हैं। अस्तु, कोई निकट नहीं, कोई सहायक नहीं। आगे आगे शिकार की तरह जान बचाते हम दौड़ते रहते हैं, पीछे-पीछे शिकारी कुत्तों की तरह पुलिस दौड़ती है। दिन-रात, चौबीसों घंटे यही भागदौड़, कभी दौड़ते-दौड़ते रोटी का टुकड़ा किसी सदय सनेही ने पकड़ा दिया, तो मुँह में डाल लिया, नहीं तो कितने ही दिन भूखे ही भागते रहे। 'आज़ाद' ने भी ये बुरे दिन देखे, ये सारी मुसीबतें झेलीं। लेकिन वह एक बहादुर विप्लवी था। अपने व्रत पर अडिग रहा। ब्रिटिश साम्राज्यशाही से युद्ध करता ही रहा। 'आज़ाद' में छिप कर काम करने की अनोखी क्षमता थी। परिस्थिति के अनुसार अपने को ढाल लेने की उसमें अनुपम शक्ति थी। इसी के बल पर उसने कितने ही बुरे दिन काट डाले। एक दल चला गया, तो उसने दूसरे को ढूँढ लिया। इसका नाम था—

हिन्दुस्तान समाजवादी प्रजातंत्र संघ

यह दल पहले के मुक़ाबले में अधिक राजनीतिक चेतना रखता था। रूस के सफल मज़दूर-विप्लव के अनुभव लोगों के सामने स्पष्ट रूप से आ चुके थे। कई एक भारतीय नौजवान रूस में गये और सब कुछ देख-सुनकर प्रभावित हो भारत में आये। उन्होंने मज़दूरों का संगठन आरम्भ किया। बड़ी-बड़ी हड़तालें हुईं। बम्बई और अहमदाबाद की सूती मिलों के मज़दूर, बंगाल के जूट मिलों के मज़दूर, रेलों के कारख़ानों के मज़दूर, चाय बागानों के कुली, सब मिलकर एक विप्लवी महाशक्ति के रूप में सामने आये। इधर किसानों का आन्दोलन भी आगे बढ़ा। किर्ती-किसान पार्टी बनी। नौजवानों ने भी अपनी स्टूडेंट्स यूनियनें आदि बनाईं। विप्लवी युवक भी अब इस बात को महसूस करने लगे कि उनकी लड़ाई का तरीक़ा सामूहिक होना चाहिए, और लड़ाई में किसानों, मज़दूरों, को साथ लेकर चलना चाहिए। इसीलिये पंजाब में नौजवान भारत सभा किसी किसान पार्टी के साथ मिलकर मज़दूरों, किसानों में काम करती थी। अब विप्लबी युवकों की चिन्ताधारा भी देश में बढ़ते हुए मज़दूर-आन्दोलन और कम्युनिस्ट कार्यकर्ताओं के संसर्ग में आकर समाजवादी सड़क पर चलने लगी थी। अब हि. स. प्र. सं. के सदस्य अपने को समाजशाही कहने लगे थे। इनकी पार्टी का उद्देश्य था, हिन्दुस्तान से ब्रिटिश साम्राज्यवादी और उसके सखा-सहायकों को मज़दूर-किसानों की ताक़त से उखाड़ फेंकना और फिर एक ऐसी समाज-व्यवस्था का निर्माण

करना, जिसमें मनुष्य-मनुष्य का शोषण न कर सके। इस व्यवस्था का निर्माण कर सकेगा, देश का सर्वहारा श्रमिक वर्ग, और इसीलिए श्रमिक राज (Dictatorship of the Proletariat) की स्थापना करनी होगी। इस प्रकार के विचार रखने के कारण हिं. स. प्र. सं. के लोगों को अनेक अंश तक 'कम्युनिस्ट' कहा जा सकता है, यद्यपि उनकी समाजवादी चेतना उस समय इतनी उन्नत न थी और न हो सकती थी, जितनी आज के कम्युनिस्टों की है। अस्तु, विचारों की इस एकता या समानता के कारण ही उन दिनों हिं. स. प्र. सं. के लोगों और कम्युनिस्ट दल के लोगों में, विशेषकर कानपुर में, बड़ा ही निकट सम्बन्ध था। प्रोग्राम की बड़ी-बड़ी बातों में भी इन दोनों दलों में बहुत कुछ सामंजस्य था। हाँ, तात्कालिक दाँवपेंच (Immediate tactics) में इन दोनों में भेद था। कम्युनिस्ट चाहते थे कि अपनी समस्त शक्ति लगाकर देश के मज़दूरों-किसानों के लड़ाकू (Militant) संगठन बनाये जाएँ। हिं. स. प्र. सं. के लोगों का कहना था कि इस काम के लिए हज़ारों लाखों शिक्षित नौजवान विप्लवियों की ज़रूरत है (Full Stop) अस्तु, पहले देश में, विशेषकर शिक्षित युवक समुदाय में, एक राजनीतिक हलचल (Political Stir) पैदा की जाय, जिससे कि लोग समझने लगें कि हमारी वर्तमान सामाजिक व्यवस्था के मूल में बड़ी ख़राबी है, और हमें युद्ध करके इसे मिटाना होगा। इस राजनीतिक हलचल को पैदा करने के लिए, लम्बी-लम्बी धुआँधार और गरम-गरम स्पीचें काफ़ी न होंगी, परचे और पैम्फ़लेट बाँटने से भी अधिक कुछ न होगा, इसके लिए कुछ साहसपूर्ण प्रदर्शन (Demonstrative Actions) करने होंगे।

ऐसा उस समय हिं. स. प्र. सं. के लोगों का ख्याल था। 'आज़ाद' ने सब कुछ सोच-विचारकर, लोगों से बहस-मुबाहसा कर, इसी प्रोग्राम को उचित समझा और इसी को अपनाया। वह दल के बड़े सक्रिय सदस्य बन गये। दल के सब सदस्यों का बौद्धिक या शारीरिक विकास समान भाव से न हुआ था, न होना सम्भव ही था। भगतसिंह दल के उद्देश्य और कार्यक्रम को सबसे अधिक सुन्दर और स्पष्ट भाव से व्यक्त कर सकते थे, वह अधिक अध्ययनशीलन और अच्छे लेखक थे। इसलिए उन्हें ही दिल्ली-असेम्बली में बम फेंककर बहरों का कान खोलने के लिए भेजा गया था। 'आज़ाद' में पार्टी के अन्य सब सदस्यों के मुक़ाबले में अधिक (Executive Capacity) कार्य-क्षमता थी। पार्टी को कोई विशेष या नया प्रोग्राम न देकर, पार्टी के ही दिये हुए प्रोग्राम को क्रियात्मक रूप में लोगों के सामने ले आने में यह बहुत ही कुशल कर्मी थे। लाहौर-जैसे घने आबाद शहर में, शाम को एक ऐसी सड़क पर जहाँ हर समय अनेक लोगों का आना-जाना बना रहता है, प्रान्तीय पुलिस दफ़्तर के सामने सुपरिण्टेण्डेन्ट सांडर्स और हवलदार चननसिंह का वध करके साफ़ निकल जाना, कहते हैं, आज़ाद का ही काम था।

आज़ाद आतंकवादी न थे

'आज़ाद' ने सांडर्स-वध में भाग लिया, आज़ाद ने और भी कई एक काम किए, लेकिन आज़ाद आतंकवादी न थे। पं. जवाहरलाल नेहरू से मुलाक़ात होने पर उन्होंने इसे स्पष्ट कर दिया था। इक्के-दुक्के दो-एक अंगरेज़ अफ़सरों या उनके हिन्दुस्तानी पिट्ठुओं को मार कर या डराकर देश से ब्रिटिश साम्राज्यशाही को दूर किया जा सकता है, ऐसा उन्होंने कभी नहीं सोचा था। वह एक सामाजिक विप्लव चाहते थे। इस विप्लव की महाशक्ति मज़दूरों-किसानों को भी पहचानते थे। उनके अन्दर एक विप्लवी चेतना जगाने में ही उन्होंने अपना जीवन होम कर दिया। 'आज़ाद' का पार्थिव शरीर आज हमारे बीच में नहीं है, लेकिन उनका अमर बलिदान हमारी आज़ादी की लड़ाई में हमें सदा उत्साहित करता रहेगा।

वे आज़ाद थे

एक दिन घर के एक बहुत ही विश्वासपात्र आदमी ने आकर कहा—"भैया ! एक आदमी को टिकाना है।"

यह कोई नई बात न थी। हमारे घर में मेहमान आना या किसी आदमी का टिकना नई बात न थी। परन्तु उसके कहने का ढंग ही कुछ ऐसा था कि मैंने चौंककर पूछा—"क्या मतलब ?"

उसने फिर कहा—"उन्हें ज़रूर ही जगह देनी होगी।" एक घबराहट उसके स्वर में अनुभव हो रही थी।

कुछ सोचकर मैंने कह दिया—"अच्छा !"

साँझ के झुटपुटे में वह आदमी आए। ख़ूब भारी शरीर, ऊँचाई कुछ कम। साँवला पक्का चेहरा और उस पर चेचक के दाग़। धोती और कोट पहने और ऊपर से एक चादर ओढ़े थे। चेहरे पर थकावट और परेशानी झलक रही थी। शिष्टाचार में जो कुछ मैंने पूछा, उसका उत्तर देने की अपेक्षा उन्होंने मेरी बात को टाल ही दिया। सोच रहा था, विचित्र आदमी है। कुछ देर चुप बैठे रहने के बाद उन्होंने इधर-उधर देखकर मुझे अकेले पाकर, कहा—"आप से कुछ बात कहनी है।"

मुझे सुनने के लिये तैयार देख उन्होंने कहा—"मैं यह नहीं चाहता कि आप धोखे में रहें, और बाद में पछताएँ। सब कुछ समझ लेने पर अगर आप कहेंगे, तभी मैं यहाँ ठहरूँगा। मेरा नाम चन्द्रशेखर आज़ाद है।"

सुनकर एक दफ़े आँखों के सामने तारे नाच गए। उन दिनों आज़ाद और बम-पार्टी के दूसरे फ़रारों के लिये पुलिस शहरों, गाँवों को छाने डाल रही थी। और वही आज़ाद अपने स्थूल शरीर को लिए साक्षात् मौजूद थे। एक क्षण तो ऐसा मालूम हुआ, मानो फ़र्श फट गया और मैं धरातल में समाया जा रहा हूँ।

डर न लगा हो, सो बात नहीं, परन्तु जो आदमी दुनिया भर का भय-संकट अपने सर लिए मुझसे यह पूछ रहा था, तुम डरते हो या नहीं ? उसके सामने कायरता दिखाने का साहस न हुआ। बाबा की छवि एक क्षण के लिए आँखों के सामने फिर गई। वे इसी प्रकार संकट में पड़े हुए डाकुओं तक को घर पर टिका लिया करते थे।

बोला—"कोई परवाह नहीं, आप रहिए।"

आज़ाद बोले—"मैं बहुत सावधानी से यहाँ तक आया हूँ। मेरे यहाँ आने का सन्देह जहाँ तक मैं समझता हूँ, किसी को नहीं, परन्तु फिर भी अगर कुछ हो जाय, तो मैं आपको धोखे में नहीं रखना चाहता। एक बात और कह दूँ, अगर मुझे यहाँ कोई पकड़ने आया, तो मैं गोली ज़रूर चलाऊँगा। आज मुझे कुछ शंका है, इसलिए मैं सोऊँगा नहीं, आप सोइये, मैं जाग रहा हूँ।"

मैंने सोचा, जो होना है, सो होगा और उनसे कहा—"नहीं, आप सोइये, आपकी आँखों से जान पड़ता है कि आप दो-तीन रात के जगे हैं।"

आज़ाद बोले—"हाँ, सो तो है, लेकिन फिर आपको जागना पड़ेगा। अगर कोई खटके की बात हो, मुझे तुरन्त जगा दीजिये। और आपकी असावधानी से पुलिस मुझे सोते में ही पकड़ ले, तो मुझे गोली मार दीजिये। मेरी यह प्रतिज्ञा है कि मैं जीते जी पुलिस के हाथ न आऊँगा। समझे ? अगर आप इस बात के लिये तैयार हों, तो मैं सो सकता हूँ।"

जैसे आग के सामने बैठने से जाड़ा छूट जाता है, वैसे ही आज़ाद के सामने बैठने से मेरा भय छूट गया। मैंने हामी भरी कि तैयार हूँ।

आज़ाद ने एक रिवाल्वर निकालकर मेरे हाथ में थमा दिया और बोले—"लो ख़बरदार रहना। पहले कभी देखा

है रिवाल्वर ? देखो।"

आज़ाद ने गोली निकालकर ख़ाली रिवाल्वर चलाकर मुझे दिखाया और मेरे हाथ से भी ख़ाली रिवाल्वर चलवाकर संतोष कर लिया। गोली भरकर रिवाल्वर मेरे हाथ में दे वह जा लेटे।

दस मिनट बाद सहसा चौंककर बोले—"क्यों जी, सो तो नहीं रहे हो ?"

मैंने कहा—"नहीं।"

फिर बोले—"डर तो नहीं लग रहा है ?"

मैंने कहा—"नहीं।"

आज़ाद सो गये। नीचे गली में किसी आदमी के पैर की आवाज़ सुन शरीर के रोंगटे खड़े हो जाते। सुनसान रात में दूर से ही क़दमों की चाप सुनाई देती है। ज्यों-ज्यों क़दम मकान के समीप आते जाते, मैं ज़्यादा चौकन्ना होता जाता। फिर मकान के समीप से उन क़दमों के गुज़र जाने के बाद नसों का तनाव कम होने लगता। इस प्रकार रात भर में कई दफ़े नसें तनीं और ढीली हुईं। रात बख़ैरियत ख़त्म हुई। मेरी नज़र या तो घड़ी की तरज़ थी या दरवाज़े की तरफ़ और कान गली में।

सुबह छः बजे आज़ाद एकदम उठकर बैठ गये और बोले—"आपको बहुत तकलीफ़ हुई ?"

इसका क्या जवाब हो सकता था।

× × ×

इसके बाद वह कई दिन आए और गए। मुझे और बच्ची की माँ को उनके प्रति एक तरह की श्रद्धा और आकर्षण होने लगा। जब दो-चार दिन वह घर पर रहकर जाने लगे, तो ऐसा मालूम होता कि कोई अपना चला जा रहा है।

कुछ दिन बाद उनके साथ-साथ और-और शक्लें भी आने लगीं। एक थे लम्बे-चौड़े, चश्मा पहने, चौड़ा-सा चेहरा, 'बाबू भाई'। आज़ाद इन्हें बहुत मानते थे। एक थे छोटे-से साफ़-साफ़ रंग, बहुत आहिस्ता से बोलते थे। यह थे, 'बच्चन'। एक थे, लम्बे पहले-से एक-दो दफ़े ही आये, खुश्क-सा मिज़ाज, मोटी-मोटी भँवें। एक जगह इन्हें कानपुर में अभी हाल में देखा, तो मालूम हुआ कि आजकल आपका नाम है यशपाल।

× × ×

एक रात 'बाबू भाई' और आज़ाद एक कोने में किसी समस्या की उधेड़बुन में लगे हुए थे। मैं दूसरे कोने में बैठा कागज़ देख रहा था। बाहर से आवाज़ आई—"पटाख़ !' और कई आदमियों के दौड़ने की आवाज़ आई। दोनों ने पिस्तौल उठा लिए !

बाबू भाई ने पिस्तौल मेरी ओर तानकर कहा—"क्यों यह क्या बात है ?"

मैं काठ मार गया !

बाबू भाई ने मोटे शीशे की ऐनक के बीच से घूरकर कहा—"तुमने विश्वासघात किया है ?"

मेरे होश उड़ गये।

"अगर मैंने ऐसा किया हो, तो आप मुझे यहीं गोली मार दीजिये !"

बाबू भाई ने कहा—"इधर आओ ! काँपता-काँपता उठकर उनके पास गया।"

आज़ाद और वह दोनों ज़ीने के ऊपर की खिड़की के सामने जा खड़े हुए। मुझे जाकर नीचे ज़ीने की साँकल खोलने का हुक्म दिया। और यह भी कह दिया कि अगर नीचे पुलिस दिखाई दी, तो पहले गोली तुम्हारी खोपड़ी में मारी जायगी।

लड़खड़ाते पैरों से मैं ज़ीना उतर रहा था। मालूम होता था, मानो मृत्यु के मुँह से उतर रहा हूँ। फ़र्ज़ कीजिये, अगर किसी तरह से उस दिन पुलिस ही आ जाती, तो...!

मेरे घर पर पुलिस आना कोई ताज्जुब की बात नहीं थी। सत्याग्रह का ज़माना था। मैं कांग्रेस में काम करता था। बीसियों दफ़े पुलिस ने हमारे मकान की तलाशी ली होगी। अगर उस दिन भी पुलिस आ ही जाती ?

साँकल खोली। कोई न था। शुबरात का हफ़्ता था, लौंडे पटाखे छोड़कर ऊधम कर रहे थे। पसीना-पसीना होकर आकर दरी पर लेट गया।

आज़ाद बोले—"भाई, ग़लती हुई।"

मैंने दोनों हाथों से कान छूकर कहा—"बस साहब ! जो हुआ सो हुआ, अब मुझ पर और मेरे बाल-बच्चों पर कृपा कीजिये। आपकी तो ग़लती हुई और मेरी जान का खेल हो गया। पुलिस तो यहाँ महीने-पखवाड़े आती ही रहती है। एक तो मैं विश्वासघाती बनता, दूसरे मेरी जान मुफ़्त में जाती। मैं बाज़ आया। काफ़ी हो गया। अब आप और जगह देखिये !"

बाबू भाई ने भी कहा—"भाई, माफ़ करो !"

उस रोज़ प्रतिज्ञा कर ली, परन्तु कई अच्छे कामों की प्रतिज्ञा कर उसे तोड़ने का अभ्यास कर चुका हूँ, इसलिए यह प्रतिज्ञा भी टूट गई। उन लोगों का आना-जाना जारी रहा, ख़ासकर आज़ाद का ! जब आज़ाद ख़ाली बैठे रहते थे और कोई बात करने को न होती, तो घोड़ा बन जाते और मेरी लड़की को पीठ पर बिठाकर कमरे में घुमाते।

× × ×

एक रोज़ पुलिस आ ही तो गई। पर अभी मेरे मरने का दिन नहीं आया था !

सलूनो का दिन था ! परात में लड्डू भरे मुन्नी की माँ माइके जाने के लिए ज़ीने के पास खड़ी थी और वहीं आज़ाद भी अपनी मैली धोती में खड़े थे। नीचे से आवाज़ आई—''आ सकता हूँ ?'' मुन्नी की माँ ने कहा—''आइये !'' ज़ीने में देखा, तो दारोग़ा साहब ! दारोग़ा साहब कई दफ़े आया ही करते थे। मुन्नी की माँ ने आज़ाद से कहा—''उठा बे परात !'' आज़ाद ने परात उठाकर सर पर रख ली।

दारोग़ा साहब से हँसकर मुन्नी की माँ ने कहा—''आज सलूनो है, भैया के यहाँ जा रही थी, पर पहली राखी आपको ही बाँधूँगी !''

दारोग़ा साहब ने दाँत निकाल दिये। राखी बाँधी गई।

मुन्नी की माँ ने डाँटकर कहा—''अबे उल्लू परात नीची कर !'' आज़ाद झुक गये।

चार लड्डू दारोग़ा साहब के रूमाल में रखे गये।

दारोग़ा साहब भीतर और आज़ाद और मुन्नी की माँ बाहर चले गये।

दारोग़ा साहब कांग्रेस के परचे छापनेवाले साइक्लोस्टाइल की तलाश कर रहे थे।

× × ×

एक दिन आज़ाद बहुत परेशान थे। बोले—''देखो भाई, तुम लेन-देन का काम करते हो न ?''

सर हिलाकर मैंने हामी भरी।

बोले—''देखो हमें रुपये की ज़रूरत है। रेहन का धरोहर रखने को हमारे पास कुछ नहीं। जब तुम हमारा इतना विश्वास करते हो, तो इतना और करो। तुम्हारा रुपया तुम्हें मिल जायगा। मैं मर जाऊँगा, तो भी तुम्हारा रुपया तुम्हें अदा कर दिया जायगा।''

पूछा—''कितना रुपया चाहिये आपको ?''

बोले—''रुपया चाहिये चार हज़ार !''

''चार हज़ार !''

''हाँ, चार हज़ार ।''

''यह तो कहीं से लाना होगा।''

''ले आओ भाई। न होगा, हम सूद ही दे देंगे। ज़रूरत इस वक़्त ऐसी आ पड़ी है।''

ख़ैर ! इंतज़ाम किया गया। क्योंकि सूद से बचना था, इसलिए किसी भले आदमी का रखाया हुआ रुपया उठा कर दे दिया। वादा हुआ कि छः मास में रुपया लौटा दिया जायगा। चार महीने बाद ही एक रोज़ रुपये वाले ने माँग कर दी !

आज़ाद का कहीं पता नहीं था। मैं फ़िक्र में था, चार दिन बाद आज़ाद दिखाई दिये। उनसे कहा। वह बिगड़े कि अभी छः महीना कहाँ हुआ है।

उन्हें समझाया कि रुपया मियाद और सूद पर नहीं है। जिसका है, वह माँग रहा है, क्या करूँ ?

बोले—''एक हफ़्ता और ठहर जाओ !''

चौथे दिन ही अख़बार में पढ़ा कि दिन-दहाड़े चाँदनी चौक में एक बड़ी दुकान से 14 हज़ार लुट गए।

छठे दिन रुपया मेरे सामने रख दिया गया।

मैंने पूछा—''भैया, क्या यह उचित है ?''

आज़ाद बिगड़ उठे।

''क्या हम अपना घर भरने के लिए यह करते हैं। जो लोग ग़रीबों का ख़ून चूस-चूसकर रुपया जमा कर लेते हैं, उन्हीं का रुपया देश के काम में न लगाया जायगा, तो क्या हम रुपये आसमान से ले आयेंगे ?''

× × ×

दिन छिप रहा था।... सुना इलाहाबाद के एक बाग में आज़ाद गोली लगकर मर गए। ऊपर गया। मुन्नी की माँ चूल्हे के सामने बैठी जाने क्या कर रही थी।

मैंने कहा—''भैया मर गए।''

पूछा—''कौन भैया ?''

''वही मोटे-मोटे।''

मुन्नी की माँ को अक्सर बेहोशी आ जाती है। उस दिन ख़बर सुनकर फिर आ गई।

× × ×

लोग कहते थे, एक बहादुर मारा गया। कुछ लोग कहते थे, सेनापति मारा गया। हम समझते थे, घर का आदमी मारा गया। पर बोल न सकते थे।

कुछ सुखद स्मृतियाँ

एक समय था, जब कि देहली में चूड़ी-आंदोलन बड़े ज़ोरों पर चल रहा था। बाज़ार में माताएँ और बहनें हाथों में चूड़ियाँ लिये विशेष तौर पर चाँदनी चौक में घंटाघर के पास अधिक संख्या में फिरा करती थीं और हरएक पुरुष से कहा करती थीं—"आप अब चूड़ियाँ पहनकर घरों में बैठिये और हम स्त्रियाँ देश की स्वतन्त्रता के लिए कार्य करेंगी।"

उन्हीं दिनों देहली में कम्पनीबाग़ के क़रीब एक घर में चार-पाँच नौजवान और एक स्त्री बैठी थी और कुछ बातें हो रही थीं कि 'बड़े भैया' (प्रातःस्मरणीय भी चंद्रशेखर 'आज़ाद') मुस्कराते हुए ऊपर आये। उनको मुस्कराते हुए आते देखकर सब लोग कुछ आश्चर्य और कुछ हँसी में कहने लगे—"आइये ! आपका ही इंतज़ार हो रहा था। आज हँसते हुए क्यों आ रहे हो !" (वह अधिकतर गम्भीर ही रहा करते थे।)

बड़े भैया बोले—"क्या बताऊँ, आज बड़ा मज़ा आया। मैं अभी घंटाघर के पास से आ रहा था, तो एक लड़की ने हाथ पकड़कर कहा, 'ठहरो ! मैं तुमको चूड़ियाँ पहनाऊँगी।' मैंने कहा, क्यों ! वह बोली, 'तुम लोग तो देश को स्वतन्त्र करने के लिए कुछ काम नहीं कर रहे हो, इसलिए ये चूड़ियाँ पहनकर स्त्री बनकर घरों में बैठो और हम देश को स्वतंत्र करने बाहर निकलती है।' मैंने मुस्कराते हुए कहा, 'अच्छा बहन ! यदि तेरा ऐसा ही ख़याल है, तो पहना दे।' उस लड़की ने कई चूड़ियाँ चढ़ाने की कोशिश की, परन्तु मेरे एक भी न आई, सब छोटी रहीं। फिर उसने इधर-उधर से तीन-चार और लड़कियों को बुलाकर उनकी बड़ी-बड़ी चूड़ियाँ लेकर मुझको पहनाने की कोशिश की, परन्तु एक भी न चढ़ी। फिर मैंने कहा, 'मेरे लिए तो ख़ासकर बड़ी-बड़ी बनवाकर लाओ, तब शायद तुम पहना सको।' वे सब कुछ शरमाकर मुस्कराती हुई चली गईं।"

उपस्थितों में से एक ने कहा—"भैया ! वे चूड़ियाँ चढ़तीं कैसे, वे भी तो जानती थीं कि तुम स्वतंत्रता के युद्ध के एक वीर जनरल हो।" दूसरे ने कहा—"काश कि वह लड़की यह जानती कि आप कौन हैं, तो हाथों में चूड़ी पहनाने के बदले आपके गले में पुष्पमाला पहना देती।"

लक्ष्यवेधी—आज़ाद

कुछ वर्ष, कई महीने और कुछ दिन गुज़रे कि देहली स्टेशन पर एक नौजवान, साँवला रंग, भरा हुआ चेहरा, भारी परन्तु गठा हुआ बदन, धोती, कमीज़ और कोट पहने संध्या समय आया। उसके साथ एक और युवक था, जिसके एक हाथ में एक सूटकेस और बग़ल में बिस्तर था। गाड़ी में बहुत भीड़ थी और ये लोग गाड़ी चलने से दस मिनट पहले ही आये थे। हमारे नायक—उस बड़े नवयुवक को अब हम इसी नाम से सम्बोधन करेंगे—ने उस सूटकेसवाले युवक को सामान-सहित एक डब्बे में भेज दिया और स्वयं प्लेटफ़ार्म पर खड़ा होकर चारों तरफ़ सतर्क दृष्टि डालने लगा। दो मिनट पश्चात् ही दो अन्य युवक, जो गाड़ी में किसी की तलाश कर रहे थे, उसके पास आए। हमारे नायक ने उनमें से एक को, जिसके पास एक छोटा-सा बिस्तर भी था, अपने डब्बे में घुसा दिया और दूसरे को विदा कर दिया, जो हमारे नायक को कुछ टिकट देकर चला गया। कुछ ही मिनट पश्चात् दो और युवक एक बिस्तरे-सहित आए। उनके पीछे एक और युवक आया, जो उन दोनों के पीछे-पीछे कुछ फ़ासले से आ रहा था। हमारे नायक ने उन तीनों को अलग-अलग डब्बों में बैठने का आदेश किया। गाड़ी चल पड़ी और हमारा नायक

अपने डब्बे में घुस आया। गाड़ी खचाखच भरी हुई थी। हमारे नायक ने सूटकेसवाले युवक को डब्बे के दूसरे कोने में भेज दिया और स्वयं उस दूसरे खड़े हुए युवक के पास आकर खड़ा हो गया।

गाड़ी शाहदरा स्टेशन पर पहुँची और उसके ठहरने से एक ऐसा झटका-सा लगा कि खड़े हुए सब आदमी अपने को सँभाल न सके। हमारा नायक भी जो ऊपर के मचान की जंजीर को पकड़े खड़ा था, कुछ डगमगाकर पास बैठे एक बूढ़े से टकरा गया, जिसके कारण पहले से भिन्नाए हुए बूढ़े के दिमाग़ का पारा चढ़ गया और वह गुस्से से झुँझलाकर बोला—''अबे ! सीधा नहीं खड़ा रहा जाता ?'' हमारे नायक ने तुरन्त उत्तर दिया—''भाई ! मेरा कुसूर नहीं है। रेल के एक साथ खड़े होने से ऐसा हुआ।''

''रेल के ठहरने से हुआ है ? ज़रा और गिरता, तो मेरा तो कचूमर निकल जाता। आया है बड़ा नवाब का बच्चा।'' बूढ़े ने त्योरी चढ़ाकर और आँखें निकालकर कहा।

पास खड़े हुए दूसरे युवक ने तुरन्त कहा—''ओ ! ज़बान सँभालकर बोल। क्या तूने ही किराया दिया है और हमने नहीं दिया है, जो हम खड़े हुए भी तुझे बुरे लगते हैं।''

''चुप बे ! तुझे किसने लगाया है ? तू क्यों बोलता है ?'' बूढ़ा तुरन्त तमककर बोला।

हमारे नायक ने हाथ के इशारे से इस युवक को बोलने से बन्द कर दिया और उसी बूढ़े से, जो पास बैठे हुए और मनुष्यों की तरफ़ देखकर कुछ और कहना चाहता था, धीमी परन्तु गंभीर आवाज़ में कहा—''बड़े मियाँ ! माफ़ करो। अब थोड़ी देर में आप और हम सभी उतर जायेंगे। आइंदा गाड़ी चलने और ठहरने से पहले ही मैं होशियार हो जाया करूँगा।'' पास बैठे हुए और लोगों के समझाने से उस बूढ़े का गुस्सा ज़रा शांत हुआ। आठ-नौ स्टेशनों के चले जाने के पश्चात् इतनी जगह हुई कि ये दोनों बैठ सके। रात के 10 बजे के क़रीब 4 केले और 8 बिस्कुट हमारे नायक के पास पहुँचाये गये, जिसमें से दो केले और 4 बिस्कुट उसने स्वयं के लिये और 2 केले और 4 बिस्कुट पास बैठे हुए युवक को दे दिये।

रात भर ये लोग जागते हुए गये। रास्ते में दो दफ़ा गाड़ी बदली गई और दूसरे दिन प्रातः हमारे नायक की गाड़ी काठगोदाम रेलवे स्टेशन पर ठहरी। सब उतर कर हमारे नायक के पास आ गये। हमारे नायक ने इधर-उधर एक नज़र फेंकी और पाँचों को लेकर झट से बाहर हुआ। तुरन्त एक बसवाले से किराया ठहरा, उसमें बैठकर सब चल दिए। कुछ समय के पश्चात् दुगड्डा नामक स्थान पर ये सब उतर गये और बस आगे ऊपर पहाड़ पर चढ़ती चली गई। यहाँ हमारा नायक और पाँचों युवक एक छोटे-से मकान में घुस गये। यह एक ढाबा था। वहाँ कपड़े उतारकर नहाए-धोए और खाना खाकर लगभग 10 बजे के क़रीब एक पहाड़ी कुली पर तीनों बिस्तर और सूटकेस लदवाकर सड़क पर चल दिए।

कुछ दूर चलने के पश्चात् ये लोग सड़क से एक पहाड़ी में उतर गये और पगडंडी के रास्ते घूमते-फिरते, हँसते-गाते, बातें करते हुए एक निश्चित स्थान की तरफ़ चले जा रहे थे। हमारे नायक ने भी रास्ते को सुगमता से काटने के लिए यह गाना गाया—

''जब क़फ़स के लाश निकली, बुलबुले नाशाद की।
इस क़दर रोये कि हिचकी बँध गई सैयाद की॥
कमसिनी में खेल खेले, नाम ले-लेकर तेरे।
हाथ से तुर्बत बनाई, पैर से बर्बाद की॥
शाम का है वक़्त, क़बरों को न ठुकराते चलो।
जाने किस हालत में हो, मैयत किसी नाशाद की॥''

अक्सर हमारा नायक पहले शेर को इस प्रकार गाया करता था—

''जब क़फ़स से लाश निकली, उस बुते नाशाद की।
रोते-रोते आज हिचकी बँध गई जल्लाद की॥''

इस गाने के और भी एक-दो शेर हमारे नायक ने गाए और तीन-चार और तरह के गाने भी गाए जो आज याद नहीं। सूरज छिपने के लगभग एक घंटा पहले वे सब युवक एक रमणीक स्थान पर पहुँचे, जहाँ छोटी-छोटी पहाड़ियों पर हरे-हरे खेत लहलहा रहे थे और चारों तरफ़ ऊँचे-ऊँचे पहाड़ आसमान से बातें कर रहे थे। सामने मीलों की दूरी पर नीले आकाश में काले धब्बों की तरह लैन्सडौन दिखाई पड़ रहा था। यहाँ एक पहाड़ी पर चढ़कर कुछ कच्चे और कुछ पक्के बने हुए मकान में इन सबको ठहराया गया। सबने कपड़े बदले और प्रकृति का सौन्दर्य निहारने लगे। हमारे नायक ने पसीना सुखाकर पहाड़ से निकलनेवाली

एक नाली के गिरते हुए पानी के नीचे बैठकर स्नान किया, फिर सबने भोजन किया और एक कमरे में ज़मीन पर बिस्तर बिछाकर सब बैठ गए और बातें करने लगे। थोड़ी देर बाद एक युवक एक नेपाली को अन्दर लाया और बोला—

"भैया ! यही वह नेपाली है जिसने दस गज़ के फ़ासले से शेर मारा था।"

उस नेपाली ने हमारे नायक को सलाम किया। हमारे नायक ने उसे अपने पास बिठाकर कमर पर दो हाथ की थपकी देकर कहा—"शाबाश ! तुम बहुत बहादुर हो। क्या यहाँ और भी शेर हैं ?"

"हाँ हुजूर ! पास के पहाड़ के जंगल में कभी-कभी मिल जाते हैं। क्या आप शिकार करेंगे ?" नेपाली ने विस्मित होकर पूछा।

हमारे नायक ने साधारण तौर पर उत्तर दिया—

"हाँ ! हमारी इच्छा शेर का शिकार करने की है। क्या तुम हमारे साथ चलोगे ?"

"हुजूर कल चलिये। मैं ज़रूर आपके साथ चलूँगा।" नेपाली ने खुश होते हुए उत्तर दिया।

कुछ देर बातें कीं जिनमें हमारे नायक ने अन्य युवकों से इस बात की पूछताछ की कि किस-किस ने राजनीति में और ज़ब्त-साहित्य में कौन-कौन-सी पुस्तकें पढ़ी थीं और वर्तमान राजनीति में उनका ज्ञान कितना था। फिर सब सो गए।

प्रातः सब उठे तो देखा कि भैया नहीं हैं। शौच-स्नान आदि से निवृत्त होकर सब घूमने चले गए। वापस आकर खेत में घूमने लगे। साढ़े ग्यारह बजे के क़रीब इन युवकों ने देखा कि ऊपर पहाड़ पर से आगे-आगे दुनाली बन्दूक़ लिये भैया और पीछे-पीछे वही नेपाली आ रहा है। पूछने पर पता लगा कि शेर के शिकार के लिए गए थे, परन्तु शेर न मिला। हमारे नायक ने स्नान किया और फिर दूसरे कमरे में चला गया। खाना आया, तो हमारा नायक सिर्फ़ तहमत बाँधे बदन से पसीना टपकाते आया। पसीना पोंछकर खाना खाया और आराम करने के लिए लेट गया।

दो बजे हमारे नायक ने सबको घूमने चलने के लिए कहा। तुरन्त सब तैयार हो गये। एक युवक ने सूटकेस में से एक डब्बा निकाला और रूमाल में बाँधकर चल पड़े। ऊपर बहुत ऊँचे चढ़कर दूसरे पहाड़ की तरफ़ मुड़कर एक बीहड़ जंगल में घुस गये। छोटी-सी पगडंडी पर जिसके एक तरफ़ ऊँचा पहाड़ दरख़्तों से लदा खड़ा था और दूसरी तरफ़ कई-कई फ़र्लांग नीचे खड्ड जिसमें सिवा वृक्षों के और कुछ नहीं दिखाई देता था। ये सब लोग, एक के पीछे एक, एक लाइन में चले जा रहे थे। काफ़ी दूर जाने के पश्चात् ये उस पहाड़ से उस पहाड़ के दूसरे पहाड़ से मिलान होनेवाले स्थान पर पहुँचे। वहाँ कुछ थोड़ी-सी समभूमि थी। यहाँ ये लोग ठहर गये। हमारे नायक के संकेत करने पर उस युवक ने रूमाल का डब्बा खोला, जिसके अन्दर पिस्तौल की गोलियाँ भरी हुई थीं। हमारे नायक ने अपने कोट की जेब में से एक पिस्तौल निकाली। सबको उस पिस्तौल की बनावट समझाई। फिर हरएक से अलग-अलग उसमें गोलियाँ भरवाईं, निकलवाईं और उसके सम्बन्ध में सब कुछ पूछताछ की। जब सब उसको अच्छी तरह समझ गये, तो एक युवक ने हथेली की बराबर पत्ता तोड़ा और एक काँटे से एक पेड़ के तने में टाँग दिया। दस क़दम के फ़ासले से एक-एक करके हरएक युवक से उस पत्ते पर निशाना लगवाया गया। जब पत्ता कट जाता था, तो उसके स्थान पर दूसरा पत्ता लगा दिया जाता था। फिर ज़रा छोटा पत्ता लगाया गया और फ़ासला 15 क़दम बढ़ा दिया गया। फिर ज़रा और छोटा पत्ता लगाया गया और फ़ासला 20 क़दम कर दिया गया। हर दफ़े हरएक युवक को 5-5 निशाने मारने का अवसर दिया गया और उनको नम्बर दिये गये। तत्पश्चात् सब वापस चल दिये। रास्ते में एक ने कहा—"भैया ! हमने आपकी तो निशानेबाज़ी देखी ही नहीं।" हमारा नायक बोला—"मेरी निशानेबाज़ी यहाँ क्या देखोगे। किसी मौक़े पर देखना।" सब बोले—"नहीं, हम तो अभी देखेंगे।" हमारे नायक ने उत्तर दिया—"अच्छा ! तुम्हारी यही मरज़ी है, तो बताओ किस पर निशाना लगाऊँ ?" सब उसी पगडंडी पर ठहर गये और इधर-उधर देखकर नीचे खड्ड से ऊपर को खड़े हुए एक वृक्ष के पत्ते की तरफ़, जो 2-3 मास के बच्चे की हथेली के बराबर होगा, इशारा किया। इस पत्ते का फ़ासला लगभग 15-16 गज़ होगा। हमारे नायक ने अपनी जेब से वही पिस्तौल निकली और साधारण तौर पर निशाना ताककर गोली मारी। सबने कहा—"नहीं लगी।" हमारे नायक ने दुबारा

गोली मारी, तब भी सबने यही कहा—''नहीं लगी।'' तीसरी बार फिर हमारे नायक ने सावधानी से ताककर गोली मारी। तब भी सबने यही कहा—''अब की भी नहीं लगी। अगर लगती, तो पत्ता तो हिलता। पत्ता तो ज़रा भी नहीं हिला।'' हमारे नायक ने ताज्जुब में कहा—''मेरा वार तो कभी ख़ाली जाता नहीं। पत्ता बहुत दूर भी नहीं है। ख़ैर ! फिर मारता हूँ।'' चौथी बार हमारे नायक ने एक ख़ास पोज़ीशन में होकर कहा—''ग़ौर से पत्ते को देखना।'' और गोली मारी। पाँचों युवकों ने ग़ौर से देखा और कहा—''भैया, हमें तो कुछ दिखाई नहीं देता। अब रहने दो और न मारो।'' यह सुनकर हमारा नायक बहुत अचम्भे में हुआ और बोला—''अबकी आखिरी बार और मारने दो। इस बार अवश्य निशाना लगेगा। तुम निशाना मारने से पहले ही पत्ते की तरफ़ देखते रहो कि हिलता है या नहीं।'' हमारे नायक ने अपनी पिस्तौल को देख-भालकर बहुत सावधानी के साथ निशाना मारा दो युवकों ने तो कहा कि पत्ता ज़रा हिलता हुआ प्रतीत हुआ था और तीन बोले कि नहीं हिला था। हमारा नायक बहुत हैरानी में हुआ और स्वयं ग़ौर से पत्ते को देखने लगा। फिर कुछ सोचकर उस स्थान से कुछ इधर-उधर होकर देखा और थोड़े फ़ासले पर पगडंडी पर आगे जाकर देखा और बोला—''यहाँ आओ।'' एक-एक करके सबको दिखाया कि पत्ते को छलनी की तरह गोलियों ने पास-पास छेदा हुआ था। सिर्फ़ एक गोली ज़रा किनारे की तरफ़ लगी थी। पहले न दिखने का कारण यह था कि पत्ते के पीछे और पत्तों में वह छिद्र दिखाई न देते थे और अब हमारे नायक ने ऐसे स्थान से देखा कि उस पत्ते के पीछे सफ़ेद बादल का टुकड़ा दिखाई देता था और उसमें छिद्र साफ़ चमकने लगे थे। सब युवक कुछ लज्जित-से हो गये और हमारे नायक की प्रशंसा करते हुए वापस घर आये।

अगले दिन प्रातः ही सब उठे। हमारे नायक ने स्नानादि करके अपनी दुनाली सँभाली और नेपाली को साथ लेकर ऊपर पहाड़ पर चढ़ गया। और युवक सैर के लिए इधर-उधर घूमने चले गये। हमारा नायक 1 बजे के क़रीब आया। सब युवक प्रतीक्षा में बैठे थे। हमारे नायक ने आते ही कहा—''अफ़सोस ! आज भी काम नहीं बना। आज तो एक स्थान पर हलके पंजे के निशान भी मिले थे, परन्तु पता नहीं कब के और शेर के या उस-जैसे और किसी जानवर के थे।'' खाना खाने के पश्चात् सबने आध घंटे आराम किया। 3 बजे के क़रीब हमारे नायक ने फिर दुनाली सँभाली और सबको चलने का आदेश किया। एक युवक ने सूटकेस में से दो बक्स निकाले और चल पड़े। थोड़ी दूर पर एक और पहाड़ी पर चढ़ गये। वहाँ हमारे नायक ने उस दुनाली को तोड़-जोड़ सबको दिखाया और सबसे कराकर देखा। फिर एक युवक को सामने की पहाड़ी पर भेजा। उसने एक बड़ा-सा पत्ता तोड़कर दरख़्त के तने से टाँक दिया और आप अलग हट गया। इस पहाड़ी के दरख़्त का इनसे इतना फ़ासला था कि बहुत ज़ोर से चीख़कर और हाथ के इशारे से उस युवक से बात कही जाती थी। पहले हमारे नायक ने खड़े होकर निशाना मारा। निशाने की गोली पत्ते को चीरकर वृक्ष के तने में घुस गई। फिर हरएक युवक से खड़े होकर, बैठकर, लेटकर कई पोज़ीशन में करके निशाने लगवाये गये और सबको नम्बर दिये गये। फिर ये सब लोग वापस चले गये और रात को खाना खाने के पश्चात् यह निश्चय हुआ कि अगले दिन वापस चलना चाहिये।

अगले दिन प्रातः ही उठकर स्नानादि करके और कुछ थोड़ा-थोड़ा भोजन करके 9 बजे के क़रीब ये लोग सिवा एक युवक के, जो वहीं ठहर गया, एक पहाड़ी पर सामान लादकर चल दिये। रास्ते में हँसते-बोलते और गाते चले आ रहे थे कि एक युवक ने कहा—''भैया ! ज़रा पिस्तौल दो। मैं अपना निशाना दिखाऊँ।'' पूछने पर उसने कहा—''वह देखो, कैसे आराम से यह पक्षी (नील-कंठ या कठफोड़वा) बैठा है कि गोली लगे, तो सीने को चीरकर पार निकल जाय।'' दूसरे युवक ने कहा—''भैया ! मुझे मारने दो।'' हमारे नायक ने तुरन्त कहा—''न, ऐसा हर्ग़िज न करना। इस बेज़बान पक्षी ने हमारा क्या बिगाड़ा है, जो हम इसे मारें। इस स्वतन्त्र पक्षी को अपनी स्वतन्त्रता के मज़े लेने दो।'' सबने शर्म से नीची आँखें कर लीं। दुगड्डे पर पहुँचकर पूड़ियाँ मोल लेकर सबने खाईं और बस में बैठकर काठगोदाम आये। वहाँ से रात को बैठकर दूसरे दिन प्रातः देहली स्टेशन पर उतरे। सबको टिकट रेल में दे दिये गये थे। अलग-अलग होकर, बाहर आकर, नायक से विदा लेकर सब इधर-उधर चल दिये।

मार्क्सवाद की पाठशाला

दुनिया भर के विद्वान् और शास्त्र उपदेश देते हैं कि श्रम या मेहनत ही सम्पत्ति और सुख का मूल है, परन्तु हमारा अपना अनुभव कुछ दूसरा ही है। इस बात में तो सन्देह नहीं कि मेहनत या श्रम के बिना संसार का कोई भी काम नहीं चल सकता। परन्तु यह भी हम नित्य अपनी आँखों देखते हैं कि श्रम या मेहनत करनेवालों की हमारे समाज में कोई कद्र नहीं, उनका कुछ ज़ोर नहीं। शास्त्रों और विद्वानों के उपदेशों के बावजूद हम देखते हैं कि मेहनत करनेवाले सदा दूसरों का मुँह ताकते रहते हैं। इसका कारण यह है कि मेहनत से कुछ, बनाने या पैदा करने के लिए कुछ साधनों या ज़रियों की ज़रूरत रहती है, जिनके बिना मेहनत की ही नहीं जा सकती। एक आदमी अगर छत पर खड़ा होकर हवा में बाँहें घुमाया करे, तो इससे कुछ लाभ या पैदावार नहीं हो सकती। इसके लिये कोई भला आदमी उसे मज़दूरी नहीं देगा। इससे उसका अपना या किसी दूसरे व्यक्ति का कुछ भी भला न होगा। दुनिया की सबसे ज़रूरी चीज़ है, पेट भरने के लिए रोटी। रोटी ज़मीन से ही पैदा हो सकती है। यदि समाज में प्रत्येक आदमी के पास ज़मीन हो और उसे जोतने के लिये औज़ार और उसमें डालने के लिए बीज हो, तो उसे किसी का मुँह ताकने की ज़रूरत नहीं। वह अपना पेट स्वयं भर सकता है, या अपने हाथ में मौजूद साधनों से वह कोई ऐसी चीज़ पैदा कर सकता है, जिसकी ज़रूरत अनाज पैदा करनेवाले आदमी को हो। जिस समाज में सभी लोग इस प्रकार आत्मनिर्भर होंगे, उसमें किसी को दूसरे का मुँह ताकने की ज़रूरत न होगी और न कोई आदमी दूसरे पर नाजायज़ दबाव डालकर उसकी मेहनत का फल खुद हज़म कर सकेगा। आज दिन हमारे समाज में ऐसी आज़ादी सब किसी को नहीं। कभी थी या नहीं ? यह सवाल टेढ़ा है। आज देखा जाता है कि मामूली-से-मामूली चीज़ तैयार करने के लिये भी बहुत बड़ी लागत की मिल तैयार करनी पड़ती है। इसलिये उपायहीन बेचारे दूसरों का मुँह ताकते रहते हैं। लेकिन जब मिलें नहीं बनी थीं, जब ज़िन्दगी का मुख्य आधार खेती-बाड़ी और घरेलू धन्धे ही थे, तब भी दूसरों का मुँह ताककर पेट भरनेवाले लोग मौजूद थे। उस समय भी ज़मीन बड़े-बड़े सरदारों की मिल्कियत थी। इन बड़े-बड़े सरदारों की इच्छा से ही किसान ज़मीन जोत-बो सकते थे। सरदार जो शर्त लगा देते थे, उसी शर्त पर किसानों को खेत जोतने बोने के लिए मज़बूर होना पड़ता था। कभी तो वे अपने किसानों या प्रजा से पैदावार का आधा, चौथाई या पाँचवाँ हिस्सा ले लेते थे या कुछ और सेवा भी करवा लेते थे।

उस समय ये मालिक लोग एक श्रेणी में थे और उनकी ज़मीन को जोतकर उनकी प्रजा बननेवाले दूसरी श्रेणी में। अगर उससे भी पहले की अवस्था की बात सोचिए, तब भी समाज में श्रेणियाँ मिलेंगी। एक श्रेणी थी मालिकों की और दूसरी श्रेणी थी गुलामों की। मालिक-श्रेणी के लोग गुलाम-श्रेणी की मेहनत से अपना पेट पालते और आराम के साधन जुटाते थे।

पूँजीवाद में ही एक श्रेणी दूसरी श्रेणी की मेहनत से लाभ उठाती हो, सो बात नहीं। जब कभी समाज में श्रेणियाँ मौजूद होंगी, एक श्रेणी दूसरी श्रेणी से ज़रूर लाभ उठायेगी। ऐसा न होने से श्रेणियों के मौजूद होने का कुछ अर्थ नहीं। अगर समाज में कुछ लोगों को दूसरे लोगों की मेहनत से लाभ उठाने की गुंजाइश रहेगी, तो समाज खुद ही दो श्रेणियों में बँट जायगा।

यह हम पहले ही कह चुके हैं कि मनुष्य-समाज आहिस्ता-आहिस्ता कैसे सभ्यता या उन्नति की सीढ़ी पर चढ़ता गया, इसे केवल समाजवाद ने ही सुझाया है। समाज का उसूल है कि समाज में जो परिवर्तन होते हैं या विकास होता है, वह मनुष्य की जीविका से सम्बन्ध रखनेवाले कारणों—जिन्हें समाजवादी लोग आर्थिक कारण कहकर पुकारते हैं—से ही होता है। और ये आर्थिक कारण हमारे सामने सदा समाज में मौजूद श्रेणियों की आपस की उतरा-चढ़ी के रूप में आते हैं। किसी श्रेणी पर जब दूसरी श्रेणी का दबाव इतना बढ़ जाता है कि उसकी ज़िन्दगी मुश्किल हो जाती है, तो वह श्रेणी अपनी जान बचाने के लिये छटपटाती है, बावेला या विप्लव मचा देती है। परिणाम यह होता है कि समाज के प्रबन्ध या शक़ में परिवर्तन आ जाता है। इस नये प्रबन्ध से पहले के प्रबन्ध की अपेक्षा बग़ावत करनेवाली श्रेणियों को अधिक संतोष हो जाता है। हम कह सकते हैं कि समाज की अवस्था में कुछ उन्नति हो गई है। दलित या दबी हुई श्रेणियों का जद्दोजहद कर, उनका शोषण करनेवाली श्रेणियों के क़ब्ज़े से छुट्टी पाने की कोशिश करना ही मनुष्य-समाज को उन्नति की ओर ले जानेवाली शक्ति है।

यह बात हम देख चुके हैं कि समाज में ज़रूरत की चीजों की पैदावार को जारी रखने के लिये कई तरह के काम किये जाने की ज़रूरत रहती है और इन कामों को समाज की कई श्रेणियाँ करती हैं। जो श्रेणी जो काम करती है, उसी के अनुसार समाज में उसकी स्थिति रहती है या दूसरी श्रेणियों के साथ उसका सम्बन्ध बन जाता है।

सभी समाजों में पैदावार का तरीक़ा एक-सा ही नहीं रहता। पूँजीवाद समाज में समाज की ज़रूरत की चीज़ों की पैदावार का तरीक़ा एक होगा और समाज़वादी समाज या उदाहरण के तौर पर रूस के समाजवादी प्रजातंत्र शासन में दूसरा होगा। पूँजीवादी समाज में उपायहीन-मज़दूरों को पूँजीपतियों की इच्छा से, जिस तरीक़े में पूँजीपतियों का लाभ हो, उसी तरीक़े से काम करना पड़ता है। कल-कारख़ाने, बैंक, रेलें और सभी ऐसे ज़रिये, जिनसे समाज के काम चलते और पैदावार होती है, पूँजीपतियों के हाथ में रहते हैं। इसलिये वे जिस शर्त पर या जैसी भी अवस्था में चाहें, रखकर मज़दूरों को काम करने के लिये विवश कर सकते हैं, और करते हैं। पूँजीवादी शासन में सामाजिक पैदावार इसी ढंग से चलती है। पूँजीपति-श्रेणी मज़दूरों की मेहनत से लाभ उठाकर अपना निर्वाह चलाती है। इसके विपरीत समाजवादी प्रणाली में पैदावार के साधनों पर मज़दूर-श्रेणी का नियंत्रण रहता है, इसलिये उनकी मेहनत से मेहनत न करनेवाली मालिक-श्रेणी अपना मतलब पूरा नहीं कर सकती।

पैदावार में भाग लेनेवाली श्रेणियों का, जो एक दूसरे से सम्बन्ध रहता है, उसे हम पैदावार का सम्बन्ध कह सकते हैं। जैसे कि मालिक और मज़दूर का सम्बन्ध। मार्क्स का कहना है कि श्रेणियों के पैदावार के सम्बन्ध, समाज में पैदावार की शक्तियाँ किस अवस्था तक उन्नति कर चुकी हैं, इसी बात पर निर्भर रहते हैं। जो समाज जितनी दुनियावी तरक्की कर लेता है, उसी हिसाब से उसकी पैदावार की ताक़त बढ़ जाती है। जब समाज में कल-कारखानों से पैदावार होने लगती है, तब पैदावार बढ़ जाती है। पहले आदमी फावड़ा या कुदाल लेकर खेती करता है, बाद में हल बनाकर उसमें बैल जोतकर काम लेता है, उसकी पैदावार पहले से बढ़ जाती है। फिर वह खेती की मशीनों से काम लेने लगता है और उसकी पैदावार और भी बढ़ जाती है। हज़ारों बरस पहले, जब मनुष्य-समाज में मशीन या हथियार नहीं थे, केवल लकड़ी के पैने टुकड़ों और पत्थरों से कूट-काटकर काम निकाला जाता था, पैदावार बहुत कम होती थी और समाज की भिन्न-भिन्न श्रेणियों में सम्बन्ध भी और तरह के थे। समाज में उन्नति होने से हथियार और मशींने बनने लगीं। हथियार और मशीनें मनुष्य के लिये नौकरों का काम देने लगीं और पैदावार की शक्ति बहुत बढ़ गई। समाज में पैदावार के तरीक़े बदलने से पैदावार करनेवालों के आपस के सम्बन्ध बदल गये। पिछले सौ-डेढ़ सौ साल में कला-कौशल की बहुत उन्नति हो गई और इससे समाज की श्रेणियों के सम्बन्ध भी बहुत बदल गये।

डेढ़ सौ बरस पहले कोई भाफ़ और इंजन की बात भी न जानता था, और बिजली पैदा हुए तो पचास बरस भी नहीं हुए। मोटर हमारे दादाओं के समय नहीं थी। हवाई जहाज़ और रेडियो तो इस महायुद्ध से पहले केवल

कहने-सुनने की ही बातें थीं। केवल हथियारों और मशीनों में ही उन्नति हुई हो, सो बात नहीं, मनुष्य के काम कर सकने और पैदावार बढ़ा सकने की शक्ति में भी उन्नति हुई है। मज़दूरों की लियाक़त और चतुरता में भी बढ़ती हुई है। हवाई जहाज़ और मोटर न होने से उड़ाके और ड्राइवर कहाँ से आ सकते थे। मशीनों के बन जाने पर कारीगरों के दिमाग़ और भी अधिक गहरी और बारीक़ बातों को सोचने और ऐसी चीज़ें तैयार करने लग जाते हैं।

मतलब यह है कि जब पैदावार के उपाय बदले, तो उसके प्रबन्ध के तरीक़ों में भी परिवर्तन हुआ। बड़े-बड़े कल-कारख़ाने खुल जाने से, घर-बैठे अपने औज़ारों से काम लेकर रोज़ी चलानेवाले कारीगर मिट गए और उनकी जगह लाखों-करोड़ों की पूँजी के मालिक आ गए। इनका काम चलाने के लिए बैंक, कम्पनियाँ और बड़े-बड़े वकील और मैनेजर बन गए। जब तक इस प्रकार के बड़े-बड़े कारख़ाने, जो हज़ारों मन चीज़ें और हज़ारों थान कपड़े कुछ घंटे में तैयार कर दे सकते थे, न बन जाते, पैदावार का पूँजीवादी ढंग जारी नहीं हो सकता था। वह हम देख चुके हैं कि ज़माने में जब मनुष्य-समाज में मामूली हथियार भी नहीं बन पाये थे, समाज का काम बहुत धीरे-धीरे चलता था और जो कुछ उन्नति होती थी, वह बहुत धीरे-धीरे। हमारे उन बुजुर्गों के लिये अपना पेट भर सकना ही बड़ी बात थी। सामान के लिये बड़े-बड़े गोदाम भर के रखना उनके लिये स्वप्न की बात थी। इसलिये पैदावार को जमा कर उसके बल से अर्थात् धन की ताक़त से दूसरों पर अधिकार कर दूसरों की मेहनत के फल को हड़पने का ख़याल भी कोई नहीं कर सकता था। उस ज़माने में इस प्रकार लूटनेवाली और लूटी जानेवाली श्रेणियाँ भी समाज में पैदा नहीं हो सकती थीं। समाज में लुटने और लूटनेवाली श्रेणियाँ तभी बनीं, जबकि पैदावार और उसके तरीक़े खूब उन्नति कर गये।

समाज के श्रेणियों में बँट जाने से सदा हानि ही हुई हो, ऐसी बात नहीं। आरम्भ में इससे पैदावार की उन्नति में बहुत सहायता भी मिली। समाज के पूँजीवादी और मज़दूर-श्रेणी में बँट जाने, पूँजीपतियों के हाथों ढेरों पूँजी आ जाने और एक ऐसी श्रेणी पैदा हुए बिना, जिसका गुज़ारा सिवाय मज़दूरी के और किसी तरह नहीं हो सकता, बड़े-बड़े कल-कारख़ाने बन ही नहीं सकते थे और आज समाज में, जो उन्नति हुई है, वह हो ही नहीं सकती थी। परन्तु अब यह पूँजीवादी तरीक़ा ही समाज के रास्ते में रोड़े अटकाने लगा है। इसकी वजह से ही न तो पैदा किये गये माल की खपत हो पाती है। और न जितना माल चाहिये, ठीक उतने की पैदावार ही हो सकती है।

मार्क्स का कहना है कि यह पूँजीवाद, जो एक दिन हमारी उन्नति में सहायक था, अब आगे हमारा रास्ता बन्द कर बैठ गया है।

'हम मिले'

वह 1923 के गरमी का मौसम था। मुझे बनारस आये हुए कुछ ही दिन गुज़रे थे। बनारस की आबहवा मेरे अनुकूल न थी। कुछ ही दिन बाद मैं ज्वर से बीमार पड़ गया। काफ़ी ज़ोरों का बुख़ार था। बुखार को आए हुए भी 6-7 दिन गुज़र चुके थे। एक दिन मैंने अपनी खटिया के पास हट्टे-कट्टे चेचक के दाग़वाले एक लड़के को अपने बारे में कुछ पूछ-ताछ करते हुए देखा। हालाँकि मैं बुख़ार में था और मुझमें कुछ समझने की ज़्यादा शक्ति भी न थी, लेकिन उस साँवले रंग के लड़के को देखकर दिल में कुछ अजीब भाव पैदा हुए। उसके चेहरे पर कुछ तेजस्विता की झलक थी। उसने मुझसे पूछा—''स्वामीजी, मालूम होता है, आप नये ही आये हैं।'' मैंने उसकी तरफ़ ग़ौर से देखा। सर से लेकर पैर तक वह खद्दर पहने हुए था और मुझे उन दिनों खद्दरधारियों से कुछ चिढ़-सी हो गई थी। उसकी भी एक लम्बी कहानी है, लेकिन आज मैं सिर्फ़ इतना ही कहकर चुप हो जाना चाहता हूँ कि मुझे उन दिनों हरएक गांधी-भक्त को देखकर गुस्सा-सा आ जाता था। उसने मुझसे फिर कुछ ऐसा ही सवाल किया। मैंने गरदन हिलाकर कुछ जवाब दिया, लेकिन उस जवाब में कोई सज्जनता का भाव नहीं था। उस दिन वह मेरे सर और हाथ को छूकर, ''स्वामीजी, आपको अब भी काफ़ी बुख़ार है, मैं आपसे फिर कभी मुलाक़ात करूँगा।'' यह कहता हुआ चल दिया।

दूसरे दिन ठीक उसी वक़्त वह हमारे मठ में आया और सीधे मेरी खटिया के पास आकर कुर्सी पर बैठ गया। उस दिन वह कुछ बेचैन-सा था। मालूम होता था कि वह कुछ पूछना चाहता है, लेकिन न-जाने क्या बात थी, वह पूछ नहीं पा रहा था। उस दिन वह गांधीजी की सिर्फ़ थोड़ी-सी तारीफ़ करके वहाँ से चल दिया। इसी तरह जब तक मेरा बुख़ार नहीं उतर गया, वह रोज़ आता और कुछ इधर-उधर की बातें करता और कभी-कभी तो सिर्फ़ मुझे चिढ़ाने के लिए गांधीवाद के बारे में कुछ विवाद छेड़ देता। आख़िर 17वें दिन मेरा बुख़ार उतरा और ठीक चार दिन बाद आकर उसने मुझसे बहस शुरू कर दी।

''स्वामीजी, यह तो बतलाइये, आप गांधी जी के नाम से इतने क्यों चिढ़ते हैं ?'' मैंने गुस्से से जवाब दिया—''तुम जानते नहीं, मैं एक साल पहले गांधीजी का बहुत बड़ा भक्त था। हिन्दोस्तान में गांधीजी की आज्ञानुसार सबसे पहले सरकारी स्कूलों की पढ़ाई को तिलांजलि देनेवालों में हम 'चाँदे' के चार विद्यार्थी थे। और आज मुझे गांधीजी के नाम से चिढ़ है। मेरे सामने कोई गांधीभक्त आ जाता है, तो मेरा बदन गुस्से से काँप उठता है। गांधीजी ने जो आज देश का अपमान किया है, उसको हम नौजवान कभी नहीं भूल सकते। उन्होंने हमारे राष्ट्र की ओर से लार्ड रीडिंग को अल्टीमेटम दिया था, या नहीं ? अगर हाँ, तो फिर अल्टीमेटम देने के ठीक दस रोज़ के ही बाद चौरीचौरा का बहाना कर, आन्दोलन को रोक कर हमारे राष्ट्र का अपमान करने का उन्हें कोई हक़ नहीं था। क्या नाम है तुम्हारा ? 'आज़ाद है।' तुम आज़ाद नहीं हो। अगर तुम आज़ाद ख़्यालात के होते, तो ठीक मेरी ही तरह तुम्हें आज गांधीजी के नाम से चिढ़ आने लगती। गांधीजी के इतने अंध-भक्त न बने रहते।''

''स्वामीजी, आपका गांधीजी से नाराज़ होना ग़लती है। वह हम आप से बहुत ज़्यादा जानते हैं। अगर आज देश के अन्दर कोई सच्चा महात्मा है, तो वह गांधीजी ही हैं। और देश को अगर कोई आज़ाद करा सकता है, तो

वह गांधी सा-ही महात्मा। गांधीजी ने ही हमारे दिलों से जेल का डर हटाया। आज हम जो सरकारी डंडों की परवाह नहीं करते हैं, वह भी सिर्फ़ महात्माजी के ही कारण हो पाया है। आप 'तिलक-तिलक' और 'अरविन्द-अरविन्द' चिल्लाते हैं। बतलाइये, आज हिन्दोस्तान में थोड़ी-सी अख़बार पढ़नेवाली दुनिया को छोड़कर और जनता का कौन शख़्स उनके नाम से परिचित है। आज हमारे गांधीजी, क्या यह कहने की ज़रूरत है कि उनका नाम आज हिन्दुस्तान ही में नहीं, संसार भर में रोशन हो रहा है ? गांधीजी के रूप में आज भारत संसार को सबक़ सिखाने लायक़ हुआ है। अगर उनका कहना मानकर हम लोग सच्चे दिल से चलें, तो संसार के सामने हम एक नया सबक़ रख सकेंगे। क्या आपने कभी संसार के इतिहास में गुलाम मुल्क को अहिंसा के ज़रिये आज़ाद होते हुए देखा है ? और यही अनहोनी बात महात्माजी करने जा रहे हैं। हमको, आपको और हिन्दोस्तान के सब नौजवानों को सच्चे दिल से उनका साथ देना चाहिये और अपने गुलाम देश को अहिंसा से ही स्वतंत्र कराना चाहिये।''

'यहाँ हिंसा और अहिंसा का सवाल क्यों लाते हो ? यह कहो कि हमें अपने गुलाम देश को आज़ाद करना है। अगर वह अहिंसा के ज़रिये होता है, तो हमें किसी पागल कुत्ते ने नहीं काटा है, जो हम ख़ामख़ाह किसी के प्राण के ग्राहक हो जायँ। हाँ, गांधीजी बड़े हैं, उनका नाम भी काफ़ी हो गया, लेकिन इसके मानी यह नहीं है कि जो वह करते हैं, या आगे करेंगे, वह सब सही होगा। दूसरी बात, भाई, अगर सच कहूँ, हम नौजवानों को महात्मा-वहात्मा की ज़रूरत नहीं है। हमको तो ऐसा नेता चाहिये, जो हमारी शक्ति को किसी ख़ास धर्म या नीति के प्रयोग में न ख़र्च करके देश की आज़ादी का सीधा-सीधा रास्ता दिखलावे। उसमें चाहे हमें अहिंसात्मक रहना पड़े, या थोड़ा-सा हिंसात्मक ही हो जाना पड़े। मैं तो सुना करता था, यहाँ बनारस में नौजवानों का एक दल है, जो अँगरेजों को किसी-न-किसी प्रकार निकालने की कोशिश में लगा हुआ है। देखें, उनमें से कोई मुझे अगर मिल जाये, तो मेरी उन्हीं से पट सकती है। तुम्हारे-जैसे हिंसा और अहिंसा को ज्यादा महत्व देनेवाले शख़्सों से नहीं।''

मेरे इस जवाब से नाराज़ होने के बजाय उसकी आँखें और चेहरे के भाव से कुछ ऐसा भास हुआ कि दिल-ही-दिल में वह कुछ खुश-सा हो रहा है। दूसरे दिन वह फिर आया और मेरे पास आकर बैठ गया। मेरा हाथ अपने हाथ में पकड़कर उसने कहा—''स्वामीजी, क्या वाक़ई में आप किसी ऐसे दल की तलाश में हैं, जो हिंसा-अहिंसा की परवाह न कर देश को आज़ाद करने की कोशिश में जुटा रहे। मैं तो ऐसे दल को कुछ बहुत ज़्यादा पसन्द नहीं करता हूँ, लेकिन मेरा एक दोस्त है, जो इस दल में है रोज़ तो उससे मेरी मुलाक़ात नहीं होती, अब जब कभी होगी, यदि आप भी पसन्द करें, मैं आपको उससे मिला दूँ।''

इस पर मैंने आग्रहपूर्वक उससे कहा—''ज़रूर, ज़रूर, उससे ज़रूर मिलो और मुझे उससे मिलाओ।''

दूसरे दिन वह फिर आया और अपने साथ अलीपुर षड्यन्त्र का इतिहास श्री उपेन्द्रनाथ बनर्जी लिखित तथा भाई परमानन्दजी की 'आपबीती' ये दो किताबें लाया। किताबों को देखकर मुझे कुछ शक-सा हुआ। मैंने उससे पूछा—''अरे भाई, तुम भी तो कहीं उस पार्टी के मेम्बर नहीं हो। अगर हो तो साफ़-साफ़ क्यों नहीं बतलाते। इन किताबों से तो मेरे दिल पर कोई असर नहीं, मैं तो तुम्हारे उस दोस्त से मिलना चाहता हूँ, जो क्रांतिकारी दल का मेम्बर है, जिसका तुमने कल ज़िक्र किया था।''

''मैं मेम्बर हूँ या नहीं, इससे तो कुछ आता-जाता नहीं, लेकिन मैं आपको अपने उस दोस्त से ज़रूर मिला दूँगा। लेकिन स्वामीजी, मिलने से पहले अच्छा हो कि आप ज़रा सोच-समझ लें, क्योंकि आप जानते हैं कि उन लोगों से मिलने में काफ़ी ख़तरा है। अभी तक तो आप सिर्फ़ बातचीत करते थे, लेकिन उस बातचीत को कार्य-रूप में परिणत करने जाइयेगा, तो पहले यह सोच लीजिये कि आप अपने प्राणों की बलि देने के लिये तैयार हैं या नहीं। जल्दी की कोई बात नहीं। मैं रोज़ आपसे मिल जाया करूँगा और जब आप ठीक सोच-समझकर तय कर लेंगे, तो उस दिन मैं अपने दोस्त को यहाँ ले आऊँगा।''

इसी प्रकार किसी दिन रौलट कमेटी की रिपोर्ट, तो किसी दिन आनन्द-मठ, मेज़िनी और गेरीबल्डी की किताबें वह लाता और रोज़ यह बात कहकर चला जाता कि आप अब भी सोच लीजिये, अभी कुछ बिगड़ा नहीं।

''विप्लवकारी''

श्री श्यामबिहारी शुक्ल 'तरल'

मैं विप्लव का संदेश लिये फिरता हूँ;
मैं एक भयानक भेष लिये फिरता हूँ।
मैं अखिल विश्व में इन्क़लाब के युग का;
प्रलयंकारी आदेश लिये फिरता हूँ।
सुन-सुनकर मेरा नाम काँपता जल-थल;
मैं हूँ ताण्डव उन्माद प्रलय की हलचल।

यह काल-चक्र की प्रबल प्रवाहित धारा;
रुक जाती लखकर मेरा एक इशारा।
लखकर मेरा भ्रूभंग सशंकित होता;
विस्तीर्ण गगन, वारिधि, भूमण्डल सारा।
मेरा आन्दोलित वेग तरल तूफ़ानी;
कब रोक भला पाती दुनिया दीवानी।

मैं चलता हूँ वैभव के अंगारों पर;
मैं दौड़ लगाता हूँ असि की धारों पर।
मैं दलितों के उर में निवास करता हूँ;
हूँ टिका हुआ उनकी हाहाकारों पर।
मैं प्रबल क्रान्ति की हूँ जलती चिन्गारी;
मैं हूँ अधीर अस्थिर-सा विप्लवकारी।।

उसकी इतनी कोशिश और बेचैनी देखकर मुझे पूरा विश्वास हो गया कि यह हज़रत भी महात्मा गांधी के चेलों में से नहीं हैं, बल्कि उस क्रांतिकारी दल का मेम्बर ज़रूर हैं।

यक-ब-यक एक दिन दोपहर को नीचे से ही उसने आवाज़ देकर मुझे बुला लिया। जिस मठ में मैं रहता था, वहाँ नीचे के हिस्से में दिन में भी काफ़ी अँधेरा-सा रहता था, जैसा कि बनारस के बहुत-से मकानों में रहता है। मैं नीचे गया। उसके बग़ल में एक कपड़े की पोटली थी। मैं कुछ पहले समझ न सका कि उसने मुझे नीचे क्यों बुलाया। उस पोटली को देखकर मैंने कुछ भाँपा। हो न हो, इसमें कोई ख़ास चीज़ ज़रूर है। उसने उसे खोला। मैंने एक अजीब श्रद्धा-भरी निगाह से उस चीज़ के दर्शन किये। चीज़ तो छोटी-सी थी, वज़न मुश्किल से तीन पाव, लेकिन मेरे दिल को खींचने के लिये वह चीज़ काफ़ी थी। आजकल बहुत ही कम हिन्दोस्तानियों के नसीब में उसके दर्शन बदे हैं। मैंने उसे झपटकर हाथ में लिया और कई बार उसे चूमा, छाती से लगाया, हाथ में ज़ोर से पकड़ा, लानेवाले को भी बड़ी श्रद्धा-भरी निगाह से देखा। हम दोनों की चार आँखें हुईं। दूसरे ही सेकंड में हम दोनों यक-ब-यक एक दूसरे की तरफ़ झपटे। बहुत देर तक गले मिलते रहे। कुछ ज़बान से शब्द न निकालते हुए भी, एक-दूसरे ने एक-दूसरे को समझा। बाहर से किसी महात्मा की आवाज़ आई, और दूसरे ही क्षण मैं ऊपर की ओर खिसका और वह मकान से बाहर नौ-दो-ग्यारह हुआ।

सिंहावलोकन

आज़ाद अंक का सिलसिला तोड़कर 'आज़ाद' की ही बात कहता हूँ।

समाज व्यक्ति को बनाता है, या व्यक्ति समाज को ? यह प्रश्न लेकर दार्शनिकता का दम भरनेवाले बहुत माथापच्ची किया करते हैं। ज्यों-ज्यों दिन, महीने, बरस, शताब्दियाँ और युग बीतते जाते हैं, स्मृति और इतिहास की दूरबीन से देखने पर भी सुदूर भूत की मूर्तियाँ बिलकुल स्पष्ट नहीं दिखाई दे पातीं। श्रद्धा-भक्ति-घृणा-भय के धुन्ध के बीच से देखे जाने पर यह ऐतिहासिक व्यक्तित्व, पौराणिक गाथा और इतिहास के धुन्ध में लिपटकर बिलकुल अस्पष्ट हो जाते हैं। उनमें और आज दिन के मनुष्य में कोई समानता या सादृश्य शेष नहीं रह जाता। समय बीतने के साथ भगवान् राम और कृष्ण का रंग नीला हो गया, हनुमान पहाड़ उठा, समुद्र फाँद गए। भीम के शरीर में दस हज़ार हाथी का बल हो गया और अर्जुन के तीर पाताल फोड़कर जल निकालने लगे। मुहम्मद और ईसा की आवाज़ से, 'कुम' कह देने से मरे लोग ज़िन्दा होने लगे। शिवाजी, प्रताप और गुरु गोविन्द अभी उतने पुराने नहीं हुए, परन्तु इतने समय में ही पौराणिक आख्यायिका के अधिकारी बन गए हैं। आज सैकड़ों हज़ारों वर्ष के अन्तर से देखकर ऐसा जान पड़ता है कि यह सब महापुरुष मनुष्य-समाज को कुम्हार के चक्कर पर रखकर गढ़ गए हैं। जैसे कुम्हार की मिट्टी उसके हाथ का खिलौना होती है, कुम्हार उससे बिलकुल स्वतंत्र होता है। उसी प्रकार यह दिव्यात्मा समाज के रक्षक और निर्माता थे, समाज उनके हाथ की गेंद। ऐसा हो क्यों न ? हम समाज में रहते हैं, स्वयं समाज का अंग हैं, क्या हम ऐसे दिव्य-अलौकिक काम कर सकते हैं, जो इस प्रकार के चमत्कारों को करनेवालों की सृष्टि कर सकें ? इस प्रकार का तर्क जब मनुष्य के दिमाग़ में बैठ जाता है, तब सिवाय यह मान लेने के कि एक परिपूर्ण भगवान् हैं, जो कहीं अज्ञातलोक में रहते हैं और कभी-कभी मनुष्य का तन धारणकर, मनुष्य-समाज में आ, अमानुषिक कार्य कर जाते हैं, और कोई चारा नहीं रह जाता। यह धुंघला और बिगड़ा हुआ इतिहास हमें पागल बना, हमारी आँखें बन्द कर हमें एक भगवान् के चरणों में ढकेल देता है। हम यह सोच ही नहीं सकते कि हम जिस समाज के अंग हैं, दरअसल वही सब कुछ है। उसकी परिस्थितियाँ और उसकी आवश्यकतायें ही महापुरुषों और भगवान् को पैदा कर देती हैं। हम यह भूल जाते हैं कि देश और समाज की हालतें और ज़रूरतें ही राम, कृष्ण, बुद्ध, मसीह, मुहम्मद, हेनरी, नेपोलियन, बिस्मार्क, कार्लमार्क्स लेनिन, गांधी, आज़ाद और भगत को पैदा करने के लिए ज़िम्मेदार हैं। पर एक बात माननी ही पड़ेगी। समाज की आवश्यकताओं और परिस्थितियों के कारण ही ऐसे विशिष्ट व्यक्तियों के पैदा होने पर भी वे सर्वधारण से कुछ भिन्न ज़रूर होते हैं, और उनकी इस भिन्नता का कारण भी सुविधा होने और खोज़ लगा सकने पर ढूंढ़ निकालना कठिन नहीं होता। इस प्रकार के विशिष्ट व्यक्तियों के चरित्र का मनन करना, समाज की गति के मार्ग में उनके भाग की चर्चा करना, एक तरह-से बहुत ज़रूरी होता है, क्योंकि ऐसे व्यक्ति समाज के इतिहास की कड़ियों की तरह होते हैं। चन्द्रशेखर आज़ाद भी ऐसे ही एक व्यक्ति थे।

इस बहुत बड़े देश में अभी कुछ दिन पहले तक कितने आदमी राजनैतिक दृष्टि से सचेत थे और फिर उनमें से कितने व्यक्ति, राजनैतिक उद्देश्य को सामने रखकर, छोटा-सा दल बना, प्राणों को हथेली पर रख इस देश को बंधनों में बाँध रखनेवाली शक्ति से जो लोग माथा

टकरा रहे थे, जिनकी बात कहना और सुनना सरकार की दृष्टि में अपराध था, उस हिन्दुस्तानी समाजवादी प्रजातंत्र संघ को जानते ? इस हिन्दुस्तानी समाजवादी प्रजातंत्र संघ के केन्द्र थे, चन्द्रशेखर आज़ाद। इस बड़े देश के बड़े इतिहास में भी इस बहुत छोटे-से दल के इस एक व्यक्ति का एक स्थान है, और यदि एक अच्छे आतशी शीशे (Megnifying Glass) से इतिहास के इस बिंदु 'आज़ाद' को देखा जाय, तो उसमें कितनी विस्तृत सम्भावनायें छिपी मिलेंगी।

आज़ाद जीवन में कितनी सफलता प्राप्त कर सके ? रिवाल्वर हाथ में लिये किवाड़ों और कोनों की आड़ में छिप-छिपकर, जिसके साम्राज्य में सूर्य अस्त नहीं हो सकता, उस शक्ति से लोहा लेने की कोशिश में जिस व्यक्ति ने जान दे दी हो, और उस हालत में जब कि देश की परिस्थितियाँ उसकी सहायक न हों, उसकी सफलता का लेखा लगाने बैठना, उसका ही नहीं, न्याय और भलमनसाहत का अपमान करना है। परन्तु मैं कहूँगा, वह सफल ही हुआ, असफल नहीं रहा। जिस विरोध और दासता के प्रति विद्रोह की भावना को प्रकट करने के लिये उसने अपना सर जल्लाद के काठ पर रख दिया था, उससे कोई शक्ति उसे हटा नहीं सकी। उसने अपना सर दे ही दिया। यह उसकी सफलता का स्थूल और बाह्य रूप है। जिस आन्दोलन के लिये आज़ाद ने अपना जीवन अर्पण किया था, उसका परिणाम सिवाय इसके और कुछ हो ही नहीं सकता था। आज आज़ाद के प्रति श्रद्धांजलि अर्पण करने का अभिप्राय फिर बम और रिलाल्वर लेकर अँधेरी रात में चक्कर लगाना नहीं। उसका समय गया। हम अर्जुन की बाणविद्या की तारीफ़ करते हैं। खौलते तेल में परछाईं देखकर वह मछली की आँख में तीर मार सकता था। परन्तु इसका मतलब यह नहीं कि आज टैंक और हवाई जहाज़ों से देश पर आक्रमण होने पर हम तीर-कमान लेकर शत्रु का मुक़ाबला करने चलें। समय के साथ परिस्थितियाँ और परिस्थितियों के साथ साधन बदल जाते हैं। परन्तु इसका मतलब यह नहीं कि हम मनुष्य की उस भावना की क़द्र न करें, जिसके बिना सब साधन निरर्थक हो जाते हैं।

देश की जैसी हालत है, सदियों से हमारे रोम-रोम में व्याप्त होनेवाली गुलामी ने जिस प्रकार हमें कायर बना दिया है, उस हालत में भी जो वीरता आज़ाद ने दिखाई और सब कुछ एक तरफ़ छोड़कर, वह वीरता ही हमारे अभिमान की वस्तु है। अपनी जिस प्रेरणा से उसने अनेक युवकों में अपने ही समान वीरता फूँक दी थी, जिसके उदाहरण भाई भगवतीचरण* और शालग्राम* ने हँसते-हँसते मृत्यु के अभिनय में अपना भाग पूरा कर दिखाया, उसका श्रेय एक अंश में हम इस दल के सेनापति को दिये बिना रह नहीं सकते। आज हम ज़रूर अहिंसात्मक आन्दोलन का समर्थन करते हैं। परन्तु स्वयं महात्माजी के ही शब्दों में इस अहिंसात्मक आन्दोलन की नींव कायरता पर नहीं जम सकती। हमारा राष्ट्रीय आन्दोलन सशस्त्र हो या निरस्त्र, देश को जीवित रखने के लिये आपत्तियों को गले लगाकर सम्मान से सर ऊँचा रखने की भावना की ज़रूरत हमारे राष्ट्र के उत्थान के लिये हर हालत में है ही। अहिंसा-संग्राम के बड़े-बड़े कमाण्डर भी इस बात से इनकार नहीं कर सकते। और न वे इस बात से इनकार कर सकते हैं कि आज़ाद ने हमारी इस गिरी हुई हालत में साहस, निर्भयता और बलिदान का जो आदर्श पेश किया है, वह हमारे राष्ट्रीय आन्दोलन में मार्ग दिखानेवाले स्तम्भ की तरह खड़ा है। परन्तु केवल वीरता और मर-मिटने की व्याकुलता तक में ही आज़ाद के जीवन-नाटक को परिमित नहीं कर दिया जा सकता।

आज आज़ाद का नाम लेकर बहुत-से विवाद चल रहे हैं। अब ऐसे व्यक्ति आज़ाद के सम्बन्ध में कलम चलायेंगे, जिन्हें आज़ाद के जीवन के उस भाग का परिचय नहीं, जिसने चन्द्रशेखर आज़ाद को हमारे अभिमान की वस्तु बना दिया, तब ऐसा होगा ही। जिस रूप में आज कम्युनिस्ट शब्द व्यवहार में लाया जाता है, ठीक उसी अर्थ में आज़ाद क्या, हममें से कोई भी उन अर्थों में कम्युनिस्ट नहीं था और न हम लोग हो ही सकते थे। आज़ाद सन् 31 के फ़रवरी मास की 27 तारीख़ को शहीद हुए थे और

* भाई भगवतीचरण के सम्बन्ध में विप्लव के मई मास के अंक में लेख दिये जायँगे।

* भाई शालग्राम के सम्बन्ध में फिर किसी अंक में लेख दिये आयँगे। आप जनवरी सन् 30 में कानपुर में पुलिस की गोली से शहीद हुये थे।

उसी के कुछ दिन बाद मुझे बम्बई में कुछ हिन्दुस्तानी और यूरोपियन कम्युनिस्ट नेताओं से बातचीत करने का अवसर मिला था। सिद्धान्त-रूप से उनकी बात से सहमत होकर भी मैं उनके कार्यक्रम को अपनाने के लिए तैयार नहीं हुआ और कम्युनिस्ट हमारे कार्यक्रम को ग़लत समझते थे। हम लोग अपने आपको सोशलिस्ट समझते थे, और देश में पूँजीवाद के आधिपत्य और साम्राज्यवाद में एक अटूट सम्बन्ध समझते थे। इसीलिये भगतसिंह वग़ैरह ने सन् 1927-28 में काकोरी षड्यंत्र के ज़माने के क्रान्तिकारी दल का नाम हिन्दुस्तानी प्रजातंत्र सेना से बदलकर हिन्दुस्तानी समाजवादी प्रजातंत्र संघ रखा था। आज़ाद इस दल के कमाण्डर-इन-चीफ़ थे। माना कि आज़ाद अँगरेज़ी नहीं जानते थे, परन्तु आज़ाद मिट्टी के माधो नहीं थे। समाजवाद का अर्थ समझे बिना न तो वे इस दल का नाम बदलने में सहमत होते और न उसकी कमाण्डरी की ज़िम्मेदारी ही लेने को तैयार होते। आज़ाद के जीवन का क्षेत्र सिद्धान्तों की बारीक आलोचना नहीं था। अगर ऐसा होता, तो पण्डित जवाहरलालजी को उनके साथ बातचीत करने पर आज़ाद के फ़ैसिस्ट होने का सन्देह न होता। पण्डित जवाहरलाल जी को आज़ाद के फ़ैसिस्ट होने का शक हुआ, इसमें आज़ाद का कुसूर यह था कि जिस क्षेत्र में उनकी गति नहीं थी, उसी में उनकी परीक्षा ली गई। बहस करना आज़ाद का काम नहीं था। वह थे केवल कर्मठ—प्रेक्टिकल आदमी। पं. नेहरू ठहरे बैरिस्टर—वे उन्हें बहस में घसीट ले गये। उन्होंने आज़ाद को मार्क्सिस्ट सिद्धान्तों में पटु नहीं पाया, तो हैरानी की कोई बात नहीं। आज ऐसे आदमी मौजूद हैं, जो पं. नेहरू को ही फ़ैसिस्ट समझते और कहते हैं।

यह बात ठीक नहीं कि आज़ाद के राजनैतिक विचार कुछ नहीं थे। मैं अपने अनुभव से दावे के साथ कह सकता हूँ कि हिन्दुस्तानी प्रजातंत्र सेना में जो लोग बिलकुल मज़दूर-श्रेणी से भी आये थे, वे भी बहुत जल्दी एक सुनिश्चित समाजवादी विचारधारा के पोषक बन गये थे। इसके बिना उनका दल में गुज़ारा नहीं था। जो आदमी एक श्रेणी द्वारा श्रेणी के शोषण का विरोध करता है और ईश्वरीय शक्ति के मिथ्या भ्रम को छोड़ संसार के बनने-बिगड़ने में भौतिक, सामाजिक और आर्थिक परिस्थितियों को प्रधान मानता है, गुज़ारे लायक समाजवादी ज़रूर है। आज़ाद इसी प्रकार के समाजवादी थे। मार्क्स की सरप्लस वैल्यू थियोरी अतिरिक्त मूल्य के सिद्धान्त और डायालैक्टिक मैटिरियलिज़्म—द्वन्द्वात्मक भौतिकवाद—पर न उन्होंने कभी बहस की, न उन्हें करने का मौक़ा था। इतनी फ़ुर्सत ही किसे थी ? और फिर आज़ाद को, जिसने एक संस्कृत-पाठशाला में अक्षर-अभ्यास करने के बाद कूदकर काशी-विद्यापीठ के स्कूल की कक्षाओं में कुछ दिन बिताये और उसके बाद कमर में रिवाल्वर बाँध प्रतिक्षण शत्रु का मुक़ाबला करने की ही फ़िक्र की ! आज़ाद के छोटे से जीवन में कभी स्कूली विद्या में सर खपाने की फ़ुर्सत के लिये समय आया ही नहीं। चौदह-पन्द्रह वर्ष की आयु में वे विद्याभ्यास के लिये फ़ुर्सत न पा सत्याग्रह-आन्दोलन में बेतों की सज़ा पा रहे थे। यह है सन् 20-21 की बात, इसके बाद सन् 24 में हम उन्हें काकोरी षड्यंत्र में फँसा पाते हैं। आज़ाद के दिमाग़ में विद्रोह की जैसी प्रचण्ड आग जल रही थी, उसमें विद्याभ्यास हो ही नहीं सकता था। और अगर उन्हें पुस्तकों का पंडित बनना था, तो वह 'आज़ाद' नहीं बन सकते थे। भगतसिंह को ही लीजिये—स्कूल छोड़ दिया और अकाली सज गये। फिर कुछ ख़्याल आया, नेशनल कॉलेज में आ भरती हुए। हम लोग अर्थ-शास्त्र और राजनीति की पुस्तकें पढ़ रहे थे कि वह सेकण्ड-ईयर से लापता हो कानपुर में पुराने क्रान्तिकारियों से आ मिले। उस समय मेरे लिये क्रान्ति का क्षेत्र था, कापी में उद्गारपूर्ण लेख लिख लेना और कुछ लड़कों से भारत की पराधीनता के कारणों की चर्चा कर लेना।

सवाल यह है कि फ़रारी में आज़ाद अध्ययन करते या जान बचाकर किसी तरह पार्टी का पुनः संगठन ? फ़रारी के दिन आज़ाद ने किन-किन हालतों में बिताये, इसकी कुछ झलक उन्हीं के शब्दों में देता हूँ, जिससे उनकी प्रकृति और विचारधारा के रुख़ का कुछ आभास मिलेगा—

"काकोरी की डकैती के बाद जब लोग गिरफ़्तार होने लगे। मैं बनारस से चलता बना। रामप्रसाद, शचीन, सान्याल, रोशनसिंह, लहरी वग़ैरह सब जेल में थे। कई दफ़े उन्हें छुड़ा लाने के मनसूबे बाँधे गये, तैयारियाँ की गईं। जब काकोरी में चार आदमियों को फाँसी हो गई, तो मैं पागल हो गया—दिमाग में खून चढ़ गया। मेरे पास उस

समय केवल एक टोपीदार बन्दूक़ थी। मैंनें कई दफ़े सोचा, इसे बिस्तर में बाँधकर लखनऊ चला जाऊँ और तसद्दुक़हुसेन–ख़ानबहादुर तसद्दुक़हुसेन पुलिस की ओर से काकोरी के इनचार्ज़ थे–को ठण्डा कर दूँ। परन्तु लोगों ने मुझे बहुत समझाया, हाथ पकड़ कर रोक लिया–इससे फ़ायदा ? मैं समझता था, उनका कहना ठीक है। इससे कुछ बन नहीं सकता, परन्तु मैं और करता क्या ?

...जब यू.पी. में गुज़ारा न देखा, बम्बई चला गया। वहाँ जहाज़ के गोदाम में माल ढोया करता था। भूख लगती, तो गोदाम से दूध का डिब्बा लिया, छेद किया और पी लिया। नौ आने रोज़ मिलते थे। रोज़ चार आने देकर दो दफ़े सिनेमा देखकर रात के बारह बजाये और फिर सुनसान हो जाने पर गोदाम के फ़र्श पर जा लेटे। जब यू.पी. में मामला कुछ शान्त हुआ, लोगों से मिलने की फ़िक्र में इधर आये।''

ऐसी अवस्था में सिद्धान्तों की गुत्थियाँ सुलझाने की फ़ुर्सत कहाँ थी ? परन्तु आज़ाद के विचारों में अद्भुत विकास हुआ। यह विकास आज़ाद में ही नहीं हुआ, देश भर में हुआ। आज़ाद को हम हाँडी के एक चावल की भाँति परख सकते हैं। एक समय वे मट्टी के महादेव बने घंटों पूजा किया करते थे, यह उन्होंने मुझे स्वयं बताया था। क्रान्तिकारी दल में शामिल होने तक वे इस कुसंस्कार से छूट चुके थे। लेकिन कुछ साम्प्रदायिक संस्कार दल में आने के बहुत दिन बाद दूर हुए। जैसा कि उनके प्रचलित फ़ोटो से ही मालूम हो जाता है, जनेऊ पुष्ट कंधों की शोभा बढ़ा रहा है। लेकिन जिस दो बरस से अधिक समय में मेरा और उनका अत्यन्त निकट साथ रहा, ऐसा कोई संस्कार बाक़ी न था। इसके प्रमाण-स्वरूप मुझे उनकी एक बात याद है।

एक दिन एक व्यक्ति से नाराज़ होने पर, उसके सम्बन्ध में उन्होंने कहा था–''उस साले का कोई विश्वास नहीं बनता है, सोशलिस्ट और घर में छिप-छिपकर घंटी बजाता है।''

आज़ाद का यह पूजा और आरती के प्रति विद्रोह कुछ अर्थ रखता है। एक समय था कि भारत के क्रान्तिकारी गीता को गले में लटकाकर फाँसी के तख़्ते पर चढ़ने की महत्वाकांक्षा किया करते थे। आपत्ति-धर्म समझकर ज़रूरत पड़ने पर मुसलमान के ढाबे से गोश्त-रोटी तो खा लेते थे, परन्तु बाद में पतितपावनी गंगा की शीतल धारा में स्नान कर पाप-मोचन कर लिया करते थे। हिन्दुत्व के प्रति इस साम्प्रदायिक आस्था का ही चिह्न आज़ाद के फ़ोटो में यज्ञोपवीत है। हिन्दुस्तानी समाजवादी प्रजातंत्र सेना के मेम्बरों में इस प्रकार की साम्प्रदायिक आस्था के लिये स्थान न था। हम लोग इसे रूढ़िवाद ही समझते थे और समझते हैं। हम लोगों में एक भी ऐसा नहीं था, जो आध्यात्मिक शक्ति में विश्वास रखता हो। हम लोग अध्यात्मवाद को पुराने सामाजिक संगठन की एक बुनियाद-मात्र समझते थे और संगठन के बदलने के लिये इस बुनियाद को उखाड़ देना भी ज़रूरी समझते थे।

पुराने रूढ़िवाद के प्रसंग में एक बात और याद आ गई। सन् अट्ठाईस के चढ़ते जाड़े की बात है, दल के कुछ लोग आगरे में एक मकान लेकर रहा करते थे। और ख़ाली समय होने पर, उषा की लाली में, सूर्य की प्रचण्ड किरणों में, संध्या की आती अँधियारी में, पूर्णिमा की ज्योत्सना में और अमावस्था के घटाटोप में ताज की कला, सौन्दर्य और भावपूर्ण छाया में समय बिताया करते थे। सौन्दर्य-पूजा के आवेश में दल के एक भले आदमी ने एक लावण्यमयी की छवि लगा कैलेण्डर लाकर दल के मकान की दीवार पर लटका दिया।

भले आदमी जब बाहर से लौटे, तो कैलेण्डर को फटा हुआ और एक कोने में पड़ा पाया। बहुत बिगड़े–हमारा कैलेण्डर क्या हुआ ?''

एक दूसरे सज्ज़न जो चुटकी लेने में बहुत उस्ताद थे, इशारा कर बोले–''पड़ा तो है।''

कैलेण्डर लानेवाले तैश में बोले–''इसे फाड़ा किसने ?'

चुटकी लेनेवाले सज्ज़न निहायत संजीदगी से चुप रहे।

पर ललकार सुनकर आज़ाद कैसे चुप रह सकते थे, बोले–''हमने फाड़ा।''

''आख़िर क्या ज़रूरत थी फाड़ने की ? हम उसे लाये थे।''

आज़ाद ने तड़पकर कहा–''आख़िर उसे यहाँ लटकाने का मतलब ?''

''क्यों ? उसमें सौंदर्य था !''

आज़ाद ने बिगड़कर कहा–''सौदर्य से हमें मतलब

है ?"

तिलमिलाकर भले आदमी बोले—"तो ताज को ही तोड़कर फेंक दो।"

आज़ाद ने इस दलील से पराजय स्वीकार नहीं की। उत्तर दिया—"हाँ, हमारा बस चलेगा, तो तोड़ देंगे।"

परन्तु 29-30 में आज़ाद का यह रुख़ नहीं था। ब्रह्मचर्य का वह दृष्टिकोण, जिसमें जीवन को पाप समझा जाता है, आज़ाद का नहीं रहा था।

कानपुर में गप लड़ाते समय कहा करते थे—"मैं सोचता हूँ, अगर मैं ब्याह करूँ भी तो किससे करूँ ? मेरी तबीयत के लायक़ लड़की मिल ही नहीं सकती। कम-से-कम हिन्दुस्तान में नही मिल सकती। इसी को देखो—प्रकाश पाल की ओर संकेत कर—यह टुइयाँ किस लायक़ है। यह राइफ़ल को उठाकर एक मील भी नहीं चल सकता। 'दीदी' ही को देखो ! इन लोगों का शरीर क्या है। हाँ, भाभी कुछ हैं, पर वह भी कुछ नहीं। मुझे तो ऐसी चाहिये कि राइफल एक कन्धे पर और दूसरे पर कारतूसों की बोरी लादकर पहाड़-पहाड़ घूमती फिरे। बस, इसी तरह लड़ते-लड़ते मर जाय। ऐसी तो मिल सकती है फ्रंटियर में।"

जब प्रसंग आ ही पड़ा है, तो आज़ाद के स्वभाव के सम्बन्ध में एक-दो बात कह देना अनुचित न होगा। आज़ाद बुद्धिमान ज़रूर थे, परन्तु चालाक नहीं थे। और दिल, जो कहने को पत्थर का था, ज़रूरत से ज़्यादा नाज़ुक था। मतलब यह कि धोखा उन्हें आसानी से दिया जा सकता था। स्वयं स्वभाव में छल न होने के कारण दूसरे के छल को ताड़ भी न सकते थे। क्रोध इतना आता था कि आँखें खून की तरह लाल हो जाती थीं, परन्तु उस समय ज़बान और हाथ क़ाबू में रहते थे। मतलब यह कि संस्कृति और संयम आज़ाद में खूब भरे थे। आज़ाद गप लड़ाने के खूब शौक़ीन थे, परन्तु तारीफ़ यह कि गप की बहक में आकर जो नहीं कहना है, वह कभी न कह जायँगे।

आज़ाद का गुस्सा मैंने कई दफ़े देखा है, बल्कि दो-तीन दफ़े तो वे मुझ पर ही बिगड़े। सन् 30 की बात है, कुछ सामान और पिस्तौलों का हिसाब, जो कि मेरे चार्ज में था, मैंने आज़ाद को दिया। एक पिस्तौल के लिये बता दिया कि अमुक आदमी को ज़रूरत थी, इसलिये दी गई। एक महीने के बाद फिर मिलने पर आज़ाद ने मुझसे कहा—"पिस्तौलों का हिसाब, तुमने दिया, वह ठीक नहीं। उस आदमी के पास तो कोई पिस्तौल नहीं।"

मेरे ज़ोर देने पर कि मैंने ज़रूर 'उसे' एक पिस्तौल दिया है, आज़ाद बहुत बिगड़े। अँधेरा था और नदी का किनारा। मुझे उस समय तक मालूम नहीं था कि आज़ाद के दिल में मेरे प्रति कुछ दोस्तों ने संदेह पैदा कर दिया है।

उन्होंने गुस्से में बहुत ज़ोर से डाँटकर कहा—"यह झूठ है।" मेरे शरीर में बिजली-सी कौंध गई। उसी तरह गुस्से में जवाब दिया—"ख़बरदार !"

ऐसी बात सुनने की आज़ाद को आशा न थी। उनका स्वर बदल गया। चौंक कर बोले—"इसका मतलब !" मैं आपे से बाहर हो रहा था। बोला—"इसका मतलब यह है, जो दूसरे को झूठा समझता है, खुद झूठा...।"

कुछ देर घूरकर मेरी ओर देखते रहकर एक दीर्घ निश्वास छोड़ उन्होंने कहा—"अच्छा !" और वे चले गये।

उस रोज़ मैंने यह समझा कि मेरा और आज़ाद का सम्बन्ध अब जीवन में समाप्त हो गया।

कुछ दिन बाद आज़ाद का संदेश फिर उसी जगह मिलने के लिये मिला। इच्छा न होने पर भी आज़ाद की बात टालना उचित न समझकर गया।

बहुत शांत स्वर में उन्होंने कहा—"मुझे वह ख़बर ग़लत मिली थी, एक नहीं, दो जगह से एक-सी ही ख़बर मिली थी। लेकिन अब पता मिला है वह पिस्तौल 'उसी' आदमी के पास है !"

इतनी बात मुझसे कहे बिना आज़ाद का कोई काम नहीं अटकता था। पर उन्होंने इतना कह देना ज़रूरी समझा।

गुप्त सोसाइटी में प्रत्येक बात गुप्त रखने से ग़लतफ़हमी के लिए बहुत गुंजाइश रहती है। एक दफ़े कुछ सज्जनों ने आज़ाद के कान मेरे विरुद्ध इतने भर दिये कि एक छोटी-सी पंचायत कर मुझे गोली मार देने का निश्चय कर लिया गया। मेरे विरुद्ध जो अपराध लगाये गये, उनकी सफ़ाई देने का मुझे कोई अवसर नहीं दिया गया। यह मैं नहीं कह सकता कि इस विषय में पंचायत के मेम्बरों में कुछ मतभेद था, या यह निर्णय सर्वसम्मति से किया गया।

परन्तु निर्णय में भाग लेनेवाले एक व्यक्ति ने ही मुझे इस बात की सूचना दे दी। उस व्यक्ति का कहना था—यह निर्णय उचित नहीं, परन्तु निर्णय का विरोध कर दल में भेद डालना भी ठीक नहीं। इसलिए अच्छा यही है कि मैं इस निर्णय से परिचित हो जाऊँ।

यह व्यक्ति इस निर्णय या अन्याय की ज़िम्मेवारी अपने ऊपर नहीं लेना चाहते थे। यह अजीब़ बात सुनकर मैंने आज़ाद से मिलकर सफ़ाई देने की इच्छा प्रकट की, परन्तु उन्होंने इसे उचित नहीं समझा।

उनके निर्णय को मानने के अतिरिक्त मेरे पास चारा नहीं था। वजह यह कि अगर मैं आज़ाद के पास उस समय जा पहुँचता, तो यह भेद खोल देने के अपराध में उनकी ही जान पर आ बनती।

उस समय मेरी हालत कैसी होगी ? इसे शब्दों की अपेक्षा कल्पना से ही अधिक अच्छी तरह समझा जा सकता है। एक ओर तो पुलिस लाहौर के प्रथम षड्यंत्र के मामले और लार्ड अरविन की स्पेशल के नीचे फटनेवाले बम के मामले में मेरी तलाश कर रही थी और दूसरी ओर पार्टी के मेम्बर मुझे गोली से उड़ा देने की फ़िक्र में थे। यह भी मैं समझ सकता था कि पार्टी के मेम्बर अपने इस निर्णय को पूरा करने में देर न करेंगे, क्योंकि पार्टी के भेदों से मैं काफ़ी परिचित था। ख़ैर, मैं छः सौ मील का सफ़र तै कर पंजाब पहुँचा। मृत्युदण्ड की ख़बर पाते ही मैंने अन्दाज़ा लगा लिया था कि कौन-कौन व्यक्ति मुझे ईमानदारी से यों ग़लती से अपराधी साबित करने की कोशिश कर रहे थे। पंजाब पहुँचने का अभिप्राय था—ज़बान से नहीं, अपने काम से अपने प्रति उठे शकों को दूर कर देना। वहाँ जाकर मैंने देखा कि जिन व्यक्तियों के सहयोग के सहारे मैं कुछ कर धर सकता था, वे मुझपे सशंकित थे। एक दिन संध्या समय किसी जगह जाने की बात थी। परन्तु मेरे उस स्थान के लिये चल पड़ने से पूर्व ही मुझे एक ज़िम्मेदार व्यक्ति ने वहाँ जाने से रोका। कारण पूछने पर बताया कि वहाँ मुझे गोली मार देने के लिये ही बुलाया गया है। यह देखकर कि अब सफ़ाई देने की कोई गुंजाइश नहीं रह गई है, मैं उनके साथ उस स्थान पर जाने के लिये तैयार हो गया।

इस बात को हुए आज लगभग आठ बरस बीत गये हैं। बहुत कुछ सोच-विचार परिस्थिति पर मैंने किया होगा, परन्तु आज उसकी तफ़सील देना कठिन है। पर एक बात मुख्य रूप से मन में थी। हरदम मन में यह ख़्याल आता था कि यदि कहीं बेख़बरी में मैं अपने ही आदमियों की गोली से मारा गया, तो सदा के लिये कलंक का धब्बा मेरे सर हो जायगा। उस समय एक पत्र खूब लम्बा-चौड़ा लिखकर मैंने दल के एक विश्वासपात्र आदमी के यहाँ रख दिया, ताकि मेरे मर जाने के बाद वह पत्र मेरी सफ़ाई दे सके। मुझे दल के एक पुराने सदस्य से एक ऐसी ही वारदात सुनने को मिली थी। सन् 15-16 के लगभग इसी प्रकार सन्देह में या अपराध प्रमाणित होने पर एक व्यक्ति को गोली से उड़ा दिया गया था। जो होना था, वह तो हो चुका। अब न शिकायत का मौक़ा है, न उससे लाभ असल में दोष भी किसी को नहीं दिया जा सकता। ऐसे ही एक समय हम लोगों के मन में भाई भगवतीचरण के खुफिया-पुलिस से मिले रहने की बाबत सन्देह डाल दिया गया था और हम लोग उन्हें गोली से उड़ा देने की फ़िक्र में रहते थे। उन्हें भी सफ़ाई देने का कोई मौक़ा नहीं दिया गया था। गुप्त क्रान्तिकारी आन्दोलन में सन्देह पैदा हो जाने के मौक़े तो बहुत रहते हैं, परन्तु सफ़ाई देने के बहुत कम। इसके लिए अगर दोष दिया जा सकता है, तो केवल परिस्थिति को।

ख़ैर ! शिकारी चतुर थे, तो शिकार भी कम खेला हुआ न था ! यों बे-ज़ुबान हो गोली से मारा जाना मुझे मंजूर नहीं था। जो लोग मुझे गोली मार देने के लिये तैनात किये गये थे, उनसे भी मैं मिलता था। परन्तु ऐसी ही परिस्थिति में कि वे गोली मारने का साहस न कर सकें। मुझे आज़ाद के अमुक स्थान पर होने का पता मिल गया। मैं वहीं जा पहुँचा। पर अकेले मैं नहीं, एक आदमी के साथ। आज़ाद बहुत बिगड़े कि आदमी को साथ लेकर क्यों आया ? पर करता क्या ?

दल के निर्णय की सूचना यों गुप्त रूप से मुझे दे दी जाने के कारण उन्हें बहुत क्रोध आया और दिल को चोट भी कम न लगी। आज़ाद का कहना था, और उनका कहना बिलकुल ठीक था कि यदि मेरी मृत्यु का निर्णय अनुचित था, तो दल के सदस्यों को इसका विरोध काउन्सिल में करना चाहिये था। दल के नियम के विरुद्ध

अभियुक्त व्यक्ति के दल का भेद कहना, दल के प्रति विश्वासघात था।

इस घटना से आज़ाद के दिल को बहुत चोट लगी। जहाँ तक मैं जानता हूँ और किसी घटना से आज़ाद को इतनी चोट नहीं लगी। उन्होंने दल समाप्त कर देने का निश्चय कर लिया। आज़ाद का कहना था कि अब मैं किसी पर विश्वास नहीं कर सकता। सुशीला दीदी ने आज़ाद को बहुत समझाया, उन्होंने मेरा ही ज़िक्र कर कहा—''देखो, जब इसे यह मालूम हो गया था कि गोली मारकर मार दिया जाऊँगा। इसके मन में प्रतिहिंसा का विचार उठ सकता था। यह चाहता, तो पुलिस के सामने आसानी से सब भेद खोल दे सकता था। परन्तु वैसा न कर, वह तुम्हारे ही पास आया। इस तरह के एक नहीं, कई आदमी जब मौजूद हैं, तब हम लोगों का निराश होना उचित नहीं।'' इस चर्चा को मैं यहीं छोड़ता हूँ। 'आपबीती में' प्रसंग आने पर इसकी बात कहूँगा। परन्तु आज़ाद न माने, उन्होंने कम-से-कम उस समय दल को दो हिस्सों में बाँट दिया। एक का उत्तरदायित्व मेरे सर पड़ा।

कैलाशपति 30 अक्तूबर को गिरफ़्तार हो गया था। उसके कुछ दिन बाद ही कानुपर में आज़ाद और हम फिर एक साथ रहने लगे।

परिस्थिति को पहचानकर चलने की योग्यता या उत्तर-दायित्व का बोझ आज़ाद खूब समझते थे। यह भी एक घटना का उदाहरण देकर ही बताता हूँ।

हम लोगों ने एक बहुत ही साहसपूर्ण काम का आयोजन किया था। जिसमें दो-चार आदमी हम लोगों के भी और कई एक दूसरी तरफ़ से ज़रूर खेत रहते। ख़ैर, हम लोग आक्रमण के लिये तैयार थे। प्रबन्ध यों था कि एक व्यक्ति कोई संकेत देगा और आज़ाद के आज्ञा देने पर मैं आक्रमण आरम्भ कर दूँगा। उधर से संकेत नहीं मिल रहा था और समय निकला जा रहा था। आज़ाद बहुत ध्यान से उस जगह की ओर देख रहे थे और पूछते जाते थे—क्यों हूँ, क्यों ? हूँ, मैं और दूसरे साथी ज़ंजीर में बंधे हुए ताज़ी कुत्तों की तरह छटपटा रहे थे।

आज़ाद ने वार कर देने का हुक्म न दिया। समय टल गया। उस समय ऐसा मालूम हुआ कि किया-कराया सब मिट्टी हो गया। परन्तु कुछ क्षण बाद जब दिमाग़ ज़रा ठण्डा हुआ, समझ में आ गया कि उस समय राजपूती शान में आक्रमण कर देने से सिवा अपने सभी आदमियों के मर जाने के और कुछ हाथ नहीं आ सकता था। जिस आज़ाद को साधारणतः केवल पिस्तौल का ही धनी समझा जाता था, लड़ाई के मैदान के दाँव-पेंच की भी उनमें खूबी थी।

एलफ्रेड पार्क में आज़ाद घिर गये और वहीं वह शहीद हुए। परन्तु इस अन्तिम समय में भी, सब ओर से गोलियों की बौछार पड़ने पर भी, वे औसान न भूले। एक व्यक्ति, जिसके बयान में शक करने की गुंजाइश नहीं और जिससे अधिक उस समय की हालत को जानने का दावा दूसरा आदमी नहीं कर सकता, उसका कहना है कि एलफ्रेड पार्क में उस स्थान पर जहाँ आज़ाद और उनके साथी बैठे थे, एक कार आकर रूकी, जिस पर पुलिस अफ़सर थे। रुकते ही उन लोगों ने आकर बिना किसी प्रकार की चेतावनी दिये—हैंड्स अप कहे बिना—आज़ाद पर गोली चला दी। गोली आज़ाद की जाँघ में लगी। ज़ख़्मी होकर भी वह उठे और एक वृक्ष की आड़ में खड़े होकर आक्रमण करनेवालों पर वार करने लगे। इस लड़ाई में आज़ाद पर वार करनेवाले अनेक थे। उनके पिस्तौल में गोलियाँ ख़त्म हो जाने पर, वे उसे फिर-फिर भरकर गोलियों का जवाब दे रहे थे। उनके साथी पिस्तौल ख़ाली हो जाने पर अवसर देख निकल भागे। आज़ाद के कई गोलियाँ लगीं और उन्होंने भी सुपरिण्टेण्डेण्ट, नौट बाबर की बाँह और ठा. विश्वेश्वरसिंह के जबड़े को ज़ख़्मी कर दिया।

आज़ाद इस लड़ाई में खेत रहे और उम्मीद भी क्या की जा सकती ? आज़ाद ने एक नहीं बीसियों दफ़े हम लोगों से कहा होगा कि गिरफ़्तार वह नहीं होंगे। यह 'बँदरिया का नाच' नाचना हमें मंजूर नहीं, वे कहा करते थे। बँदरिया के नाच का अर्थ उनकी भाषा में था—अदालत में पेश होना। दाईं कनपटी पर पिस्तौल रखकर, वे कहा करते थे—''पकड़े जाने से पहले, मैं यों समाप्त हो जाऊँगा।''

आज़ाद की मृत्यु के पश्चात् पुलिस ने ख़म ठोंक-ठोंककर कहा कि आज़ाद पुलिस की गोली का शिकार हो गया। परन्तु जो लोग आज़ाद के, गोलियों से छलनी हो गए शरीर के, एलफ्रेड पार्क से हटाये जाने से पहले वहाँ पहुँच गये थे, जिन्होंने आज़ाद के लहू-लुहान शव को देखा है, उनका

कहना है कि आज़ाद की कनपटी पर गोली का घाव था। इस घाव की शाबाशी पुलिस अपने सर लेना चाहती है। उनका कहना है कि अगर पिस्तौल कनपटी पर रखकर मारी जाती, तो आस-पास के बाल और खाल जल जाती। दलील के तौर पर यह बात ठीक है, परन्तु अगर पिस्तौल का मुँह कनपटी से 9-10 इंच के अन्तर पर रहा हो, तो बालों और खाल के जलने की कोई सम्भावना नहीं हो सकती। मेरी धारणा तो यह है कि आज़ाद ने ज़ख्मी होकर गिरफ़्तार होने के बजाय, स्वयं अपने हाथों अपना अन्त कर लिया। गोली की आवाज़ सुनकर सड़क पर से इकट्ठे हो गये लोगों का कहना है कि आज़ाद ललकार-ललकार कह रहे थे—"देसी पुलिस क्यों लाये हो ? गोरी पुलिस लाओ।"

अन्तिम समय तक एक क्षण के लिए भी घबराहट उनके दिमाग़ में नहीं आई।

आज़ाद के शरीर और स्वास्थ्य का परिचय तो एक बहुत छोटी-सी घटना से दिया जा सकता है। एक दफ़े रुपये की ज़रूरत होने पर एक सेठ साहब के यहाँ ज़बरदस्ती रुपया लेने आज़ाद गये। दो-तीन क्रान्तिकारी और भी साथ थे। सेठ साहब से बिल्कुल चुप रहने के लिए कह दिया गया। परन्तु सेठ साहब के मुँह से चीख़ निकल ही गई। इतने से अपराध के लिए उन पर गोली चलाना उचित न था। आज़ाद ने एक थप्पड़ धर दिया। सेठजी सुन्न हो गये। दूसरे दिन सुबह सुना कि सेठजी चलते बने। बहुत सम्भव है, सेठजी का दिल बैठ गया हो, यानी हार्ट फ़ेल हो गया हो। लेकिन मज़ाक़ के लिए यह भी कह दूँ कि एक डकैती में आज़ाद के हाथ से एक औरत ने ही पिस्तौल छीन ली और वह ताकते रह गये। इस बात को वह अक्सर मज़ाक़ में सुनाते रहते थे।

यह बात कुछ असंगत-सी मालूम पड़ती है कि आज़ाद अँगरेज़ी नहीं जानते थे, पुस्तकें पढ़ने का उन्हें शौक़ नहीं था, मैंने उन्हें कभी पुस्तक पढ़ते नहीं देखा। तो फिर विचारों में विकास कैसे हुआ ? आज़ाद खुद नहीं पढ़ते थे, अँगरेज़ी नहीं जानते थे। परंतु लेनिन के लेखों का एक पूर्ण संग्रह मैंने उनके पास देखा था, जिसे कई दफ़े मैं भी पढ़ने लगता। और दल के दूसरे लोग भी पढ़ते थे। किसी बहुत अच्छी किताब की चर्चा सुनते ही, वे उसे ख़रीद लेने को तैयार हो जाते थे। इस बात का उन्हें बहुत ख़याल रहता था कि दल के लोग सिद्धान्तों तथा तत्सम्बन्धी पुस्तकें पढ़ते रहा करें और वह उन पुस्तकों के विषय में चर्चा भी करते रहते थे। स्वयं पढ़ने का तो यह हाल था कि अगर कोई आदमी पास बैठा हो, तो वे हिन्दी का अख़बार भी स्वयं नहीं पढ़ते थे। जहाँ तक याद पड़ता है, केवल एक दफ़े मैंने उनके हाथ की लिखी कुछ लाइनें देखीं थीं और वे अक्षर बहुत धीरे-धीरे लिखे हुए थे, जैसे कलम से लिखे जाते हैं। परन्तु थे वे अक्षर बहुत ही सुघड़।

इस स्कूली विद्या के ज़माने और अँगरेज़ी के प्राधान्य में जो आदमी अँगरेजी न जानता हो, उसके प्रति हमारी वितृष्णा होने लगती है। इसका कारण सीधा है। आज दिन हमारी मध्यम श्रेणी की महत्वाकांक्षा का आदर्श है, सरकार या साहब के दफ्तर में क्लर्की की कुर्सी पर बैठकर ऊँघना और इसके लिये इसी विद्या की ज़रूरत है। इसलिये हम इसकी क़द्र क्यों न करें ? परन्तु हम यह भूल जाते हैं कि मसीह, मुहम्मद को जाने दीजिये, हमारे अकबर, हैदरअली, शिवाजी और राजा रणजीतसिंह में से कोई भी अक्षर विद्या से परिचित नहीं था। फिर भी इनमें से किसी के भी चातुर्य और राजनीति-ज्ञान के बारे में शक करने का साहस बड़े-से-बड़े क़लमबाज़ को भी नहीं हो सकता।

बिना किसी दिन चाणक्य का अर्थशास्त्र, सुकरात की नीति और ऑक्सफ़ोर्ड युनिवर्सिटी प्रेस की किताबें पढ़े ही अपनी परिस्थितियों से इन लोगों ने राज्य क़ायम करने और राज चलाने की लियाक़त हासिल कर ली थी। इसी प्रकार आज़ाद ने भी अपने सीमित क्षेत्र में सेना-संचालन, प्रबंध और अपने उद्देश्य और ध्येय को समझने लायक़ क़ाबलियत हासिल कर ली थी। कुछ दिन तक आज़ाद ने मोटर की मरम्मत करने तथा मोटर चलाने का भी काम सीखा था। इसी सिलसिले में उनकी बाँह में चोट आ गई थी और उन्हें बरबस बाँह में पट्टी बाँधकर काफ़ी दिन के लिये खाट पर लेटना पड़ गया था। उस समय समीप कोई आदमी बातचीत करके दिल बहलाने को नहीं था। रियासतों की परिस्थिति के सम्बन्ध में एक किताब उस समय उनके हाथ लग गई और उसे उन्होंने पढ़ डाला। इस पुस्तक का आज़ाद के मन पर बहुत गहरा प्रभाव पड़ा। रियासतों का जिक्र चलने पर वह बहुत बेचैन हो जाया

करते थे। वह कहा करते थे—हम ब्रिटिश-भारत में गुलामी और ज़ुल्म के ख़िलाफ़ जान देने को फिरते हैं, परन्तु रियासतों में जो ज़ुल्म हो रहा है, ब्रिटिश-भारत का ज़ुल्म इसके मुक़ाबले में पासंग भी नहीं। कई दफ़े ख़याल आता है, ब्रिटिश भारत को छोड़कर पहले इन रियासतों में ही काम किया जाय ! सोचो तो, जो पशु इस ज़माने में दस-दस, बीस-बीस स्त्रियों को अपने हरम में रखना अपना अधिकार समझता हो, वह प्रजा के प्रति क्या न्याय करेगा ! हम लोग अत्याचार, वीभत्सता के वर्णन से भरी पुस्तकें पढ़ते हैं और जिस पुस्तक में जितना अधिक रोमांचकारी वर्णन हो, उसकी उतनी ही प्रशंसा होती है और उतनी ही अधिक खपत भी। ऐसी पुस्तकों का एक प्रयोजन मनोविनोद भी समझा जाता है, बल्कि यही प्रयोजन मुख्य रहता है। पुस्तकें पढ़ना एक प्रकार का व्यसन है, हालाँकि यह व्यसन बुरा नहीं। यदि किसी पुस्तक को पढ़कर उसमें पढ़ी गई सभी बातों का उपयोग करना हो, तो जीवन में चार-पाँच पुस्तकों से अधिक पढ़ने की गुंजाइश न होगी। आज़ाद का दृष्टिकोण इसी प्रकार का था। आज़ाद यदि दूसरे लोगों की भाँति पाँच-छः पुस्तक महीने में चाट जाना शुरू कर देते, तो उनका यह दृष्टिकोण क़ायम नहीं रह सकता था।

आज़ाद से मार्क्सिज़्म की व्याख्या की आशा करना परिस्थितियों को देखकर उचित नहीं। घोर संघर्ष के ज़माने में उनका राजनैतिक जन्म हुआ और उसी घोर संघर्ष के परिमिति से समय में सदा काम की भीड़ में व्यस्त रहकर वह समाप्त भी हो गए। और फिर समाज के विस्तृत कारखाने में कितने ही प्रकार के काम हैं, जिनके लिये भिन्न-भिन्न प्रकार के ही आदमी उपयुक्त हो सकते हैं। मार्क्स को अगर एक पल्टन का नायक बनकर युद्ध के मोर्चे में जाना पड़ता, तो 'कैपिटल' लिखकर समाजवाद की नींव खड़ी करने का काम किसी दूसरे ही आदमी के कंधों पर पड़ता। और मार्क्स उस मैदान में मनुष्य-समाज का वह उपकार न कर सकता, जो उसने भूखे रह-रहकर ब्रिटिश-म्यूज़ियम की लाइब्रेरी की कुर्सियों पर मूर्छित हो-होकर भी 'कैपिटल' लिखकर कर दिया। मार्क्स की लिखाई इतनी ख़राब थी कि उसे पेट भरने के लिये दफ़्तर में कहीं नौकरी नहीं मिल सकती थी। नेपोलियन के लिये अगर कहा जाय कि उसने कोई अच्छा ग्रन्थ नहीं लिखा, इसलिये वह अच्छा सेनानायक नहीं था, तो यह बुद्धिमानी का परिचय नहीं समझा जायगा और यह साबित करने की कोशिश करनी भी कि नेपोलियन लैटिन व्याकरण का पण्डित था, अक्लमन्दी न होगी। आज़ाद को परिस्थितियों ने जिस मैदान में लाकर रख दिया, उस मैदान की परीक्षा में वह खूब पूरा उतरा, इसमें शक़ नहीं। आज़ाद विचारक नहीं, सेनापति था। जिन विचारों या उद्देश्यों को लेकर हिन्दुस्तान समाजवादी प्रजातंत्र सेना ने जान जोखिम का मार्ग चुना था, उस कार्यक्रम को पूरा करने के लिये आज़ाद ने कोई कसर न छोड़ी। उसका काम विचारों का विश्लेषण नहीं था। विचारों को लेकर चलनेवाले सैनिकों का संचालन करना था। एक बात यहाँ याद आ गई। रूस में 1917 की क्रान्ति के बाद, जिस समय ज़ार के पक्षपाती और विदेशी शक्तियाँ सोवियट-सरकार से युद्ध ठाने हुए थीं। जिन सेनापतियों ने रूस की लाल सेना का संचालन कर रूस को संकट से बचाया, उन्हीं की बात है। एक दिन एक सेना के सिपाहियों ने भूख से तंग आकर कुछ किसानों को लूट लिया। किसानों ने सेनापति को फटकार बताई। सेनापति ने जवाब दिया—"सिपाहियों ने जो किया, बुरा किया, पर हम तुम्हारे लिये लड़ रहे हैं, अपने प्राण दे रहे हैं, तुम्हें हमारा पेट भरना चाहिए। जो तुम खाते हो, हमें भी खिलाओ। तुम भूखे रहोगे, तो हम भी भूखे रहेंगे।"

किसानों ने कहा—"हम तुम्हारा पेट क्यों भरें; तुम न-जाने किस पार्टी के लोग हो ?"

सेनापति ने उत्तर दिया—"हम समाजवादी हैं।"

एक किसान अख़बार पढ़नेवाला था। उसने पूछा—"समाजवादी भी कई दलों के हैं। कोई पहले अन्तर्राष्ट्रीय को मानते हैं, कोई दूसरे को, कोई तीसरे को। तुम किन सिद्धान्तों को मानते हो ?"

सेनापति घबरा गया। कुछ उत्तर न था। उसने पूछा—"कुदा लेनिन" (लेनिन क्या मानता है ?)

उत्तर मिला—"लेनिन तो तीसरे अन्तर्राष्ट्रीय के निर्णय को मानते हैं।"

सेनापति ने छाती पर हाथ रखकर कहा—"या तोज़े ताम" (मैं भी उसी को मानता हूँ)।

और यही सेनापति थे, जिन्होंने रूस में मौजूदा

समाजवादी प्रजातन्त्र शासन-प्रणाली को विदेशी आक्रमणों से बचाकर सुरक्षित अवस्था में टिकाया।

उन वादों और सिद्धान्तों की उलझन में आज़ाद को फँसाने की ज़रूरत नहीं, जो आज़ाद के समय इस देश में पनप भी न पाये थे। यदि कल को फ़ैसिस्ट लोग पं. जवाहरलाल की गवाही पर अपने आपको आज़ाद का अनुयायी बताने लगें, तो हम क्या कह सकेंगे ? हमारे आधुनिक इतिहास में आज़ाद मध्याह्न के प्रचण्ड सूर्य में प्रज्वलित नग्न शिला के समान खड़ा है। वह उस स्थान का संकेत है, जहाँ से भारत के क्रान्तिकारियों ने केवल राष्ट्रीय स्वतंत्रता के ध्येय को छोड़ समाज में श्रेणी-शोषण के विरुद्ध भी जिहाद की आवाज़ उठाई। आज़ाद की अनुमति से, हिन्दुस्तानी समाजवादी प्रजातंत्र सेना के प्रतिनिधि के रूप में, सबसे पहले भगतसिंह ने उस जिहाद की स्पष्ट शब्दों में घोषणा की। यदि आज इस देश में क्रान्ति का कोई मोर्चा है, तो यह है, श्रेणी-शोषण का अन्त कर, जिसका कि विराट् रूप हमारे देश के रक्त को चूसनेवाला साम्राज्यवाद है, वास्तविक प्रजातंत्र शासन क़ायम करना। आज़ाद ने अपनी जान इसी के लिये दी। आतंकवाद के लिये नहीं। आज़ाद आतंकवाद का समर्थक नहीं था। आज़ाद के शहीद होने से कुछ दिन पूर्व जब कांग्रेस और सरकार में समझौते की बात चल रही थी, हम लोग इसी समस्या पर विचार किया करते थे। बजाय यह सोचने के कि किस अफ़सर का सर गोली से उड़ाया जाय, हम यही सोचा करते थे कि सार्वजनिक जागृति किस प्रकार हो सकती है और हम लोगों के लिये उसमें कहाँ स्थान है ? इतना स्वीकार अवश्य करूँगा कि उस समय तक इस सबके लिये हम केवल निशस्त्र क्रांति का व्रत नहीं ले चुके थे। आज़ाद के शहीद हो जाने के बाद भी एक दो जगह यू. पी. या पंजाब में रिवाल्वरों ने आग ज़रूर उगली, परन्तु वही दल का मुख्य कार्यक्रम न था। आज जो कुछ करने की ज़रूरत है—अर्थात् सर्वसाधारण में राजनैतिक चेतनता और शोषित श्रेणियों में जागृति फैलाकर संगठित करने की—उसी के लिये हम उस समय छटपटाने लगे थे। आज़ाद हमारे इस नवीन विकसित आन्दोलन का अंकुर मात्र था, परन्तु वृक्ष तैयार होने से पूर्व अंकुर ही जमता है।

चाय की चुस्कियां

श्री दुर्मुख

पंडित नेहरू दाहिने हैं या बाँयें ? अर्थात् पंडित नेहरू सोशलिस्ट हैं या गाँधीआइट ?

एक समय था, जब देश में सोशलिस्ट कम थे। पंडित जी छाती ठोंककर अपने आपको सोशलिस्ट कहते थे। परन्तु ज्यों-ज्यों सोशलिस्टों की तादाद बढ़ने लगी, उनका ज़ोर बढ़ने लगा, पंडित जी के फ़ैसले सोशलिस्टों के ख़िलाफ़ होने लगे। पंडित जी ने अपनी कहानी में लिखा है कि उन्हें मुसीबतों से डर नहीं लगता, स्वभाव से ही वे विद्रोही हैं। मालूम होता है, एक समय जब सोशलिस्ट निस्सहाय थे, पंडित जी ने उन पर दया कर, उनकी रक्षा के लिए छाती बढ़ा दी थी; परन्तु आज उनकी हिम्मत इतनी बढ़ गई है कि वे राष्ट्रपति की गद्दी की उम्मीदवारी करने लग गये हैं। इसलिये पंडित जी ने उन्हें ठीक वक़्त पर एक थप्पड़ जमा दिया।

मालूम होता है, पंडित जी की राजनीति सिद्धांतों पर नहीं, वीरता पर चलती है।

× × ×

फेडरेशन के बारे में अब किसी क़िस्म का सन्देह बाक़ी नहीं रह जाना चाहिए, क्योंकि काँग्रेस के चोबदार श्री सत्यमूर्ति ने स्पष्ट शब्दों में कह दिया है कि "फ़ेडरेशन उस समय तक स्वीकार नहीं किया जा सकता, जब तक कि वह प्रान्तीय शासन की तरह उपयोगी न हो जाय।"

हकीम लिनलिथगो कहते हैं कि "बेटा ! प्रान्तीय शासन आँवला था, जो खाने के बाद कुछ मीठा लगा। फ़ेडरेशन हरड़ है, जिसे खाकर तबीयत हरी हो जायगी।"

× × ×

शहर और देहात ! शहर और देहात का संबंध है, मालिक और मज़दूर का। मालिक और मज़दूर का संबंध बहुत टेढ़ा है। मालिक का दुनिया में अपना कुछ नहीं। वह केवल मज़दूर की भलाई के लिए कारोबार चलाता है। किसी तरह बेचारे सैकड़ों मज़दूरों का पेट भरे ! और परिणाम यह होता है कि परोपकार की इस वृत्ति के कारण मालिक को फ़ायदा होता है, उसका तोंद बढ़ जाता है। और मज़दूर ? मज़दूर समझता है कि मालिक पर भगवान् की कृपा है, उसे मालिक की सेवा करनी है, अगर उसका भी पेट भर जाय, तो भला !

वही बात शहर और देहात में है। शहर देहात से कहता है, फलानी चीज़ की ज़रूरत है, पैदा करो और बनाओ, और देखो, हम यहाँ बैठकर तुम्हारा इंतज़ाम करेंगे, तुम्हारी रक्षा करेंगे। तुम्हारा इंतज़ाम करने के लिए यहाँ बढ़िया सड़क चाहिए—लगान दो। यहाँ बिजली की रोशनी चाहिये—लगान दो। तुम्हारे लिये क़ायदे-क़ानून बनाने के लिए असेंबली हाल बनाना है—रुपया दो ! यहाँ बाग़ चाहिए, पार्क चाहिए—रुपया, रुपया !!

लेकिन अब काँग्रेस की सरकार है, प्रजा के प्रतिनिधियों की सरकार है। गाँव को अब लूटा नहीं जायगा, शहरों को अपने काम अपने ऊपर टैक्स लगाकर चलाने पड़ेंगे। देहात खुश हो गया। शोषक सरकार दूर हुई।

कांग्रेस-राज ने देहात से कहा—देखो, शोषक-सरकार ने तुम्हारा खून पी लिया, हम उसे बन्द करते हैं। हम शोषक नहीं, हम तो तुम्हारे सेवक हैं। हमें एक चीज़ दो, सिर्फ़ एक चीज़ ! वह भी तुम्हारी ही सेवा करने के लिए हम चाहते हैं। हमें वोट दो ! बस वोट तुम्हारे पास है, हमें वोट दो ! लेकिन शहर में बैठकर हम तुम्हारा उद्धार करेंगे। स्वराज्य तुम्हें ले देंगे। तुम अपनी हालत क्या समझो ? तुम्हें इतनी अक़्ल ही कहाँ ? और तुम्हें अक़्ल की ज़रूरत

भी क्या ? तुम सोचने-समझने की तकलीफ़ ही क्यों करो ? यह काम हमारा है। आँखों पर पट्टी बाँध लो और कह दो—'हमारे भाग्य-विधाता शहरवाले !''

× × ×

आख़िर उपाय क्या ? व्यापार होता किस लिए है ? जिसे जिसकी ज़रूरत हो, वह लेता है; जो चीज़ फालतू हो, वह देता है। शहरों में लीडर ज़्यादा हैं। शहर देहात को लीडर देता है। देहात के पास वोट ज़्यादा हैं, उसे शहर वालों को वोट देना चाहिए। जो लीडर शहर में वोट न पा सकें, उन्हें वोट देकर प्रान्तीय कांग्रेस और असेम्बली का मेम्बर बनाना चाहिए।

× × ×

हिन्दुस्तान का 'क़ौमी गाना' आख़िर क्या हो ? झंडा और क़ौमी गाना, ये दो बड़े झगड़े की चीज़ें हैं। 'वन्दे मातरम्' एक तो समझ में नहीं आता और फिर उसमें हिन्दू धर्म है। 'विश्व-विजयी तिरंगा प्यारा' इसमें केवल तिरंगा प्यारा ही समझ में आता है। आखिर समझौता किस बात पर हो ? चीज़ ऐसी होनी चाहिए, जो सबके समझ में आ जाय।

× × ×

शर्त बहुत माक़ूल है, पर है बड़ी मुश्किल ! एक साहब पूछते हैं, दुर्गापाठ जितने आदमी करते हैं, उसमें से कितने उसका अर्थ समझते हैं और इसके साथ ही नमाज़ जितने आदमी पढ़ते हैं, उसमें से कितने आदमी उसका मतलब समझते हैं ?

× × ×

एक साहब का सवाल है कि ज़मीन को 'ज़मीन' और दरख़्त को पेड़ क्यों कहा जाता है ? इसे कितने आदमी जानते हैं ? अच्छा, टोपी का अर्थ क्या है ?

—सर पर रखने की चीज़।

इस तरह 'वन्देमातरम्' का भी अर्थ है—''ऐ मुल्क, मैं तेरा हूँ, तू मेरा है...।''

× × ×

काबुल में ईद के दिन बड़ी मस्जिद में जब बैंड बजता है, तो कौन-सा सुर बजता है, यह बहुत कम आदमी जानते होंगे। और अगर बताया जाय, तो अक्सर लोगों को एतबार न आयेगा।

लेकिन बात सच है, इसलिये कह देने में हर्ज नहीं। सुनिये—काबुल में ईद के दिन बड़ी मस्जिद में मातम का बाजा बजता है। क्यों ? मातम मनाने के लिये नहीं, ख़ुशी मनाने के लिये, और उससे सब ख़ुश ही होते हैं, उसका अर्थ कोई नहीं पूछने जाता।

× × ×

मातम का बाजा क्यों बजता है ? सुनिये—अमीर हबीबुल्ला जब हिन्दुस्तान में आये थे, तो उनका रावलपिंडी में सरकार की तरफ़ से फ़ौजी स्वागत किया गया था। अमीर के स्वागत में अफ़ग़ानों का क़ौमी बाजा (National Anthom) बजाना ज़रूरी था। लेकिन अफ़ग़ानों के क़ौमी बाजे की धुन कोई जानता न था। फ़ौज के बड़े साहब कमिश्नर के पास दौड़े गये। पर कमिश्नर यह भी नही जानते थे कि अफ़ग़ानिस्तान में कोई क़ौमी बाजा है भी या नहीं। बोले—''बजा दो, कुछ ही बजा दो। अमीर को मालूम भी न पड़ेगा, तुम क्या बजा रहे हो।''

उन दिनों पल्टन का बैंड मातमी बाजे का अभ्यास कर रहा था। वही सबसे अधिक रवाँ था। वही बजा दिया गया। अमीर को पसन्द भी खूब आया। क़ाबुल लौटे, तो वही बाजा सीखने के लिये अपने आदमी भेज दिये। वही अफ़ग़ानिस्तान का क़ौमी बाजा हो गया। मतलब उसका क्या है ? यह खोजने की ज़रूरत नहीं पड़ी। लेकिन हिन्दुस्तान के लिये क़ौमी गाना मुक़र्रर करने के लिये 'लुग़त' और 'कोश' देखकर अर्थ निकालने की ज़रूरत पड़ती है, उसमें संस्कृति और कल्चर का सवाल भी पेश आता है।

× × ×

लीग और कांग्रेस में ज़बरदस्त तनातनी है। परन्तु यह हमें अभी तक समझ में नहीं आया कि तनातनी की बुनियाद क्या है ? हिन्दुस्तान के लिए आज़ादी दोनों ही चाहते हैं, लेकिन झगड़ा फिर भी है। अब तक समझे हुए थे कि लीग इस्लाम और मुस्लिम हक़ों की हिफ़ाज़त के लिये लड़ रही है। लेकिन मिस्टर फ़ारूक़ ने यह शक भी दूर कर दिया। उनका कहना है कि वे इस्लामी राज ज़रूर क़ायम करना चाहते हैं, परन्तु इस इस्लामी राज में मज़हब को बिलकुल दख़ल न होगा। हाँ, यह राज होगा, इस्लाम के उसूलों के मुताबिक़ ! ख़ैर, यह बात साफ़ हो गई कि

इस्लाम के उसूलों को मज़हब से कोई ताल्लुक़ नहीं।

मि. फ़ारूक़ का झगड़ा है, तो कम्युनिज़्म और सोशलिज़्म से, क्योंकि वह विदेशी उसूल हैं। वह हिन्दुस्तान में सिर्फ़ हिन्दुस्तानी कल्चर के लिए जगह चाहते हैं। अब तक लीग इस्लामी कल्चर की हिफ़ाज़त करने की कोशिश कर रही थी, उन्हें शिकायत थी कि हिन्दू कल्चर इस्लामी कल्चर को दबाये जा रही है। पर अब मालूम हुआ कि लीग को शिकायत है, तो कम्युनिज़्म और सोशलिज़्म से। इस्लामी कल्चर को अब तक लोग अरबी और फ़ारसी कल्चर समझते थे, पर अब मालूम हुआ कि वह हिन्दुस्तानी कल्चर है।

समालोचना

*['विप्लव' में समालोचनार्थ भेजी जानेवाली पुस्तकों की नियमानुसार दो प्रतियाँ आनी चाहिए। एक प्रति आने से केवल प्राप्ति-स्वीकृति ही दी जा सकेगी। समालोचना के संबंध में किसी प्रकार की प्रत्यालोचना या विवाद भी न हो सकेगा। **सं.**]*

समाजवाद—लेखक, आचार्य, नरेन्द्र देव जी। प्रकाशक, संघर्ष-कार्यालय, लखनऊ। मूल्य दो आना।

समाजवादी साहित्य-माला की यह पहली पुस्तक है। और इसी के अनुकूल यह छोटी-सी पुस्तक समाजवाद का अध्ययन करने के लिये एक अच्छी भूमिका है। केवल 68 पृष्ठ में समाजवाद क्या है ? उसका विकास कैसे हुआ ? और उसका कार्यक्रम क्या है ? इन प्रश्नों की जितनी तुलनात्मक विवेचना हो सकती थी, इस पुस्तक में मौजूद है। सिद्धान्तों की विवेचना-जैसे कठिन विषय को जैसी भाषा में लिखा जा सकता है, वैसी ही पुस्तक की भाषा है, उसे सरल नहीं कहा जा सकता। पुस्तक आचार्यजी के तीन व्याख्यानों का संग्रह है। लिखने बैठकर जैसे भाषा को गढ़-गढ़कर तैयार किया जा सकता है, वैसी सुविधा बोलते समय नहीं रहती और फिर ये व्याख्यान सर्वसाधारण के सम्मुख नहीं, बल्कि सुशिक्षित जनता के सामने दिये गये थे।

भारतीय आतंकवाद का इतिहास—लेखक, आचार्य चन्द्रशेखर शास्त्री। मिलने का पता—ऐंडमन साहित्य-मन्दिर, लाटूश रोड, कानपुर। मूल्य 5 रुपये।

भारत के क्रान्तिकारी चिल्ला-चिल्लाकर कह रहे हैं कि हम आतंकवादी नहीं थे, परन्तु आचार्यजी ने 600 सफ़े की पुस्तक लिखकर फ़ैसला दे ही दिया कि वह सब आतंकवाद था। पुस्तक के अधिकांश वर्णन प्रायः मुख़बिरों के बयानों के आधार पर हैं। लेखक का कहना है कि भारतीय आतंकवादियों के पास कोई दर्शन-शास्त्र या फिलॉसफ़ी नहीं थी। मज़ा यह है कि यह बात बहुत रिसर्च (खोज) करके कही गई है। जो लोग भारत में सशस्त्र क्रान्ति की विचारधारा से परिचित हैं, वे जानते हैं कि भारत के क्रांतिकारी या आतंकवादियों के सामने सदा एक-न-एक विचारधारा रही है। यह दूसरी बात है कि वह बदलती रही। मोटी बात है कि बिना निश्चित विचारों और जीवन के बलिदान की आग नहीं जला करती। क्रांतिकारी और बड़े-से-बड़े समालोचक भी इस बात को स्वीकार करते आये हैं। पुस्तक के पृष्ठ 405 पर लिखा है कि "एलफ्रेड पार्क में, जिस समय चन्द्रशेखर आज़ाद शहीद हुए, उनके साथ एक साथी था और वह भाग निकला।" इस साथी का नाम आचार्यजी ने सुखदेवराज लिखा है, और बताया है कि वह द्वितीय लाहौर-षड्यंत्र-केस के फ़रार थे। सुखदेवराज इस मामले में गिरफ़्तार हो चुके हैं। लेकिन घटना के समय मौजूद किसी व्यक्ति ने उन्हें नहीं पहचाना। वह उस मामले में छोड़ दिये गए। यह बात पुस्तक में लिख देने की ज़िम्मेदारी शायद लेखक ने नहीं समझी। अनेक दूसरी घटनाओं का ज़िक्र करने की विशेष ज़रूरत नहीं जान पड़ती।—प्र.

× × ×

हमारा भोजन—लेखक, डॉ. के आर. दिलकश, एन, डी। प्रकाशक, यू.पी. नेचर क्योर एसोसिएशन 19, हीवेटरोड, लखनऊ। मूल्य=पृष्ठ-संख्या 52।

हमारे देश का स्वास्थ्य इस समय चिन्ता का विषय है। जनता का बहुत बड़ा भाग उचित मात्रा में और ठीक प्रकार का भोजन न मिलने के कारण अपना स्वास्थ्य खो बैठा है। इसके लिये देश की आर्थिक परिस्थितियाँ ज़िम्मेदार हैं, परन्तु उनसे अधिक ख़राब स्वास्थ्य है उन

लोगों का, जिन्हें उचित भोजन मिल सकने के सभी साधन प्राप्त हैं ! इनका स्वास्थ्य ख़राब होने की ज़िम्मेदारी यदि किसी पर है, तो इन्हीं लोगों पर। या कहिये, इन लोगों के भोजन-सम्बन्धी अज्ञान पर। इस पुस्तक में डॉ. दिलकश ने इसी आवश्यक विषय पर प्रकाश डाला है। बे-मेल चीज़ें चाहे वह कितनी ही मूल्यवान् हों, खा लेने से कुछ लाभ नहीं, उल्टे नुक़सान ही करती हैं। इस प्रकार के विषय का स्कूल के विद्यार्थियों की पुस्तकों में दिया जाना बहुत लाभदायक हो सकता है। सरकार के स्वास्थ्य-विभाग को इस प्रकार के स्वास्थ्य-सम्बन्धी ज्ञान को फैलाने की चेष्टा करनी चाहिए।—र. अ.

आँखों देखा—लेखक, श्री मंगलामोहन। प्रकाशक, लेफ़्टिविंग क्लब लखनऊ। मूल्य 11 रुपया

पुस्तक कहानियों का संग्रह है। कहानियाँ रोचक तो हैं, परन्तु पुराने ढर्रे की प्रणय-कहानियाँ नहीं हैं। नित्य जीवन में दिखाई पड़नेवाली सामाजिक अवस्था के प्रति विरोध की एक भावना इन कहानियों की तह में उसासें ले रही है।

× × ×

पूंजीवाद, साम्राज्यवाद, फ़ैसिस्टवाद, श्रेणी-संघर्ष—सम्पादक. क. न. रामन्ना शास्त्री। प्रकाशक, सोशलिस्ट लिटरेचर पब्लिशिंग कम्पनी, आगरा। मूल्य=

पुस्तक के नाम में जो चार शीर्षक एकसाथ दिये गये हैं, ये क्रमशः चार व्याख्यान हैं, जो नवम्बर 1936 में इलाहाबाद कांग्रेस समाजवादी दल द्वारा आयोजित समाजवादी व्याख्यान-माला के दौरान में डॉ. जेड. ए. अहमद, डॉ. के. एम. अशरफ़ और डॉ. राममनोहर लोहिया ने दिये थे। व्याख्यानों का दृष्टिकोण वैज्ञानिक है और वे पढ़ने योग्य हैं। 'आज' में इन व्याख्यानों के प्रकाशित होने पर इनकी काफ़ी क़द्र हुई थी।

× × ×

स्वदेशी बीमा कं. लि. आगरा की रिपोर्ट—स्वदेशी बीमा-कम्पनी, आगरा ने अपने 7 अप्रैल 1938 तक के कारोबार की रिपोर्ट प्रकाशित की है। कम्पनी को एक वर्ष में 28199/- की बचत हुई है, जिसे कम्पनी ने अपने बोनस-पालिसी-होल्डरों में तक़सीम कर देने का निश्चय किया है। पिछले कई वर्षों में व्यापार की अवस्था बहुत मन्दी रही है। इस अवस्था में भी कम्पनी 6/- प्रति सैंकड़ा का डिविडेण्ड बाँट रही है। यह बधाई देने योग्य सफलता है। घातक-दुर्घटना-विभाग में किये गये बीमे पर 3/- प्रति सैंकड़ा जो डिविडेण्ड दिया जायगा, वह इससे अलग है। कम्पनी ने अपने प्रबंध के ख़र्च 48.4 प्रतिशत से घटाकर 18.9 प्रतिशत कर दिया है। इससे कम्पनी को भविष्य में और अधिक लाभ होने की आशा रहेगी।